JN290744

日本語機能的構文研究

A Functional Approach to Japanese Syntax

高見健一・久野 暲【著】

大修館書店

はしがき

　本書は，これまでの日本語構文研究において関心を集めてきた表現，例えば，「沈みかけの夕日」の「～かけの」や「桜の花が散っている」の「～ている」，主語をマークする「ハ・ガ」の省略や使役受身文など，8つの構文を取り上げ，それらの構文の適格性や意味解釈に関して，機能的構文分析の立場から考察したものである。序章で，本書のテーマと目的を述べ，さらに，機能的な構文分析がどのようなものであるかを具体例とともに示した。第1章から第8章で日本語のこれら8つの構文を取り上げ，それぞれの構文の適格性や意味解釈に関わる諸条件を明示的に示した。専門用語や複雑な記述を避け，平易で分かりやすい記述を心がけたので，言語学，日本語学，日本語教育に携わる人たちだけでなく，大学生や大学院生，日本語に関心のある一般の方々にも広く読まれることを期待する次第である。

　私たちが本書の研究を始めてすでに4年になるが，私たちは，これらの構文を考察するなかで，これまでの言語理論や一般化では捉えきれない多くの例があることに気がついた。そして，それらの例とこれまでの研究で取り上げられた例を仔細に検討してみると，その両者を包括的に説明できる一般化や説明が可能であることが分かった。ただ，そのような一般化や説明は，これまでに提示された一般化や説明に比べ，エレガントでも単純でもない。しかしこの点は，それぞれの構文の適格性や意味解釈が，決して一枚岩ではなく，構文法的要因に加え，意味的，機能的，および談話的要因等に極めて多くの影響を受けていることを示しているものと考えられる。

　本書の第1章の内容は，小山悟・大友可能子・野原美和子（編）『言語と教育──日本語を対象として』（くろしお出版，2004年）の中に発表したものであるが，その後，その内容に大幅な修正を加えて本書の内容とし

た．他の章は，すべて本書で新たに発表するものである．

　本書を仕上げるまでに，私たちは多くの人のお世話になった．特に，三原健一，保坂道雄，江連和章の各氏には，本書のいくつかの章を読んでもらい，貴重な指摘をいただいた．また，本書の数章は，九州大学，東京大学，信州大学での集中講義で高見が話し，学生たちから有益な質問や意見をもらったが，その際，西岡宣明，西村義樹，上野善道，加藤鉱三の各先生には講義をお聞きいただき，多くの貴重な議論ができて有益であった．ここに記して感謝したい．また，本書の共同研究は，高見が2003年8月から2004年7月までの1年間，ハーバード大学イェンチェン研究所へ共同研究員（Coordinate Research Scholar）として出張した際にその骨格ができあがった．この共同研究を可能にして下さったハーバード大学イェンチェン研究所，そして所長のTu Weiming氏と副所長のEdward J. Baker氏に心より感謝する次第である．

　本書の出版をご快諾いただいた大修館書店には，心よりお礼を申し上げる．特に，米山順一氏には，原稿をお読みいただき，数々の有益な助言や指摘をいただいた．原稿の段階から本書完成に至るまでの長期間，氏の御尽力に対して，深く感謝する次第である．

　　2006年初夏　　　　　　　　　　　　　　　　　　　　著　　者

目　次

はしがき …………………………………………………………………… *iii*

序　章 ……………………………………………………………………… *3*
　　1．はじめに ……………………………………………………… *3*
　　2．形式主義と機能主義 ………………………………………… *3*
　　3．本書のテーマと目的 ………………………………………… *8*
　　4．「非能格動詞」と「非対格動詞」………………………… *12*
　　5．非対格性の仮説 ……………………………………………… *15*
　　6．本書の内容について ………………………………………… *20*

第1章　動詞句前置構文
　　　　「降りさえ雨がした」はなぜ不適格文か ……………………… *25*
　　1．はじめに ……………………………………………………… *25*
　　2．Hoji, Miyagawa and Tada (1989) の分析 ── 非能格動詞
　　　と非対格動詞 ………………………………………………… *26*
　　3．さらなるデータの検討 ……………………………………… *29*
　　4．不適格文 (6b) の機能的解決 ……………………………… *31*
　　5．まとめ ………………………………………………………… *38*

第2章　「ろくな／大した…ない」構文
　　　　「ろくなタレントがふざけなかった」はなぜ不適格文か ……… *41*
　　1．はじめに ……………………………………………………… *41*
　　2．西垣内 (1993), Hirakawa (2003) の「ろくな／大した」
　　　の分析 ………………………………………………………… *42*
　　3．さらなるデータの検討 ……………………………………… *47*
　　4．「ろくな／大した…ない」構文の意味的・機能的分析 …… *49*

4.1. 「ろくな／大した」の意味の違い／49
　　　4.2. 「ろくな…ない」の含意／51
　　　4.3. 「ろくな…ない」構文に課される意味的・機能的制約／53
　　　4.4. 「大した…ない」構文に課される意味的・機能的制約／58
　　　4.5. 不適格文（16b）の意味的・機能的説明／62
　5. まとめ …………………………………………………………66

第3章 「Vかけの N」構文
「走りかけのランナー」はなぜ不適格か ………………………69
　1. はじめに ………………………………………………………69
　2. Kishimoto (1996) の分析 …………………………………70
　3. さらなるデータの検討 ………………………………………72
　4. Toratani (1998) の分析とさらなるデータの検討 ………77
　5. Tsujimura and Iida (1999) の分析 ………………………80
　6. さらなるデータの検討 ………………………………………82
　7. 意味的・機能的代案 …………………………………………84
　　　7.1. 到達動詞の「終点到達前読み」／84
　　　7.2. 達成動詞の「終点到達前読み」／89
　　　7.3. 活動達成動詞の「終点到達前読み」／90
　　　7.4. 活動動詞の「開始前読み」／92
　　　7.5. 活動達成動詞・到達動詞の「開始前読み」／97
　8. まとめ …………………………………………………………99

第4章 「～ている」構文
「桜の花が散っている」はなぜ曖昧か ……………………101
　1. はじめに ……………………………………………………101
　2. さらなるデータの検討 ……………………………………103
　3. 工藤（1991, 1995）の分析 ………………………………107
　4. さらなるデータの検討 ……………………………………111
　5. 「～ている」構文の意味的・機能的分析 ………………114
　　　5.1. 「～ている」形の表わす意味／114

5.2. 動作継続と結果継続／*118*
　　　5.3. 「〜ている」構文の他の解釈／*123*
　6. まとめ ……………………………………………………………*127*

第5章　数量詞／副詞の解釈
「子供がいっぱい走った」はなぜ曖昧か ……………………*129*
　1. はじめに …………………………………………………………*129*
　2. 影山（1993），岸本（2003, 2005）の分析 ………………*130*
　3. さらなるデータの検討 …………………………………………*135*
　4. 意味的・機能的説明 ……………………………………………*138*
　5. 「たくさん／いっぱい」に修飾される名詞句とされない
　　　名詞句 ………………………………………………………………*147*
　6. まとめ ……………………………………………………………*152*

第6章　総称 PRO の生起
「夜中に現われることがよくある」はなぜ不適格文か ………*155*
　1. はじめに …………………………………………………………*155*
　2. 影山（1993）の主張 ── 非能格動詞と非対格動詞 ………*157*
　3. 「総称の PRO」が指し示す範囲 ……………………………*158*
　4. PRO か pro か？ ………………………………………………*160*
　5. さらなるデータの検討 …………………………………………*162*
　6. 意味的・機能的代案 ……………………………………………*164*
　7. まとめ ……………………………………………………………*172*

第7章　主語をマークする「ハ・ガ」の省略
「自分より先に子供死ぬのは淋しい」はなぜ不適格文か ……*175*
　1. はじめに …………………………………………………………*175*
　2. さらなるデータの検討 …………………………………………*178*
　3. 竹林（2004）の分析 …………………………………………*180*
　4. さらなるデータの検討 …………………………………………*183*
　5. Lee（2002）の分析 ……………………………………………*185*
　　　5.1. 「指示対象未知・既知」と「新・旧情報」／「重要度
　　　の高い情報・重要度の低い情報」／*185*

  5.2. 主語をマークする「ガ」の省略に関する Lee(2002)
   の分析／*193*
  5.3. Lee（2002）の分析の問題点／*196*
 6. 主文の主語をマークする「ハ」と「ガ」の省略条件 ……*198*
 7. 従属節の主語をマークする「ガ」の省略条件 …………*207*
 8. まとめ ……………………………………………………*211*

第8章　使役受身文
「水が蒸発させられた」はなぜ不適格文か …………………*213*
 1. はじめに ……………………………………………………*213*
 2. 影山（1993）の分析 ………………………………………*215*
 3. さらなるデータの検討 ……………………………………*218*
 4. 使役受身文の意味的・機能的分析 ………………………*222*
  4.1. 強制使役と許容使役／*222*
  4.2. 使役事象成立の直接的要因（direct trigger）／*230*
 5. まとめ ……………………………………………………*238*

終　章 …………………………………………………………………*241*

註 ………………………………………………………………………*247*

引用文献 ………………………………………………………………*281*

索　引 …………………………………………………………………*287*

日本語機能的構文研究

序　章

1. はじめに

　本書は，日本語の8つの構文を取り上げ，それらの構文の適格性や意味解釈に関して，機能的構文分析の立場から考察したものである。この序章では，第1章からの議論の導入として，次の2節でまず，機能的構文分析がどのような観点から，どのように言語分析を行なう立場であるかを，形式的な構文分析と比較しながら，具体例をあげて簡単に説明する。そして3節で，本書で考察する日本語の構文がどのようなものであるかを述べる。本書で考察するこれらの構文の適格性や意味解釈は，これまでの言語研究において，自動詞を「非能格動詞」と「非対格動詞」という2種類に区別することによって，統一的に説明できると主張されてきたものである。そのため4節と5節では，これら自動詞の2分類がどのようなものであり，どのような観点からこのような自動詞の区別がなされてきたかに関して説明を行ない，第1章からの議論の導入としたい。そして最後に6節で，本書の第1章以降で考察する内容について簡単に触れておきたい。

2. 形式主義と機能主義

　言語研究を行なう際，おおまかに言って，次のような2つの立場が存在する。1つは，我々人間が言語に対して持っている言語能力を解明しようとし，その言語能力を形式的体系として明示しようとする立場である。もう1つは，我々人間が言語を社会でどのように使用するかという，言語使用の側面を解明しようとし，話し手と聞き手の間で，何が，どのような状況で，どのように伝達されるかを明示しようとする立場である。前者の立場は「形式主義」と呼ばれ，後者の立場は「機能主義」と呼ばれる。形式

主義は，言語を人間の心理現象として捉え，言語は文の集合であり，その主たる働きは思想の表現であると考える。一方，機能主義は，言語を人間の社会現象として捉え，言語は人間が社会的相互活動を行なうための道具であり，その主たる働きは情報の伝達であると考える。

　形式主義と機能主義は，言語に対する考え方がこのように異なるため，両者がある言語事実を説明する際にも方法論上の違いが生じる。形式主義は，統語論を中心に据え，文法に内在する原理や原則によって言語事実を説明しようとする。そして，言語の意味やその使用に関わる意味論，語用論には言及しなくても，言語の規則性や普遍性が捉えられると考える。一方，機能主義は，言語事実を言語使用の立場から捉え，文法に外在的な要因，つまり，言語の意味や機能，情報伝達，人間の認知や知覚，語用論的な要因などによって説明しようとする。

　言語研究にこのような2つの立場があるため，構文分析を行なう際にも，当然，このような2つの立場が存在することになる。形式主義に基づく「形式的構文分析」では，当該の構文の統語形式を重視し，統語構造などの形式的側面からその構文を分析する。一方，機能主義に基づく「機能的構文分析」では，当該の構文の意味や機能を重視し，その構文の表わす意味や機能，情報構造，文脈との関わり，話し手と聞き手の了解事項との関係などの側面からその構文を分析する。

　ここで具体例として，日本語の「二重関係節」と呼ばれる現象を取り上げ，形式的構文分析と機能的構文分析が，この現象の適格性をどのように説明するかを見てみよう。二重関係節というのは，(1a)のような文から(1b)のような関係節が作られ，その関係節内の要素（「学生」）がさらに関係節化された(1c)のような関係節のことである。

（1）　a．学生が宝くじを買った。
　　　b．［学生が買った］宝くじ
　　　c．[[買った] 宝くじが1等だった] 学生

(1c)の二重関係節は，(1a)の文の目的語（「宝くじ」）がまず関係節の主要部になり，次に主語（「学生」）がさらなる関係節の主要部になっている。ここで，これらの関係を図示すると，次のようになっている。

（2）［［＿＿＿買った］宝くじが1等だった］学生　（＝1c）

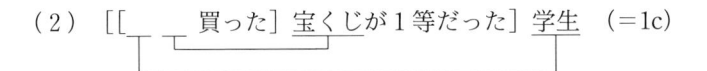

　(1c)の二重関係節は，何ら問題のない適格な日本語であるが，二重関係節が常に適格になるわけではない。次を見てみよう。

（3）　a．学生が宝くじを買った。(＝1a)
　　　　b．［宝くじを買った］学生
　　　　c．*［［買った］学生が新入生だった］宝くじ

(3c)の二重関係節は，極めて不自然で，容認されない不適格な日本語である。この二重関係節は，(3a)の文の主語（「学生」）がまず関係節の主要部になり，次に目的語（「宝くじ」）がさらなる関係節の主要部になっている。ここで，これらの関係を図示すると次のようになる。

（4）　*［［＿＿＿買った］学生が新入生だった］宝くじ　（＝3c）

　適格な(1c)の構造を示した(2)と，不適格な(3c)の構造を示した(4)を比べてみると，(2)では，関係節の主要部とそれに対応する文中の位置を結ぶ2つの線が，入れ子型になっているのに対し，(4)では，それらの線が交差している。このような構造上の関係から，形式的構文分析では次のような制約が立てられる。

（5）　日本語の二重関係節は，関係節の主要部とそれに対応する文中の位置を結ぶ2つの線が，「入れ子型」であれば適格となり，「交差型」であれば不適格となる。

　この形式的制約は，(1c)と(3c)の適格性の違いだけでなく，次のような例の適格性の違いも説明できる。

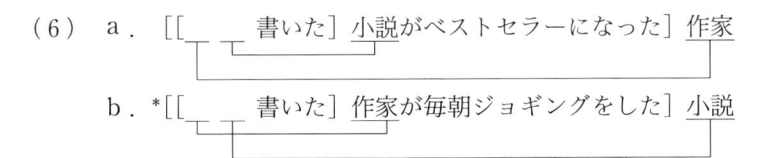

（6）　a．［［＿＿＿書いた］小説がベストセラーになった］作家
　　　　b．*［［＿＿＿書いた］作家が毎朝ジョギングをした］小説

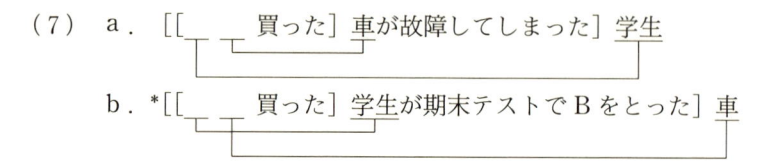

（7） a．[[＿＿買った] 車が故障してしまった] 学生

　　　b．*[[＿＿買った] 学生が期末テストでBをとった] 車

　(6a)は適格であるが，(6b)は不自然で，容認されない。これらの例では，関係節の主要部（「小説」と「作家」）が，(1c)，(3c)と同様，文中の目的語と主語であるが，これらを結ぶ2つの線が，(6a)では入れ子型で，(6b)では交差型である。したがって，(6a, b)の適格性の違いは，(5)の制約の予測するところである。(7a, b)でも，関係節の主要部（「車」と「学生」）が，文中の目的語と主語であるが，これらを結ぶ2つの線が，(7a)では入れ子型で，(7b)では交差型である。そして，(7a)は適格，(7b)は不適格なので，この違いも(5)の制約によって正しく説明される。[1]

　一方，機能的構文分析は，関係節の意味や機能に注目して上記の適格性の違いを説明する。一般に関係節は，(1b)，(3b)（以下に再録）から分かるように，関係節の意味内容がその主要部名詞について述べ，主要部名詞は関係節の「主題」として機能している（久野（1973：第20章），Kuno（1976）参照）。

（8） a．[学生が買った] 宝くじ　（＝1b）
　　　　（cf.（その）宝くじは，学生が買った。）
　　　b．[宝くじを買った] 学生　（＝3b）
　　　　（cf.（その）学生は，宝くじを買った。）

　(8a)では，主要部名詞の「宝くじ」がどのような宝くじかというと，それは学生が買った宝くじであると説明している。同様に(8b)では，主要部名詞の「学生」がどのような学生かというと，その学生は宝くじを買った学生であると説明している。

　二重関係節は関係節の一種であるから，当然，上記の点が適用され，関係節全体がその主要部名詞について述べていなければならないはずである。そこで，(1c)と(3c)（以下に再録）を見てみよう。

（9） a．[[買った] 宝くじが1等だった] 学生　（＝1c）
　　　　（cf.（その）学生は，買った宝くじが1等だった。）

　　　　b．＊[[買った] 学生が新入生だった] 宝くじ　（＝3c）
　　　　　（cf.＊（その）宝くじは，買った学生が新入生だった。）

(9a)では，主要部名詞の「学生」がどのような学生かというと，その学生は1等の宝くじを買った学生であると説明している。つまり，この関係節は，学生について述べている。一方(9b)では，主要部名詞の「宝くじ」がどのような宝くじかというと，それは買った学生が新入生だった宝くじであると述べている。しかし，学生が新入生だったということは，宝くじとは何ら関係がなく，宝くじを説明するものではない。つまり，(9b)の関係節は，主要部名詞の「宝くじ」についての説明を与えていない。このような違いから，機能的構文分析では，次のような制約が立てられる (Kornfilt, Kuno and Sezer (1979), Takami (1992：Chapter 6) 参照)。

　(10)　日本語の二重関係節は，関係節全体がその主要部名詞について述べ，主要部名詞が関係節の主題として機能しなければならない。

この機能的制約は，(9a，b)の適格性の違いだけでなく，(6a，b)，(7a，b)（以下に再録）の適格性の違いも説明できる。

　(11)　a．[書いた小説がベストセラーになった] 作家　（＝6a）
　　　　b．＊[書いた作家が毎朝ジョギングをした] 小説　（＝6b）
　(12)　a．[買った車が故障してしまった] 学生　（＝7a）
　　　　b．＊[買った学生が期末テストでBをとった] 車　（＝7b）

(11a)では，その作家がどのような作家かというと，書いた小説がベストセラーになった作家であると説明し，関係節が作家について述べている。一方(11b)では，その小説がどのような小説かというと，書いた作家が毎朝ジョギングをした小説であると述べているが，作家が毎朝ジョギングをしたという事実は，その作家が書いた小説とは直接の関係がなく，その小説について述べてはいない。よって，(11a)は(10)の制約を満たして適格であるが，(11b)は(10)の制約を満たさず，不適格である。同様に，(12a)では，その学生がどのような学生であるかというと，買った車が故障してしまった学生であると説明し，その学生について関係節が述べてい

る。よって，この二重関係節は(10)の機能的制約を満たして，適格となる。一方(12b)では，その車がどのような車かというと，買った学生が期末テストでBをとった車であると述べているが，車を買った学生が期末テストでBをとったという事実は，その車とは何ら関係がなく，その車について何も述べていない。よって，この二重関係節は(10)の制約を満たさず，不適格である。[2]

　日本語の二重関係節に関する上記の説明で，形式的構文分析と機能的構文分析の着目点や分析の仕方の違いの一端が把握できたことと思われる。ただ，ここで，形式的構文分析が統語形式を重視するからといって，多くの場合，意味や機能をまったく考慮しないというわけではないことに注意したい。同様に，機能的構文分析が意味や機能を重視するからといって，多くの場合，統語形式をまったく考慮しないというわけではないことにも注意したい。私たちは以下の各章で，これまで提出された先行研究として形式的構文分析を概観するが，これらの分析は，統語形式だけでなく，動詞の意味にも注目している。しかし，そのような動詞の意味やその違いは，統語構造から導き出されるものと考えられており（この点は以下で詳述する），統語構造が重視されているという点で，これらの分析は形式的な構文分析として位置づけられる。また，私たちは各章で，先行研究を観察したあと，当該の構文の意味や機能を重視した機能的構文分析を提出するが，それぞれの構文の統語形式にもしかるべき注意が払われている。

3．本書のテーマと目的

　本書が考察対象とする日本語の8つの構文は，次の(13)-(20)であり，私たちは，それぞれの構文の例である(a)と(b)（および(a′)と(b′)）に見られるような適格性の違いや解釈の違いがなぜ生じるのかを考察する。

(13)　動詞句前置構文
　　　a．[床を雑巾でふきさえ] 太郎がした。
　　　b．*[降りさえ] 雨がした。(Hoji, Miyagawa & Tada 1989)
(14)　「ろくな／大した…ない」構文
　　　a．ろくな考えが浮かばなかった。
　　　b．*ろくなタレントがふざけなかった。(西垣内 1993)

  a′．日本の大学は，問題が多いです。まず，学生が<u>大した</u>論文
    を書き<u>ません</u>。
  b′．日本の大学は，問題が多いです。*まず，<u>大した</u>学生が論文
    を書き<u>ません</u>。　((14a′),（14b′）ともに Hirakawa 2003)
(15)　「Ｖかけの N」構文
  a．沈み<u>かけ</u>の夕日／倒れ<u>かけ</u>の木
  b．*走り<u>かけ</u>のランナー／*働き<u>かけ</u>の労働者
              (Kishimoto 1996)
(16)　「～ている」構文
  a．赤ちゃんが歩い<u>ている</u>。(動作継続)
  b．木の枝が折れ<u>ている</u>。(結果継続)
(17)　「たくさん／いっぱい」の解釈
  a．バラが庭に<u>たくさん</u>咲いた。(バラの数がたくさん)
  b．子供が遊園地で<u>たくさん遊</u>んだ。(遊んだ量がたくさん)
             (cf. 影山 1993，岸本 2003)
  a′．虫が電燈の周りに<u>いっぱい</u>やってきた。(虫の数がいっぱ
    い)
  b′．今日は<u>いっぱい</u>話したね。(話した量がいっぱい)
(18)　総称名詞の省略
  a．[φ 大麻を買う] ことは，禁じられている。(主語省略)
  b．*[子供が φ 買う] ことは，禁じられている。(目的語省略)
              (Kuroda 1983)
(19)　格助詞「ガ」の省略
  a．[顔にご飯粒 __ 付いている] の知ってる？
  b．*[教え子 __ 活躍する] のを見るのは楽しい。
               (影山 1993)
(20)　使役受身文
  a．子供がジャンプ<u>させられた</u>。／子供が働か<u>された</u>。
  b．*水が蒸発<u>させられた</u>。／*花が咲か<u>された</u>。
               (影山 1993)

(13a) は，「太郎が [床を雑巾でふきさえ] した」という通常の文から，

動詞句の「床を雑巾でふきさえ」を文頭に前置してできた文である。同様に(13b)は、「雨が［降りさえ］した」という文から、動詞句の「降りさえ」を文頭に前置してできた文である。ところが、(13a)は、日本語としてほぼ容認可能な文であるのに対し、(13b)は、日本語としてまったく容認されない不適格文である。いったい、これはどうしてだろうか。

日本語には、「ろくな〜が／を（…ない）」、「大した〜が／を（…ない）」のように、否定辞と共起する「否定対極表現」(Negative Polarity Item) と呼ばれる表現がある。(14a)の主語「ろくな考え」は、述部に「浮かばなかった」という否定辞を伴っており、この文は適格である。しかし、(14b)も同様に、主語の「ろくなタレント」が、述部に「ふざけなかった」という否定辞を伴っているが、この文は不適格である。(14a′)では、「大した」が目的語の「論文」につき、動詞が「書きません」という否定辞を伴っている。一方(14b′)では、動詞は同じであるが、「大した」が主語の「学生」についている。(14a′)はまったく自然な日本語であるが、(14b′)は、容認されない不自然な日本語である。「ろくな」や「大した」という否定対極表現は、いったいどのような場合に適格となるのだろうか。

日本語では、「夕日が沈みかけだ」、「木が倒れかけだ」のような文に対して、(15a)の「沈みかけの夕日」、「倒れかけの木」のように、動詞連用形に名詞化接辞「かけ」とコピュラ（連辞）の「の」を伴う名詞表現が存在する。しかし、このような「VかけのN」構文はどのような場合にでも適格なわけではなく、例えば、(15b)の「*走りかけのランナー」や「*働きかけの労働者」は、不自然な日本語である。この構文はどのような場合に適格となるのだろうか。

(16a, b)では、動詞「歩く」、「折れる」に「〜ている」という表現が伴っている。しかし、(16a)の「赤ちゃんが歩いている」は、赤ちゃんが歩くという動作が現在進行しているという、「動作継続」の解釈として理解されるのに対し、(16b)の「木の枝が折れている」は、木の枝が折れた後の状態が継続しているという、「結果継続」の解釈として理解される。「〜ている」は、このように、動作継続と結果継続の両方の意味を持っているが、いったいどのような場合に動作継続となったり、結果継続となったりするのだろうか。

日本語の「たくさん」や「いっぱい」という表現は，名詞（句）を修飾することもできるし，動詞（句）を修飾することもできる。(17a, b) では，「たくさん」が，ともに動詞の直前にあり，統語的には同一の構造をしているが，(17a)の「たくさん」は，名詞（句）の「バラ」を修飾して，バラの数が多いことを示している。一方，(17b)の「たくさん」は，動詞「遊んだ」を修飾して，遊んだ量が多いことを示している。同様に(17a′, b′)でも，(17a′)の「いっぱい」は，名詞（句）の「虫」を修飾して，虫の数が多いことを示すのに対し，(17b′)の「いっぱい」は，動詞「話した」を修飾して，話した量が多いことを示している。(17a, b)の「たくさん」や(17a′, b′)の「いっぱい」は，統語的には同じ位置にあるのに，どうしてこのような違いが生じるのだろうか。

　(18a)では，従属節の主語が省略され，この省略要素は，総称の人間一般を意味している。そのため，この文は，「人が大麻を買うことは，禁じられている」と解釈され，適格な文である。一方，(18b)では，従属節の目的語が省略され，この省略要素は，総称の物一般を意味して，「子供が物（品物）を買うことは，禁じられている」と解釈することができない。そのためこの文は，省略要素が何であるかを特定できるような先行文脈がない限り，不適格である。どうして(18a)と(18b)でこのような違いが生じるのだろうか。

　日本語の会話文では，文の主語や目的語が助詞を伴わずに現われることが多い。(19a)では，従属節の主語をマークする格助詞「ガ」が省略されているが，この文は，会話文としてまったく自然なものである。しかし，(19b)でも，従属節の主語をマークする格助詞「ガ」が省略されているが，この文は極めて不自然で，「教え子が活躍するのを見るのは楽しい」のように，「ガ」を伴わなければならない。主語をマークする格助詞「ガ」は，どのような条件のもとで省略されるのだろうか。

　日本語では，「太郎が子供をジャンプさせた／働かせた」のような使役文から，目的語の「子供」を主語にして，「子供が（太郎に）ジャンプさせられた／働かされた」のような使役受身文を作ることができる。そのため，(20a)の使役受身文は，まったく適格である。しかし，「太郎が水を蒸発させた」，「おじいさんが花を咲かせた」のような使役文から，目的語の「水」や「花」を主語にして，「*水が（太郎に）蒸発させられた」，

「*花が(おじいさんに)咲かされた」のような使役受身文を作ると不自然な文になり, (20b)の使役受身文は不適格である。使役受身文はいったい, どのような条件のもとで適格となるのだろうか。

本書は, 以上のような問題を考察し, それぞれの構文が用いられたり, 特定の解釈が得られたりするために満たされなければならない構文法的, 意味的, 機能的条件を明らかにする。

4. 「非能格動詞」と「非対格動詞」

自動詞を最初に非能格動詞 (unergative verb) と非対格動詞 (unaccusative verb) の2種類に区別したのは, Perlmutter (1978) であり, Perlmutter (1978: 162-163) は, 非能格動詞と非対格動詞を英語の自動詞 (および形容詞) を例にあげて, 次のように分類している (Perlmutter and Postal (1984: 98-99) も参照)。

(21) 非能格動詞
  a. 意図的ないし意志的な行為を表わす動詞:
    work, play, speak, talk, smile, grin, frown, grimace, think, meditate, cogitate, daydream, skate, ski, swim, hunt, bicycle, walk, skip (意図的), jog, quarrel, fight, wrestle, box, agree, disagree, knock, bang, hammer, pray, weep, cry, kneel, bow, curtsey, genuflect, cheat, lie (「嘘をつく」), study, whistle (意図的), laugh, dance, crawl, etc.
    ここにさらに, (ⅰ)発話様態動詞 (manner-of-speaking verb) (例えば whisper, shout, mumble, grumble, growl, bellow) と, (ⅱ)動物が出す音を記述する動詞 (例えば bark, neigh, whinny, quack, roar (意図的), chirp, oink, meow) も含まれる。
  b. 生理的現象を表わす動詞:
    cough, sneeze, hiccough, belch, burp, vomit, defecate, urinate, sleep, cry, breathe, etc.

(22) 非対格動詞
　　a．大きさ，形状，重さ，色，匂い，精神状態などを表わす形容詞，ないしそれに相当する状態動詞
　　b．対象 (Theme)（および被動作主 (Patient)）を主語にとる動詞：burn, fall, drop, sink, float, slide, slip, glide, soar, flow, ooze, seep, trickle, drip, gush, hang, dangle, sway, wave, tremble, shake, languish, flourish, thrive, drown, stumble, trip, roll, succumb, dry, blow away, boil, seethe, lie（非意図的），sit（非意図的），bend（非意図的），etc.
　　　　ここにさらに次のような起動動詞 (inchoative verb) も含まれる：melt, freeze, evaporate, vaporize, solidify, crystallize, dim, brighten, redden, darken, yellow, rot, decompose, germinate, sprout, bud, wilt, wither, increase, decrease, reduce, grow, collapse, dissolve, disintegrate, die, perish, choke, suffocate, blush, open, close, break, shatter, crumble, crack, split, burst, explode, burn up, burn down, dry up, dry out, scatter, disperse, fill, vanish, disappear, etc.
　　c．存在や出現を表わす動詞：
　　　　exist, happen, transpire, occur, take place, etc.；および arise, ensue, result, show up, end up, turn up, pop up, vanish, disappear などのさまざまな起動動詞
　　d．五感に作用する非意図的現象を表わす動詞：
　　　　shine, sparkle, glitter, glisten, glow, jingle, clink, clang, snap（非意図的），crackle, pop, smell, stink, etc.
　　e．アスペクト動詞：
　　　　begin, start, stop, cease, continue, end, etc.
　　f．継続動詞：
　　　　last, remain, stay, survive, etc.（たぶんこれらの動詞

は，上の(22c)の下位範疇と考えるべきであろう (Perlmutter 1978：163)。)

上の動詞の分類を観察して分かるように，非能格動詞は，主語指示物の意図的な動作，行為を表わす動詞と，人間の生理現象を表わす動詞である。そして，このような動詞の主語の意味役割 (semantic role) は，前者では「行為者／動作主」(Agent) (=述語の表わす動作を意図的に行なう人) であり，後者では「経験者」(Experiencer) (=述語の表わす心理的状態や生理現象を経験する人) である。一方，非対格動詞は，主語指示物の非意図的事象を表わし，主語指示物の状態や位置の変化を表わす動詞が主であり，このような動詞の主語の意味役割は，「対象／主題」(Theme) (または「被動作主」(Patient)) (=述語の表わす動作や状態を受ける人や物) である。したがって，同一の動詞でも，(23)，(24)の(a)のように，主語指示物の意図的行為を表わす場合は非能格動詞であり，(b)のように，主語指示物の非意図的事象を表わす場合は非対格動詞として区別される (例文は Perlmutter (1978：163-164) による)。

(23) a. Joe *slid* into third base.（意図的―非能格）
「ジョーは三塁に滑り込んだ。」
b. The wheels *slid* on the ice.（非意図的―非対格）
「車輪が雪の上で滑った。」
(24) a. Henry suddenly *jumped* over the fence.（意図的―非能格）
「ヘンリーは突然フェンスを跳び越えた。」
b. The unemployment rate suddenly *jumped* in July.（非意図的―非対格）
「失業率が7月に突然はね上がった。」

ここであえて大雑把な言い方をすれば，非能格動詞は，その主語に人間や動物をとるため，そのような主語指示物の動作や行為を表わす，いわゆる「スル型」の表現であり（池上 (1981) 参照），一方，非対格動詞は，その主語に無生物をとるものが多いため，そのような主語指示物が被る自然の変化を表わす，いわゆる「ナル」型の表現であると言える。[3]

(21)，(22) であげた英語の非能格動詞と非対格動詞の区別は，他の言語

においても基本的に同じであるとこれまで仮定されている。そのため，大雑把な言い方をすれば，「働く」，「遊ぶ」，「話す」，「泳ぐ」，「走る」，「歩く」，「祈る」，「踊る」，「叫ぶ」のような，主語指示物の意図的な動作，行為を表わす動詞は，どの言語でも非能格動詞に分類される。一方，「燃える」，「落ちる」，「浮く」，「凍る」，「溶ける」，「起こる」，「存在する」，「着く」，「続く」のような，主語指示物の非意図的事象を表わす動詞は，どの言語でも非対格動詞に分類される。[4]

5. 非対格性の仮説

　前節では，Perlmutter (1978), Perlmutter and Postal (1984) の研究に基づいて，非能格動詞と非対格動詞を意味的な観点から区別した。しかし，彼らの分析の枠組みは，関係文法（Relational Grammar）と呼ばれる統語論的なものであり，非能格動詞の主語は，基底構造においても表層構造においても主語であるのに対し，非対格動詞の主語は，基底構造においては<u>目的語である</u>という統語論的区別が彼らの重要な主張である。そして，この統語論的区別は，Chomsky を中心とする生成文法においても踏襲されている。[5] つまり，関係文法や生成文法などの統語論的研究では，この統語論的区別が，いわば「無定義原素」(undefined primitive) として根底にあり，統語的に区別された動詞が，たまたま前節で概観したような意味的区別も持っていると一般に考えられている。そのため，統語論的分析にとっては，非能格動詞と非対格動詞の区別は，構造が第一で，意味は二次的なものとして捉えられている。

　それでは，関係文法と生成文法で，非能格動詞と非対格動詞が統語的にどのように区別されるかを見てみよう。まず，関係文法では，非能格動詞の主語は，最初から主語であるのに対し，非対格動詞の主語は，もとは直接目的語で，のちに主語へ進級（昇格）するものとして分析される。したがって，非能格動詞文(25a)と非対格動詞文(25b)は，それぞれ(26a, b)のような関係網（relational network）を持つことになる（1は主語を，2は直接目的語を，Pは述語を，c_1とc_2は層 (stratum) を表わす）。

(25)　a．The boy *skated*.（非能格）
　　　b．The house *burned*.（非対格）

(26)　a．（＝25a）　　　　　b．（＝25b）

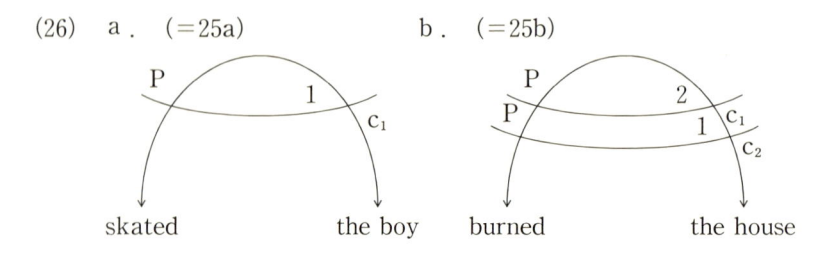

skated　　　the boy　　burned　　　the house

(26a)では，層が1つしかないことから分かるように，非能格動詞のskatedの主語the boyは，常に主語(＝1)であるが，(26b)では，非対格動詞burnedの主語the houseが，最初の層(c_1)では直接目的語(＝2)であり，次の第2層(c_2)で主語になっている。

　一方，生成文法の統率・束縛理論では，非能格動詞の主語は，D構造（基底構造）とS構造（表層構造）の両方でIP(＝S)の指定部位置にあるのに対し，非対格動詞の主語は，D構造では目的語位置にあり，S構造でIPの指定部へ移動すると考えられている。したがって，(25a, b)は，それぞれ次に示すような構造と派生過程を持っていることになる。

(27)　a．（＝25a）　　　　　b．（＝25b）

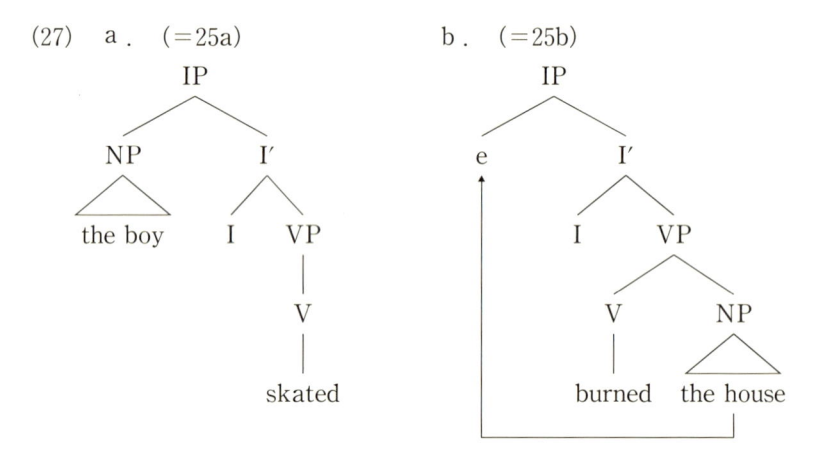

```
        IP                        IP
       /  \                      /  \
     NP    I'                   e    I'
     /\   / \                       / \
  the boy I  VP                    I   VP
            |                          / \
            V                         V   NP
            |                         |   /\
         skated                    burned the house
```

(27a)の主語the boyは，動詞skatedが非能格動詞であるため，D構造の段階から主語位置（IPの指定部）にある。一方，(27b)のthe houseは，動詞burnedが非対格動詞であるため，D構造では目的語位置にある。Burnedは自動詞であり，自動詞は，何らかの特別な原則が関与しな

い限り，格を付与できないと考えられているため，the house が目的語位置に留まれば，対格が付与されない。そのため the house は，主語位置（IP の指定部）へ移動し，I により主格を付与されることになる。[6]

　非能格動詞と非対格動詞が，関係文法や生成文法で上記のように統語的に区別されるという提案は，「非対格性の仮説」(Unaccusative Hypothesis) と呼ばれており，この点をまとめると次のようになる。

(28)　非対格性の仮説：非能格動詞と非対格動詞は，統語的に区別され，非能格動詞の主語はもとから主語であるが，非対格動詞の主語は，もともとは直接目的語として規定される。

生成文法では，受身文の主語は D 構造では目的語位置に生成し，主格を付与されるために，S 構造で IP の指定部へ移動すると考えられている。よって，受身文の動詞も非対格動詞の一種として分析されている。

　さて，非能格動詞と非対格動詞に対して異なる統語構造を仮定し，非対格動詞の主語が，もともとは直接目的語として規定されるのは，非対格動詞の主語が，他動詞の目的語と共通する特性を持っているためである。この点を観察するために，次の文とその構造を見てみよう。

(29)　a．John opened *the door*.（他動詞文）
　　　b．*The door* opened.（非対格動詞文）
(30)　a．（＝29a）　　　b．（＝29b）

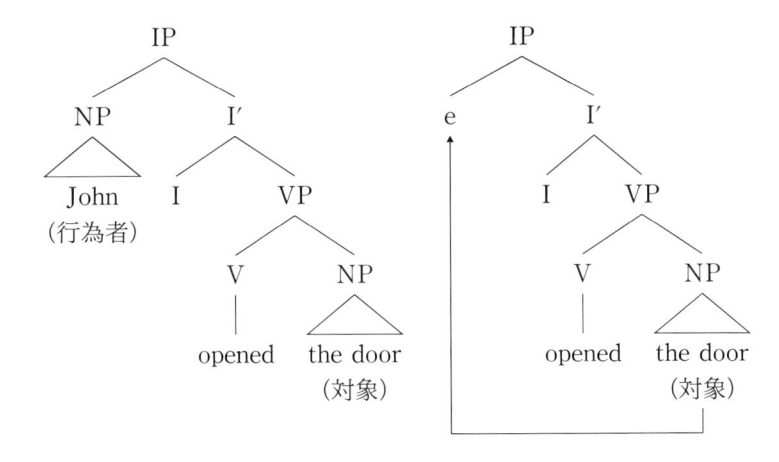

非対格動詞の中には，open, burn, roll, close, break, drop, sink のように，他動詞用法を持つものが多い。(29a)では，open が他動詞として用いられ，(30a)に示したように，主語の John が行為者／動作主で，目的語の the door が対象である。さて，(29b)のように，行為者が明示されない場合は，対象の the door が主語になり，open が「開く」という非対格動詞ということになるが，(30b)のように，対象の the door が，D 構造で目的語位置にあると仮定すると，(29a)(＝30a)の他動詞文で，対象の the door が目的語であるという点と共通する。そして，(29a, b)の構造(30a, b)では，D 構造において，同じ意味役割（＝対象）を担う名詞句が同じ構造（＝目的語位置）に具現されているため，Baker (1988: 46) の提案する「θ 役（意味役割）付与一様性の仮説」(Uniformity of Theta Assignment Hypothesis) (31)に合致することになる。

(31)　θ 役付与一様性の仮説 (UTAH)：項目間に見られる同一の主題関係は，D 構造で，当該項目間に成立する同一の構造関係により表示される。

(30a, b)では，対象を表わす the door が，D 構造でともに目的語位置に生じ，(31)の「θ 役付与一様性の仮説」を満たす。したがって，非対格動詞の主語が D 構造では目的語であると規定することは，理論的にも望ましいことになると主張されるわけである。
　さらに，D 構造において行為者は IP の指定部に，対象は V の姉妹（目的語位置）に生成すると仮定すると，他動詞用法を持たない非対格動詞でも，その主語の意味役割は対象であるため，(29b)と同様に，その主語が D 構造で目的語位置に現われることになる。そして，名詞句が担う意味役割とその名詞句の統語構造が対応することになる。
　一方，非能格動詞は，次のように，(29a, b)のような交替パターンを許さない（例文は Levin and Rappaport Hovav (1995：80, 116) による）。

(32)　a．The children *played*.
　　　b．*The teacher *played* the children.
　　　　　(cf. The teacher made the children play.)
(33)　a．Kay *coughed*.

b．*The doctor *coughed* Kay.
　　　　（cf. The doctor made Kay cough.）

(32)の the children の意味役割は，行為者／動作主であり，(33)の Kay は，経験者である。上で見たように，非能格動詞の主語は，その意味役割が行為者／動作主か経験者であり，このような場合の主語は，次に示すように，他動詞の目的語ではなく，主語と対応している。

　(34)　a．*The children* hit Mary.（他動詞文―行為者）
　　　　b．*The children* played.（非能格動詞文―行為者）
　(35)　a．*Jim* loves Linda.（他動詞文―経験者）
　　　　b．*Jim* coughed.（非能格動詞文―経験者）

したがって，非能格動詞の主語は，もとから主語位置に現われると仮定することが妥当になる。

　英語では，(29a, b)のように，同一形態の動詞が他動詞と自動詞の両方の用法を持つが，日本語では，自他を転換する接辞形態が非常に発達しており，例えば(29a, b)の open の例は，日本語では次のようになる。[7]

　(36)　a．ジョンがドアを開けた。
　　　　b．ドアが開いた。
　(37)　a．（＝36a）　　　　　b．（＝36b）

```
           IP                         IP
          /  \                       /  \
        NP    I'                    e    I'
        /\   /  \                       /  \
    ジョンが VP   I                      VP   I
    (行為者) /\   |                      /\   |
          NP V  た                    NP V  た
          /\ |                        /\ |
        ドアを 開け                   ドア 開い
        (対象)                        (対象)
```

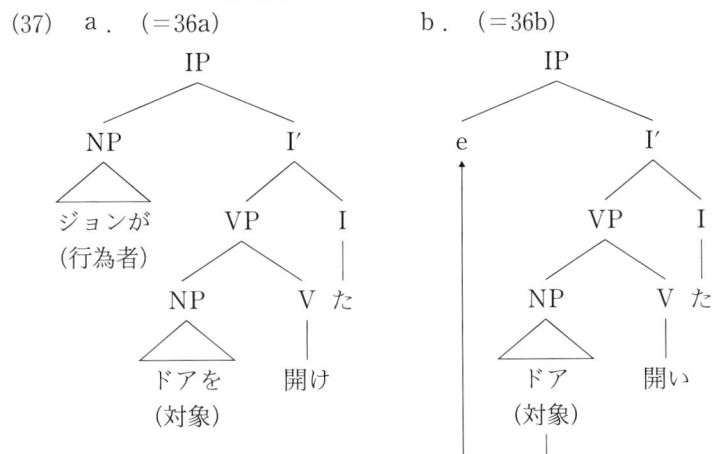

(36a)の他動詞「開ける」に対して，(36b)では，「開く」という非対格動詞が用いられている。そして，(36a, b)のそれぞれの構造(37a, b)から明らかなように，(37b)で対象の「ドア」が，D構造で目的語位置にあると仮定すると，(36a)(=37a)の他動詞文で，対象の「ドアを」が目的語であるという点と共通し，(31)の「θ役付与一様性の仮説」に合致する。さらに，(37b)のD構造で，目的語の「ドア」は，動詞「開く」が自動詞であるため，格が付与されない。そのため，S構造で主語位置へ移動し，そこで主格を表わす格助詞「ガ」が付与され，(36b)が生じることになる(Miyagawa(1989：41-45)を参照)。よって，日本語においても，(29a, b)の英語の場合と同様の分析が提案されている。[8]

6．本書の内容について

これまでの多くの研究で，4節，5節で概説した非能格動詞と非対格動詞の区別が，さまざまな言語のさまざまな言語事象を説明するうえで重要な役割を果たしているという主張がなされてきた。本書で考察する(13)-(20)の構文に関しても，非能格動詞と非対格動詞の区別が，それらの構文の適格性や解釈の違いを決定づける重要な役割を果たしているという主張がなされてきた。以下ではそのような主張に簡単に触れておきたい。

Hoji, Miyagawa and Tada (1989) は，動詞句を文頭に移動した次の2つの自動詞文を提示し，動詞句前置構文には，非能格動詞（や他動詞((13a)参照)）は現われるが，非対格動詞は現われないと主張した((38a)のUBCはUniversity of British Columbiaの略）。そしてこの主張は，その後，Hasegawa (1990), Hirakawa (2003), Ito (2003) 等にも引き継がれている。

(38)　a．[UBCに押し入りさえ] 学生が3人した。(非能格)
　　　b．*[降りさえ] 雨がした。(非対格)(=13b)

(38a)の動詞「押し入る」は，「学生」の意図的行為を表わす非能格動詞であり，この文は，日本語としてほぼ適格と判断される。一方，(38b)の動詞「降る」は，「雨」の非意図的事象を表わす非対格動詞であり，この文は，日本語として容認されない不適格文である。

西垣内（1993）は，次のような対比から，「ろくな」という否定対極表現は，非対格動詞の主語にはつくが，非能格動詞の主語にはつかないと主張している。

(39) 　a．ろくな学生が合格しなかった。（非対格）
　　　 b．*ろくなタレントがふざけなかった。（非能格）（＝14b）

(39a)の動詞「合格する」は，主語指示物の非意図的事象を表わす非対格動詞であり，この文は適格である。一方，(39b)の「ふざける」は，主語指示物の意図的行為を表わす非能格動詞である。Hirakawa (2003) は，同様の事柄が，「大した（…ない）」という表現にもあてはまると述べている。

　Kishimoto (1996) は，「VかけのN」構文に関して次の例を提示し，この構文には，非対格動詞は現われるが，非能格動詞は現われないと主張している。

(40) 　a．開きかけのドア
　　　 b．枯れかけの花
　　　 c．溺れかけの水泳選手
　　　 d．消えかけのローソク
　　　 e．死にかけの昆虫
(41) 　a．*働きかけの労働者　（＝15b）
　　　 b．*走りかけのランナー　（＝15b）
　　　 c．*叫びかけの観客
　　　 d．*踊りかけの太郎
　　　 e．*笑いかけの男

(40a-e)の動詞「開く」，「枯れる」，「溺れる」，「消える」，「死ぬ」は，主語指示物の非意図的事象を表わす非対格動詞であり，これらの例はいずれも適格である。一方，(41a-e)の動詞「働く」，「走る」，「叫ぶ」，「踊る」，「笑う」は，主語指示物の意図的行為を表わす非能格動詞であり，これらの例はいずれも不適格である。

　Hirakawa (2003) は，「～ている」構文に関して次のような例を示し，非能格動詞に「～ている」が伴うと，動作継続の解釈のみが許され，非対

格動詞に「～ている」が伴うと，結果継続の解釈のみが許されると主張している。

(42) a． 学生が走っている。(非能格)(動作継続)
     b． 道子さんが泳いでいます。(非能格)(動作継続)
(43) a． 飛行機が空港に着いている。(非対格)(結果継続)
     b． 窓が割れています。(非対格)(結果継続)

(42a，b)の動詞「走る」，「泳ぐ」は，主語指示物の意図的行為を表わす非能格動詞であり，これらの文は動作継続の解釈を受ける。一方，(43a，b)の動詞「着く」，「割れる」は，主語指示物の非意図的事象を表わす非対格動詞であり，これらの文は結果継続の解釈を受ける。

影山(1993)，岸本(2003)は，次の例を提示し，「たくさん／いっぱい」は，非能格動詞の場合，その動詞を修飾し，非対格動詞の場合，主語を修飾すると主張している。

(44) a． たくさん歩いた。(非能格)
     b． 子供が遊園地でいっぱい遊んだ。(非能格)
(45) a． たくさん生まれた。(非対格)
     b． 暑さで野菜がいっぱい腐った。(非対格)

(44a，b)の動詞「歩く」，「遊ぶ」は，主語指示物の意図的行為を表わす非能格動詞である。そして，これらの文の「たくさん／いっぱい」は，それぞれ，歩いた量や遊んだ量が多いことを表わし，動詞を修飾している。一方，(45a，b)の動詞「生まれる」，「腐る」は，主語指示物の非意図的事象を表わす非対格動詞である。そして，これらの文の「たくさん／いっぱい」は，生まれた子供がたくさん，腐った野菜がたくさんという意味であり，主語の名詞句を修飾している。

影山(1993)は，補文の主語が総称の人間一般を意味し，それが省略されている次の例を提示し，このような省略は，非能格動詞の場合は可能であるが，非対格動詞の場合は不可能であると主張している。

(46) a． ［夜中にφ騒ぐ］ことは禁止されている。(非能格)
     b．＊［夜中にφ現われる］ことがよくある。(非対格)

(46a)の補文の動詞「騒ぐ」は，主語指示物の意図的行為を表わす非能格動詞であり，この文は適格である。一方，(46b)の「現われる」は，主語指示物の出現を表わす非対格動詞であり，この文は不適格である。

　影山(1993)は，次の例を提示し，非対格動詞の主語につく格助詞「ガ」は省略できるが，非能格動詞の主語につく格助詞「ガ」は省略されないと主張している((19a, b)も参照)。

　(47)　a．[交通事故 __ 起こる]ところ見たことある？（非対格）
　　　　b．*テレビで[中核派 __ デモする]の見たよ。（非能格）

(47a)の補文の動詞「起こる」は，主語指示物の非意図的事象（出現）を表わす非対格動詞であり，この文は適格である。一方，(47b)の補文の動詞「デモする」は，主語指示物の意図的行為を表わす非能格動詞であり，この文は，多くの話し手にとって不自然，不適格であると判断される。

　影山(1993)は，次の例を提示し，使役受身文に非能格動詞は現われるが，非対格動詞は現われないと主張している((20a, b)も参照)。

　(48)　a．二人は離婚させられた。（非能格）
　　　　b．太郎は就職させられた。（非能格）
　(49)　a．*助詞が脱落させられることが多い。（非対格）
　　　　b．*新曲がヒットさせられた。（非対格）

(48a, b)の動詞「離婚する」，「就職する」は，主語指示物の意図的行為を表わす非能格動詞であり，これらの使役受身文は適格である。一方，(49a, b)の動詞「脱落する」，「ヒットする」は，主語指示物の非意図的事象を表わす非対格動詞であり，これらの使役受身文は不適格である。

　私たちは本書の各章で，(13)-(20)の構文をそれぞれ考察し，上記のような主張を観察する。そして，本書で考察する日本語の8つの構文の適格性や意味解釈が，非能格動詞と非対格動詞の区別によって統一的に説明できるというこのような主張が，理論的に包括的で，魅力的であること，そして，それぞれの構文の多くの例を的確に説明できることを観察する。しかし，それでもなお，それぞれの構文のさらなるデータを詳細に検討してみると，上記のような主張にとって問題となったり，処理できない例が存

在することを示す。そして，私たちは本書で，そのような例をも包括して説明できる要因を探り，動詞の意味に加えて，それぞれの構文の表わす意味や機能，情報構造，文脈との関わり，語用論的要因など，さまざまな要因も考慮に入れなければならないことを示し，このような観点からそれぞれの構文に対する機能的構文分析を提出する。

■第1章

動詞句前置構文

「降りさえ雨がした」はなぜ不適格文か

1. はじめに

日本語には，英語の「動詞句前置」に類似した現象がある。次の例を見てみよう。

(1) a. John *finished all that in three hours.*
    b. *Finish all that in three hours* John did.
(2) a. 太郎が花子に花束を送りさえ／は／もした。
    b. 花子に花束を送りさえ／は／も太郎がした。

英語では，(1b)に見られるように，(1a)の動詞句 (finish all that in three hours) が，助動詞 (did) を残して文頭に前置される。他方，日本語では，(2a)に見られる強調形「動詞句＋さえ／は／も＋する」の「動詞句連用形＋副／係助詞」が，「する」を残して文頭に前置される。(1b)のような英語の動詞句前置構文が，ある特定の文脈で用いられるのと同様に，(2b)のような日本語の構文も自由に用いられるわけではなく，(2a)のような基本語順の文と比べると，特定の文脈や想定がない限り，多少の不自然さを伴う。しかし，本章で議論するこの構文の適格性は，(2a)のような基本語順の文との対比ではなく，表題にある「降りさえ雨がした」のような不適格文との対比であり，その点で(2b)のような文は適格文であるとして議論を進めることにする。

さて，この日本語動詞句前置構文に関して，動詞句全体が前置されれば適格文ができるが，動詞句の中に痕跡があり，その痕跡と同じインデックスを持つ要素が動詞句の右に現われると，不適格文ができる，という観察が行なわれてきた。次の(3c)と(3d)は，Hoji, Miyagawa and Tada

(1989) による。[1]

(3) a. ジョンが [その皿に寿司を置きさえ] した。
b. 寿司を$_i$ ジョンが [その皿に t_i 置きさえ] した。
c. [その皿に寿司を置きさえ]$_j$ ジョンが t_j した。
d. *[その皿に t_i 置きさえ]$_j$ 寿司を$_i$ ジョンが t_j した。

(3b)は、(3a)の動詞句の中に埋め込まれている名詞句「寿司を」を前置してできた文である。t は痕跡 (trace) で、移動した名詞句「寿司を」がもともと占めていた位置を示す。同じインデックス i が痕跡と「寿司を」についているのは、この痕跡が「寿司を」の痕跡であることを明確にするためである。(3b)の適格性には問題がない。(3c)は、(3a)の動詞句「その皿に寿司を置きさえ」を前置してできた文である。t_j は、前置された動詞句の痕跡である。(3c)は、(2b)と同様に（ほぼ）適格である。一方(3d)は、(3b)の動詞句「その皿に t_i 置きさえ」を前置してできた文であるが、この文は日本語としてまったく容認されない不適格文である。Hoji, Miyagawa and Tada (1989) では、(3d)の不適格性が生成文法の基本原理の1つから自動的に説明されるものと想定されているが、その理論的詳細は、本章では重要ではない。[2][3] 単に、次のようなパターンの構造を持った文は不適格文であると予測される、ということだけが重要である。

(4) *[$_文$ [$_{動詞句}$ [$_{動詞句連用形}$ … t_i …]-さえ／は／も]$_j$ X_i … t_j する]

(4)は、前置された動詞句の中に痕跡 t_i があり、その痕跡と同じインデックスを持つ要素 X_i が動詞句の右側に現われている「…する」パターンの文は、不適格文であることを示す。

2. Hoji, Miyagawa and Tada (1989) の分析
—— 非能格動詞と非対格動詞

さて、次の2組の自動詞文を比べてみよう（(5)の UBC は University of British Columbia の略）。

(5) a. 学生が3人 UBC に押し入りさえした。

　　　　b．［UBC に押し入りさえ］ᵢ 学生が 3 人 tᵢ した。
（6）a．雨が降りさえした。
　　　　b．*［降りさえ］ᵢ 雨が tᵢ した。

(5a)の動詞「押し入る」は，主語「学生」の意図的行為を表わす非能格動詞であり，(6a)の「降る」は，主語「雨」の非意図的事象を表わす非対格動詞である（序章参照）。動詞句前置規則の適用を受けて派生した(5b)は適格文であるが，同じ動詞句前置規則の適用を受けて派生した(6b)は不適格文である。Hoji, Miyagawa and Tada (1989) は，適格文(5b)と不適格文(6b)の対比を，非能格動詞「押し入る」の主語が D 構造（基底構造）で占める位置（すなわち，主語の位置）と，非対格動詞「降る」の主語が D 構造で占める位置（すなわち，目的語の位置）の違いに起因させている。

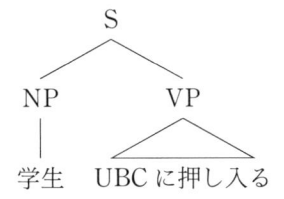

（7）a．学生が UBC に押し入る　　　b．雨が降る

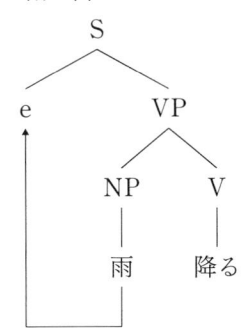

```
         S                              S
        / \                            / \
       NP  VP                         e   VP
       |   /\                             / \
      学生 UBC に押し入る                  NP  V
                                          |   |
                                          雨  降る
```

　非能格動詞「押し入る」の主語は，D 構造（基底構造）から文の主語の位置を占めるので，「UBC に押し入る」という動詞句には，主語の痕跡がない。したがって(5b)は，次の(8b)に示すように，(4)の構造を持っていないから不適格性が生じない。

（8）a．D 構造（基底構造）：
　　　　　　［学生が 3 人 ［動詞句 UBC に押し入りさえ］した］
　　　b．動詞句前置：
　　　　　　［［動詞句 UBC に押し入りさえ］ᵢ 学生が 3 人 tᵢ した］（＝5b）

他方,「降る」は非対格動詞であるから,その主語はD構造で動詞の目的語の位置を占め,「Burzioの一般化」[4],「格フィルター」[5]によって,痕跡を残してIPの主語位置に移動する。

(9)　a．D構造(基底構造)：[e [動詞句 雨 降りさえ] した]
　　　b．主語位置への移動：[雨$_i$が [動詞句 t$_i$ 降りさえ] した]
　　　c．動詞句前置：*[[動詞句 t$_i$ 降りさえ]$_j$ 雨が$_i$ t$_j$ した]

(9a)では,主語位置が空(emptyのeで示す)であるため,動詞「降る」は主語に意味役割を付与せず,その結果,Burzioの一般化により,目的語の「雨」に対格を付与することができない。すると,「雨」には格が与えられず,格フィルターに違反する。これを回避するために,「雨」は(9b)に示したように,主語位置へ移動し,そこで主格を表わす格助詞「が」が付与される。(9b)に動詞句前置規則を適用すると,(9c)に示す構造が派生する。この構造は,動詞句の中に痕跡t$_i$があり,その痕跡と同じインデックスを持つ要素「雨が」が動詞句の右側に現われている。つまり,(9c)は(4)のパターンを持っているから,(6b)が不適格文となる,というのが(6b)の不適格性についてのHoji, Miyagawa and Tada (1989)の説明である。

Hoji, Miyagawa and Tada (1989)は未刊行論文であるが,日本語の動詞句前置構文の適格性を非能格動詞と非対格動詞の違いに基づいて説明する彼らの分析は,その後,Hasegawa (1990), Hirakawa (2003：60-62), Ito (2003：8-9)等,多くの刊行された論文や本に引き継がれ,妥当な分析であるとこれまで考えられている。例えば,Hirakawa (2003：61-62)では,次の不適格文が提示されている。

(10)　a．*[成田に t$_i$ 着きさえ]$_j$ 太郎$_i$ が t$_j$ した。
　　　　　　　　　　　　　　　　　　　(Hasegawa 1990：250)
　　　b．?*[先生によって t$_i$ 殴られさえ]$_j$ 太郎$_i$ が t$_j$ した。

(10a)の動詞「着く」は,主語指示物の非意図的事象を表わす典型的な非対格動詞である。さらに(10b)では,受身文の主語がD構造では直接目的語の位置にあり,主格を付与されるためにS構造で主語位置へ移動すると考えられているため,受身文の動詞は非対格動詞の一種として分析され

ている（序章参照）。よって，(10a, b)の不適格性は，動詞が非対格動詞であるためであると説明されている。

3．さらなるデータの検討

Hoji, Miyagawa and Tada (1989) では，(2b)，(3c)，(5b)のような他動詞文や非能格動詞文の動詞句前置は，(3d)のような二重の前置を含む場合を除き，すべて一様に適格になると考えられている。ここで，動詞は他動詞や非能格動詞で一定にしておいて，それらの動詞が意図的動作を表わす(11a-d)のような場合と，非意図的動作を表わす(12a-e)のような場合で，適格性に程度の差があるかどうか考えてみよう。[6]

(11) a．［花子に花束を送りさえ］太郎がした。(cf. 2b)
　　 b．［その皿に寿司を置きさえ］ジョンがした。(＝3c)
　　 c．［UBCに押し入りさえ］学生が3人した。(＝5b)
　　 d．(中の様子をうかがうだけでなく)［宝石店に押し入りさえ］その不審な男が／はした。
(12) a．［激しい発作を起こしさえ］太郎がした。
　　 b．［悪い夢を見さえ］太郎がした。
　　 c．［苦しそうないびきをかきさえ］太郎がした。
　　 d．(読まないばかりか)［その本を電車の網棚に置き忘れさえ］彼はした。
　　 e．(1等賞を取るどころか)［足をくじきさえ］友達がしたので，運動会はさんざんだった。

(11a, b)は他動詞の動詞句前置の例であり，(11c, d)は非能格動詞「押し入る」の動詞句前置の例である。(12a-e)も(11a, b)と同様に他動詞の動詞句前置の例であるが，(11a, b)の他動詞「送る」，「置く」が意図的動作を表わしているのに対して，(12a-e)の他動詞は，「発作を起こす」，「夢を見る」，「いびきをかく」など，いずれも非意図的動作を表わす。(12a-e)は，(11a, b)と比べてやや適格度が落ちるように思われるが，(3d)や(6b)に比べれば適格度がはるかに高い。[7] したがって，(11)の意図的動作を表わす場合と，(12)の非意図的動作を表わす場合を比べることによって，まず，非意図的動作を表わす動詞句の前置は，適格度がやや落ちる

と言うことができる。

　さて，次に(12)と(13)を比較されたい。

(13)　a．［小石につまずいて転びさえ］太郎がした。
　　　b．（あの靴のおかげで転ぶどころか）［滑りさえ］その老人はしなかった。
　　　c．［成績順位最下位に落ちさえ］太郎がした。
　　　d．［クラスで最下位に下がりさえ］太郎がした。
　　　e．［丈夫に生まれさえ］その子がすれば，男でも女でもいい。
　　　f．［気分的に奈落の底に落ち込みさえ］太郎がした。

(13a-f)の文も，(11a-d)と比べてやや適格度が落ちるように思われるが，(12a-e)と(13a-f)との間には，適格度に差があるとは感じられない。ところが，(13a-f)の文の前置された動詞句は，「転ぶ」，「滑る」，「落ちる」，「下がる」，「生まれる」，「落ち込む」という，主語指示物の非意図的事象を表わす非対格動詞を含んでいる。そして，これらの文が(11a-d)と大差のない適格度を持っているということは，動詞句前置構文の適格性を非能格動詞と非対格動詞の違いで説明することが適切ではないことを示している。

　さらに，前置された動詞句が受身文の場合でも，(10b)と異なり，(11a-d)と大差のない適格度を持っていると判断される次のような例がある。

(14)　a．［先生に（どなりつけられるだけでなく）殴られさえ］わが子がしたので，私はすぐさま教育委員会に訴えた。
　　　b．今年の明治神宮の初詣では，［大勢の人に（押されるだけでなく）倒されさえ］何人もの人がしたので，来年はもっと広い通路を作ってもらいたい。

したがって，(14a, b)の例からも，動詞句前置構文の適格性は，非能格動詞と非対格動詞の違いとは別のところに求めなければならないことが分かる。

　他動詞や非能格動詞の動詞句前置構文でも，(11a-d)と(12a-e)で見たように，適格度に差があるという事実や，非対格動詞の動詞句前置構文でも，(6b)，(10a, b)のように不適格な場合と，(13a-f)，(14a, b)のよう

に適格な場合があるという事実は，いったいどのように説明されるのだろうか。次節では，この問題を機能的構文分析の立場から考察する。

4．不適格文(6b)の機能的解決

　(13a-f)で，非対格動詞を含む動詞句の前置が，(非意図的動詞句の前置に伴うわずかな適格度の低下を除いて)適格文を生み出すことを示した。それでは，(6b)の「降りさえ雨がした」はどうして不適格文なのであろうか。それには，2つの理由があるように思われる。第1は，前置を受けた動詞句の末尾に現われている「さえ」の持つ意味である。(「も」，「は」など，係助詞が用いられている場合も同じことである。)最初に，(11b)の「その皿に寿司を置きさえ」がどのような意味合いを持っているかを考えてみよう。それは，何らかの基準で，「皿に寿司を置く」ことよりも程度の低いことを主語指示物である行為者がしたということが先行文脈ですでに確立されていることを示唆する。例えば，「その皿に漬け物を置いた」，「その皿に煮魚を置いた」，「その皿にテンプラを置いた」，というような行為を主語指示物である行為者がしたことが当該の談話ですでに述べられていて，話し手が，「その皿に寿司を置く」という行為を，そのような行為の最も極端なものと見なして行為リストに加えるとき，「さえ」が用いられるわけである。換言すれば，(13a-f)，(14a, b)のパターンは，同種の程度が低い行為を主語指示物がすでにしていることが想定できる文脈でしか使えない。[8] ところが，雨は，降ること以外何もしないから，(6b)の「降りさえ」には，雨が「降る」ことと対比すべき雨に関する他の出来事があり得ない。したがって「さえ」が「降る」のあとに現われることの正当化ができない。(6b)が不適格である1つの理由は，ここにあるものと思われる。

　実際，「降る」という典型的非対格動詞を含む動詞句でも，それが前提とすべき他の事象がすでに起きていることが想定できるような文を作れば，適格性がはるかに上がる。次の例を参照されたい。

(15)　a．8月3日の雪が／は(本州ばかりでなく)九州に降りさえした。

　　　b．？(本州ばかりでなく)[九州に降りさえ] 8月3日の雪が／

はした。

(15b)は，(13a-f)の文と比べてさらに若干適格度が下がるかもしれないが，(6b)の「降りさえ雨がした」と比べれば，適格性がはるかに高い。

次の(16b)の文も，典型的非対格動詞「しおれる」を含む動詞句の前置の例であるが，その適格度は，(15b)と同じ程度で，(6b)の適格度よりはるかに高い。

(16) a．その花は，(枯れるどころか) しおれさえしなかった。
b．?(枯れるどころか) [しおれさえ] その花はしなかった。

(16b)の適格度が(6b)の適格度よりはるかに高いのは，「しおれる」という出来事に対して，比較されるべき他の出来事（すなわち，「枯れる」という出来事）があるから，「さえ」が動詞句のあとに現われることの正当化が可能であるためである。

以上の考察から，なぜ(10a, b)（以下に再録）が不適格なのに対し，(14a, b)（以下に再録）が(11a-d)と大差のない適格度を持っているかが明らかとなる。

(10) a．*[成田に t_i 着きさえ]_j 太郎_i が t_j した。
(Hasegawa 1990：250)
b．?*[先生によって t_i 殴られさえ]_j 太郎_i が t_j した。
(Hirakawa 2003：62)
(14) a．[先生に（どなりつけられるだけでなく）殴られさえ] わが子がしたので，私はすぐさま教育委員会に訴えた。
b．今年の明治神宮の初詣では，[大勢の人に（押されるだけでなく）倒されさえ] 何人もの人がしたので，来年はもっと広い通路を作ってもらいたい。

(10a)では，「成田に着いた」という出来事と比較して，何かそれよりも程度の低い出来事を太郎がしたことになるが，この文が唐突に発話されると，私たちはそのような文脈を容易に想起することができない。よって，「さえ」が「成田に着く」のあとに現われることの正当化ができず，この文は不適格となる。同様のことが，(10b)についても言える。一方(14a)

では,「先生に殴られた」という出来事と比較して,それよりも程度の低い「先生にどなりつけられた」という出来事が示してあるため,「さえ」が動詞句のあとに現われることの正当化が可能である。よって,この文は適格となる。同様のことが(14b)についても言える。

上で私たちは(6b)が不適格なのは,雨は降ることしかしないから,「降る」と対比されるべき他の出来事がないので,「さえ」が現われることに対する正当化ができないことによると主張した。それでは,どうして(6a)の「雨が降りさえした」は適格なのであろうか。この問題に答えるためには,副助詞「さえ」のターゲット(つまり,「さえ」で話し手が極端なものとして取り立てている要素)を論じる必要がある。まず,次の文を見てみよう。

(17) 太郎は花子の部屋の床を雑巾でふきさえした。
  a. 散らばっているものの片付け,電気掃除機を使っての掃除ばかりでなく(「雑巾でふく」の対比)
  b. 両親の部屋の床を雑巾でふく,居間の床を雑巾でふく,キチンの床を雑巾でふくばかりでなく(「花子の部屋の床」の対比)
  c. 洗濯,花壇の手入れ,草刈りばかりでなく
   (「花子の部屋の床を雑巾でふく」全体の対比)

(17)の「さえ」が -i によって名詞化された動詞句全体に付加されていると仮定すれば,「さえ」の構文法的ターゲット(つまり,「さえ」で極端なものとして取り立てられ得る要素の構造上の位置)は,動詞句全体である。[9]

(18) [$_文$ [$_{動詞句}$ [花子の部屋の床を雑巾でふ k-] -i] -sae する]

そして,(17)で示した多義性は,その構文法的ターゲットの構成要素(動詞句全体)の中のいずれの要素も意味的ターゲット(焦点)(つまり,実際に話し手が「さえ」で極端なものとして取り立てている要素)になり得ることを示している。次の例は,「さえ」のターゲットが文全体であってもよいことを示す。

(19) （その悲報を聞いて）太郎が目に涙を浮かべた。次郎が啜り泣いた。花子が気を失いさえした。

(19)の最後の文の「さえ」のターゲットは，主語を含んだ「花子が気を失う」という文全体である。

　上の考察から，(6a)の「雨が降りさえした」がなぜ適格文であるかが分かる。すなわち，この文の「さえ」は，「降る」に付加されているのではなく，「雨が降る」全体に付加されているのである。「雨が降る」は，次のように，他の出来事と対照して捉えることができる。

(20) 昨日はひどい天気だった。気温が異常に低かった。風が強かった。ときどき雷がなった。稲妻が光った。雨が降りさえした。

(20)の最後の文「雨が降りさえした」は，「雨が降る」全体が他の自然現象と比較されているのであるから，次の(21a)の構造は持ち得ず，(21b)の構造しか持ち得ないことが分かる。

(21)　a．*雨が [[降り] さえ] した。(意味的に不適格)
　　　b．[[雨が降り] さえ] した。

　それでは，(6b)の「降りさえ雨がした」は，どうして(21b)の解釈を受けることができないのだろうか。この問いに対する答え，つまり，(6b)の不適格性のもう1つの理由は，次の制約にある。

(22)　作用域外移動の制約：作用域を持つ要素Aの意味的作用ターゲット（つまりAの焦点）は，Aの構文法的作用域（つまり，Aが構造上c統御する領域）の外に移動することはできない。

(cf. Kuno and Takami 1992, 1997)

例えば，次の英語の文を見てみよう。

(23)　a．I didn't put the ice-cream in the pantry.
　　　　　(I put the cream cheese there.)
　　　　　否定の意味的ターゲット（焦点）： the ice-cream
　　　b．In the pantry, I didn't put the ice-cream.
　　　　　(But I put the cream cheese there.)

(24)　a．I didn't put the ice-cream in the pantry.
　　　　　(I put it in the fridge.)
　　　　　否定の意味的ターゲット（焦点）：in the pantry
　　　b．*In the pantry, I didn't put the ice-cream.
　　　　　(I put it in the fridge.)

否定辞 not は，否定の作用がどの要素にまで及ぶかの領域があるので，作用域を持つ要素である。そして，(23a)，(24a)両文で，in the pantry は，否定辞 not の構文法的作用域に入っている（つまり，動詞句 put the ice-cream in the pantry が，否定辞 not に c 統御されるので，その一部である in the pantry は当然，not に c 統御される領域に入っている）。この前置詞句を文頭，すなわち否定辞の作用域の外，に移動できるのは，それが，否定辞の意味的ターゲット（焦点）になっていないときのみである。したがって，(23a)では in the pantry が否定の意味的ターゲット（焦点）ではないので，それを否定辞の作用域の外に移動した(23b)は適格となる。すなわち，(23a)は，「私は，パントリー（食料品貯蔵室）にアイスクリームを入れたのではない（クリームチーズを入れたのだ）」という意味で，否定されているのは，「アイスクリーム」であって，「パントリーに」ではない。よって，否定されていない「パントリーに」は，(23b)のように，否定の作用域の外に移動することができる。一方(24a)では，in the pantry が否定の意味的ターゲット（焦点）であるため，それを否定辞の作用域の外に移動した(24b)は不適格となる。すなわち，(24a)は，「私は，アイスクリームをパントリーに入れたのではない（冷蔵庫に入れたのだ）」という意味で，否定されているのは，「アイスクリーム」ではなく，「パントリーに」である。よって，否定されている「パントリーに」は，(24b)のように，否定の作用域の外に移動することができない。

　さて，(6b)を得るためには，次の派生過程を経なければならない。

(25)　a．D（基底）構造
　　　　　[e [雨　降り] さえ] した]
　　　b．「雨」の主語位置への移動
　　　　　[[雨ᵢ が [tᵢ 降り] さえ] した]

c．「雨が」が「さえ」の構文法的作用域の外に移動
　　　　　[雨$_i$ が [[t$_i$ 降り] さえ] した]
　　　　　(「作用域外移動の制約」に違反)
　　　d．動詞句前置
　　　　　*[[t$_i$ 降り] さえ]$_j$ [雨が]$_i$ t$_j$ した

　上に示したように，(6b)が(20)で示した解釈を持ち得ないのは，この解釈のもとでは，「雨が」が「さえ」の意味的ターゲット（焦点）の一部であるので，「さえ」の構文法的作用域の外に移動できないからである。[10]

　上記の分析は，「さえ」だけでなく，「も」や「は」を用いた次の文にもまったく同様にあてはまる。

(26)　a．雨が降りもした。
　　　b．解釈：その日は風が強かった。(その上)雨が降りもした。
　　　c．構造：[[雨が降り] も] した
(27)　a．雨が降りはした。
　　　b．解釈：雨が降りはした。が，風は吹かなかった。
　　　c．構造：[[雨が降り] は] した

　(26a)，(27a)は，それぞれ(26b)，(27b)のような解釈と，(26c)，(27c)のような構造を持つ。そのため，「雨が」を「も」や「は」の意味的ターゲット（焦点）から外したり，「降りも」や「降りは」の動詞句前置を行なうと，作用域外移動の制約に違反し，次のような不適格文が生じる。

(28)　a．*雨が [降りも] した。
　　　b．*降りも雨がした。
(29)　a．*雨が [降りは] した。
　　　b．*降りは雨がした。

　先に，前置された動詞句が非意図的動作を表わす文の適格度は，意図的動作を表わす文の適格度より，やや下がるという観察を行なった（例文(11)，(12)を参照）。また，(15b)の例文の適格度は，さらに下がるという観察を行なった。この事実は，「さえ／は／もする」構文の「する」が主語の直後に現われると，意図的本動詞としての「する」の解釈の「妨

害」が入って，本動詞「する」の主語の位置に意味的主語選択制約を満たさない名詞が現われると，その適格性の低さに比例して，文全体の適格度が下がる，ということを示唆している。この妨害のもっとも極端なケースは，「動詞句＋さえ／は／も」が談話法的省略を受けている場合である。

(30) 話者甲： 誰が泣きさえしたの？
 話者乙： 太郎がした。
(31) 話者甲： 誰が会議をボイコットしさえしたの？
 話者乙： 山田先生たちがした。
(32) 話者甲： 誰が最下位に落ちさえしたの？
 話者乙： ?太郎がした。
(33) 話者甲： 誰が苦しそうないびきをかきさえしたの？
 話者乙： ?太郎がした。
(34) 話者甲： 誰がフランス語が分かりさえするの？
 話者乙： *太郎がする。
(35) 話者甲： 誰がフランス語が話せさえするの？
 話者乙： *太郎がする。
(36) 話者甲： 何が空から落ちてきさえしたの？
 話者乙： *雹がした。
(37) 話者甲： どこの会社の株価が9割落ちさえしたの？
 話者乙： *おれの会社がした。

(30)，(31)の「さえ」でマークされている動詞句は，意図的動作を表わす。この動詞句を談話省略して，「する」のみを残すことには，何ら問題がない。(32)，(33)の「さえ」でマークされた動詞句は，人間を主語とする非意図的動作を表わす。この動詞句を談話省略して「する」のみを残すと，文の適格度が落ちる。さらに，(34)，(35)の「さえ」でマークされた動詞句は，人間を主語とする非意図的，非動作的（すなわち状態性の）動詞句である。話者乙の「太郎がする」という返事は，この文脈では，不適格文である。同様，(36)，(37)の「さえ」でマークされた動詞句は，人間ではなく，無生物を主語とする，非意図的動作動詞である。そのため，話者乙の返事で動詞句を談話省略すると，不適格な文が生じる。(15b)のように，「動詞句＋副助詞」が省略されていない場合には，「する」の本動詞

解釈に由来する妨害が(36), (37)の場合ほど強くないが, その妨害があることは, 疑いないことと判断できる。

5. まとめ

以上の考察をまとめると, 次のとおりである。

(38) *降りさえ雨がした。(=6b)

  A. (38)の不適格性は, (13a-f)の文の適格性, (15b), (16b)の適格度の高さから判断して,「降る」の非対格性には関係がないと結論せざるを得ない。

(38)の不適格性は, 次の理由による。

  B. 「さえ」の意味的ターゲットが「降る」のみである, という想定のもとでは, 雨は降る以外何もしないのであるから,「降る」と対比すべき雨に関する出来事があり得ないから,「さえ」の解釈が不可能となり, 不適格となる。

  C. 「さえ」の意味的ターゲットが「雨が降る」全体である, という想定のもとでは, (38)の派生過程で,「作用域外移動の制約」の違反が起きるから, この解釈での(38)も不適格文である。

  D. 主語に直接後続する「する」は, 意図的動作を表わす本動詞としての「する」の解釈の「妨害」があって, 主語がその選択制約を満たさないとき, 適格度が落ちる。

以上, B, C, Dの理由により, (38)は不適格文になると説明される。
 さらに, 次の適格文の説明は以下のようになる。

(39) (中の様子をうかがうだけでなく)［宝石店に押し入りさえ］その不審な男が／はした。(=11d)

(40) ［小石につまずいて転びさえ］太郎がした。(=13a)

(39)が適格なのは, (ⅰ)「宝石店に押し入った」と対比すべき行為として,「中の様子をうかがった」が示されているので,「さえ」の解釈が可能となり, (ⅱ)「宝石店に押し入った」が意図的動作を表わすので, 本動詞

としての「する」の解釈の「妨害」を受けないためである。また(40)が，多少の不自然さを伴うものの，ほぼ適格と判断されるのは，(ⅰ)「小石につまずいて転んだ」と対比すべき出来事として，例えば「小石につまずいてよろけた」というような，より程度の低い出来事が想起されやすいので，「さえ」の解釈が可能となるが，(ⅱ)「小石につまずいて転んだ」が非意図的動作を表わすため，本動詞としての「する」の解釈の「妨害」を受けるためである。

■第2章

「ろくな／大した…ない」構文

「ろくなタレントがふざけなかった」はなぜ不適格文か

1. はじめに

英語や日本語には，any, ever, either, yet,「決して」，「しか」，「誰も」，「何も」，「全然」のような「否定対極表現」(Negative Polarity Item) と呼ばれる表現がある。これらの表現は，次の(a)のように，否定辞を伴うと適格であるが，(b)のように，否定辞を伴わない肯定文では不適格である。

(1) a. I do*n't* have *any* money.
    b. *I have *any* money.
(2) a. I have*n't* *ever* spoken to her.
    b. *I have *ever* spoken to her.
(3) a. 太郎は決してお酒を飲まない。
    b. *太郎は決してお酒を飲む。
(4) a. 私は何も知らなかった。
    b. *私は何も知っていた。

さて，英語の否定対極表現は，(5a, b)の適格性の違いが示すように，主語と目的語で違いがあるが，日本語の否定対極表現は，(6a, b)や(7a, b)がすべて適格であることから，主語と目的語で違いがないとこれまで言われてきた (Kato 1979, 1985, Takahashi 1990 等を参照)。

(5) a. John does*n't* know *anyone*. (目的語)
    b. **Anyone* does*n't* know John. (主語)
(6) a. ジョンは誰も知らない。(目的語)

　　　　b．誰もジョンを知らない。(主語)
　(7)　a．太郎は花子しか愛していない。(目的語)
　　　　b．花子しか太郎を愛していない。(主語)

(5a)では，否定対極表現のanyoneが目的語位置にあり，この文は適格である。一方(5b)では，否定対極表現のanyoneが主語位置にあり，この文は不適格である。そのため，英語の否定対極表現には，「主語・目的語の非対称性」(subject-object asymmetry)があるとこれまで言われてきた。それに対し，(5a, b)に対応する(6a, b)の日本語では，否定対極表現の「誰も」が，(6a)のように目的語位置にあっても，(6b)のように主語位置にあっても，適格である。同様に(7a, b)でも，否定対極表現の「花子しか」が，目的語位置にあっても，主語位置にあっても，適格である。したがって日本語の否定対極表現には，「主語・目的語の非対称性」が存在しないと言われてきた。[1]

2．西垣内(1993)，Hirakawa(2003)の「ろくな/大した」の分析

　日本語の否定対極表現には，「主語・目的語の非対称性」が存在しないというこれまでの観察に対して，西垣内(1993)は，「ろくな」という否定対極表現には，「主語・目的語の非対称性」が存在すると主張し，次の例を提示している（西垣内1993：165）。

　(8)　a．学生がろくな論文を書かない。(目的語)
　　　　b．*ろくな学生が論文を書かない。(主語)

(8a)では，「ろくな」が目的語について，「ろくな論文を」となっているが，(8b)では，「ろくな」が主語について，「ろくな学生が」となっている。そして，(8a)は適格であるが，(8b)は不適格である。つまり，(8a, b)の「ろくな」の振る舞いは，(5a, b)のanyの振る舞いと同じであることになる。

　西垣内(1993)はさらに，「ろくな」が，非対格動詞の主語につくことはできるが，非能格動詞の主語につくことはできないと主張し，次の例を提示している（西垣内1993：165）。

　(9)　a．ろくな物が落ちてなかった。

　　　　　　b．ろくな学生が合格しなかった。
(10)　　　　＊ろくなタレントがふざけなかった。

(9a, b)の動詞「落ちる」,「合格する」は，主語指示物の非意図的事象を表わす非対格動詞であり，これらの文は適格である。一方，(10)の動詞「ふざける」は，主語指示物の意図的行為を表わす非能格動詞であり，この文は不適格である（非能格動詞と非対格動詞の詳細については，序章を参照）。

序章で詳述したように，非対格動詞の主語は，（他動詞の直接目的語と同様に）基底では直接目的語の位置にあるが，非能格動詞の主語は，他動詞の主語と同様に，もとから主語位置にあると想定されている (Perlmutter 1978, Burzio 1986等を参照)。基底で直接目的語の位置にある非対格動詞の主語は，英語では，S構造で主語位置（IPの指定部）へ移動すると仮定されており，Miyagawa (1989)は，同様の移動が日本語でも起こると想定している（序章の5節を参照）。しかし西垣内 (1993) は，日本語ではこのような移動がS構造で起こらず，D構造（基底構造）で直接目的語の位置に生成した非対格動詞の主語は，S構造でも直接目的語の位置に留まり，その位置で主格が付与されると考えている（影山(1993)も同様に考えている（第6-8章を参照））。

以上の西垣内 (1993) の「ろくな」に関する議論をまとめると，次のようになる。

(11)　「ろくな…ない」構文に課される非対格性制約：「ろくな…ない」構文は，「ろくな」が直接目的語位置の要素につけば適格となるが，主語位置の要素につけば不適格となる。

西垣内 (1993) は，生成文法の「統率・束縛理論」の枠組みで，「ろくな」を含む要素が「語彙統率」されていなければならないという規定を設け，この規定から(11)の非対格性制約が生じると議論している（註2参照）。しかし，その理論的詳細は，本章では重要ではない。単に，次の構造で，「ろくな」は動詞（V）の姉妹(sister)（つまり，Vと構造上同じレベルの要素）にのみつくことができると理解すれば十分である。

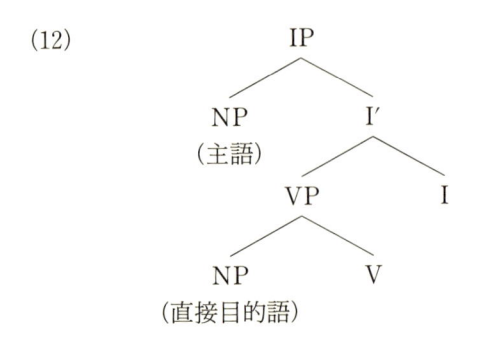

(12)
```
            IP
           /  \
         NP    I'
        (主語) / \
             VP   I
            /  \
           NP   V
         (直接目的語)
```

　直接目的語は，(12)の構造で動詞（V）の姉妹なので，「ろくな」がつくことができる。一方，主語はその姉妹がI'であり，Vではないので，「ろくな」がつくことができない。さらに，上で述べたように，非対格動詞の主語は，D構造（基底構造）でもS構造でも直接目的語の位置にあると考えられているので，その姉妹がVであり，「ろくな」がつくことができる。一方，非能格動詞の主語は，他動詞の主語と同様に，D構造でもS構造でも主語なので，その姉妹がVではなく，「ろくな」がつくことができない，というのが西垣内（1993）の説明である。[2]

　西垣内（1993）は，非対格動詞の主語が，（D構造だけでなく）S構造でも直接目的語の位置を占めると考えているため，(11)の非対格性制約が，S構造に適用する制約であると考えて差しつかえないと述べている。しかし，Hirakawa（2003）は，西垣内（1993）の「ろくな」の分析を基本的に正しいものと考えているものの，「ろくな」が次のように，受身文の主語にもつき得る事実を示して，(11)の非対格性制約がD構造で適用されるべきものであると主張している。

(13)　ろくな物が売られていない。(受身文の主語)（Hirakawa 2003：60）

受身文の主語は，D構造では直接目的語の位置を占めているが，S構造では，主語位置（IPの指定部）へ移動する（序章参照）。そのため，(11)の非対格性制約がS構造で適用されれば，(13)は誤って不適格であると予測されてしまう。この点からHirakawa（2003）は，「ろくな」は基底で直接目的語位置を占める要素にのみつくことができると主張している。し

たがって，(11)の非対格性制約は，次のように修正される（Hirakawa 2003：60）。

(14) 「ろくな…ない」構文に課される非対格性制約（修正版）：「ろくな…ない」構文は，「ろくな」が，基底で直接目的語の位置にある要素につけば適格となるが，主語の位置にある要素につけば不適格となる。[3]

　Hirakawa (2003) は，「ろくな」が，他動詞の目的語と非対格動詞の主語にはつくが，他動詞の主語と非能格動詞の主語にはつかない，という西垣内 (1993) の観察が，「大した…ない」という表現にも同様にあてはまると主張し，次の例を提示している（Hirakawa (2003：296-298) より。なお，適格性判断も Hirakawa による）。[4]

(15) この頃，ファーストフードの店が増えています。
　　 a．そのため，学生が大した物を食べません。（目的語）
　　 b．*そのため，大した学生が物を食べません。（主語）
(16) 壁の修理にたくさんのお金を払いました。
　　 a．しかし，あの大工は，大したペンキを塗りませんでした。（目的語）
　　 b．*しかし，大した大工は，ペンキを塗りませんでした。（主語）
(17) 最近の洗濯機は性能がよい。
　　 a．しかし，私の母は大した物を洗いません。（目的語）
　　 b．*しかし，大した主婦が物を洗いません。（主語）
(18) 日本の大学は，問題が多いです。
　　 a．まず，学生が大した論文を書きません。（目的語）
　　 b．*まず，大した学生が論文を書きません。（主語）
(19) 最近，コンピューターゲームがはやっています。
　　 a．だから，子供たちが大した本を読みません。（目的語）
　　 b．*だから，大した子供たちが本を読みません。（主語）
(20) 非能格動詞
　　 a．大きな大会でした。*しかし，大した馬が走りませんでし

た。
　　b．週末，ディズニーランドへ行きました。*大した若者が遊んでいませんでした。
　　c．昨日コンサートへ出かけました。*でも，大した歌手が歌いませんでした。
　　d．今日の午後，水泳大会があります。*でも，大した選手が泳ぎません。
　　e．最近の映画は面白くありません。*大した役者が泣かないからです。
(21) 非対格動詞
　　a．昨日大きな地震がありました。幸い，大した物は壊れませんでした。
　　b．学校で火事がありました。幸い，大した物は焼けませんでした。
　　c．この大学は，歴史のある大学です。しかし，この頃，大した学生が来ません。
　　d．いろいろな液体を混ぜてみました。でも，大した物が溶けませんでした。
　　e．昨日は私の誕生日で，郵便を楽しみにしていました。でも，大したプレゼントが着きませんでした。

　Hirakawa (2003) は，「大した」が，他動詞文の目的語についている(15)-(19)の(a)文は適格であり，他動詞文の主語についている(15)-(19)の(b)文は不適格である，と説明している。また，Hirakawa (2003) は，自動詞についても，「大した」が非能格動詞の主語についている (20a-e) は不適格であり，非対格動詞の主語についている (21a-e) は適格である，と述べている。
　以上，本節では，西垣内 (1993)，Hirakawa (2003) の「ろくな／大した…ない」構文の分析を概観し，「ろくな／大した」は，他動詞の目的語と非対格動詞の主語にはつくことができるが，他動詞の主語と非能格動詞の主語にはつくことができない，という彼らの主張，およびその説明を観察した。

3. さらなるデータの検討

　前節で観察した西垣内(1993)とHirakawa(2003)の主張は，「ろくな／大した…ない」構文の多くの例を説明することができ，興味深い主張であると考えられる。実際，多くのデータを検討してみると，その適格性が彼らの主張の予測通りになっている例が多いことに気がつく。しかし，それでもなお，彼らの主張に反し，他動詞の主語や非能格動詞の主語でも，「ろくな」や「大した」によって修飾され，適格となる例がある。まず，他動詞の主語に関して，次の例を見てみよう（√マークは，無印と同様，それが付された文が適格であることを示す）。

(22) a． このままでは，ろくな学生がわが校を受験しないだろう。改革が必要だ。
　　 b． ある大臣が，「日本人が英語ができないのは，ろくな教師が英語を教えないからだ」と言い，多くの反発をかっている。
　　 c． ろくな板前が料理を作らなかったのか，あれは食べられたものではなかった。
　　 d． その町では屋台のラーメンが美味しいと聞いて行ってみたが，ろくなラーメン屋が店を出していなかった。
　　 e． 当時，密輸品を主に扱っていたせいか，ろくな人がその店を訪れなかった。[5]
　　 f． 先週末あったギリシャ古典学会の集まりでは，ろくな学者がペーパーを発表しなかった。
　　 g． √/? 最近は，ろくな占い師が運勢を占わないので，めったに当たらない。
　　 h． 大した建設会社がこのマンションを造らなかったのか，震度5程度の地震で壁にヒビが入ってしまった。
　　 i． 最近は大した職人がタンスを作らないのか，昔のような逸品がなくなっている。

(22a-i)では，「ろくな」や「大した」が他動詞の主語についている。そして，これらの文はいずれも適格，あるいはほぼ適格であると判断される。したがって，これらの例は(14)の非対格性制約にとって問題となる。

次に，非能格動詞の主語に「ろくな」や「大した」がついた例を見てみよう。

(23) a．その歌謡番組を見たけれど，ろくな歌手が歌わなかったので，がっかりだった。[6)7)]
　　 b．魚を捕ろうと海にもぐったけれど，ろくな魚が泳いでいなかった。[8)]
　　 c．菊花賞レースとは違って，昨日のレースは大した馬が走らなかった。(cf. 20a)
　　 d．この市主催の例年のマラソン大会は，賞金が少ないためか，大した選手が参加しない。
　　 e．(海水浴場での水着姿の女性の会話)
　　　　 A：ステキな男の人いた？
　　　　 B：うぅーん。大した男の人は泳いでないわ。

(23a-e)では，「ろくな」や「大した」が，非能格動詞の主語についているが，これらの文はすべて自然で，適格文であると判断される。したがって，これらの例も(14)の非対格性制約にとって問題となる。[9)]

次に，非対格動詞の主語に「大した」と「ろくな」がついた例を見てみよう。

(24) a．大地震があったが，大した被害はなかった。
　　 b．*大地震があったが，ろくな被害は／がなかった。
(25) a．大地震があったが，大した物は壊れなかった。
　　 b．*大地震があったが，ろくな物は／が壊れなかった。
(26) a．昨夜，私の店が火事になったが，大した物は焼けず，ほっとした。
　　 b．*昨夜，私の店が火事になったが，ろくな物は／が焼けず，ほっとした。

(24)-(26)の第2文の動詞「ある／ない」，「壊れる」，「焼ける」は，いずれも主語指示物の非意図的事象を表わす典型的な非対格動詞である。しかし，興味深いことに，「大した」を伴う(a)文はまったく自然であるが，「ろくな」を伴う(b)文は，極めて不自然な不適格文である。この事実は，

「大した」と「ろくな」が意味上異なることを示している。そして同時に，(b)文の不適格性は，(14)の非対格性制約にとって問題となる。[10]

　以上の考察から，「ろくな」と「大した」は，他動詞文の主語や非能格動詞文の主語にもつき，両者は意味が異なることが分かった。「ろくな／大した」を伴う文が適格となったり，不適格となったりする背後には，いったいどのような要因が関与しているのだろうか。「ろくな」と「大した」は，どのような点で意味が違うのだろうか。次節では，このような問題に対して，意味的，機能的分析を提示したい。

4．「ろくな／大した…ない」構文の意味的・機能的分析
4.1．「ろくな／大した」の意味の違い

　まず，「ろくな」と「大した」がどういう意味であるかを見てみよう。「ろくな」は，「まともな」，「満足のいく」，「よい（として受け入れられるような）」という意味で，「大した」は，「それほどの」，「取り立てて言うほどの」，「特別な」という意味である（『新選国語辞典』，『新明解国語辞典』等を参照）。そのため，次のようなパラフレーズが可能である。

(27)　a．学生が<u>ろくな</u>（＝まともな／満足のいく／いい）論文を書かない。
　　　b．<u>ろくな</u>（＝満足のいく／いい）考えが浮かばなかった。
(28)　a．<u>大した</u>（＝取り立てて言うほどの／特別立派な）意見も出ないまま，会議は終わった。
　　　b．<u>大した</u>（＝取り立てて言うほどの／重大な）問題はありません。

「ろくな」と「大した」の上記の意味の違いを踏まえて，次の例を見てみよう。

(29)　a．講演を聞きに行ったが，<u>ろくな話</u>ではなかった。（→つまらない話だった）
　　　b．講演を聞きに行ったが，<u>大した話</u>ではなかった。（→特別いい話ではないが，そこそこの話だった）
(30)　a．残念ながら，わが校には<u>ろくな学生</u>が来ません。（→よくな

　　　　　　　　い学生が来る）
　　　　b．残念ながら，わが校には大した学生は来ません。（→特別い
　　　　　　い学生ではないが，まずまずの学生は来る）

(29a)では,「ろくな話ではなかった」と言うことによって,その講演がつまらない／よくないものだったと述べている。一方，(29b)では,「大した話ではなかった」と言うことによって,その講演が,特別にいいものではないが，まずまずの内容だったと述べている。同様に，(30a)では,「ろくな学生が来ません」と言うことによって,よくない学生ばかりが来ると述べており，(30b)では,「大した学生は来ません」と言うことによって,特別いい学生ではないが,まずまずの学生は来ると述べている。つまり,「ろくなN…ない」と「大したN…ない」が,肯定文に置き換えられた場合に,実際に述べようとしている名詞（句）は，その名詞（句）の優秀さ／良さ／重要性などの程度において,後者の方が前者より上で,「ろくなN…ない」は,低く評価された名詞（句）（物事や人）を表わす。よって,両者は次のように示される。

　　(31)　名詞（句）指示物の優秀さ／良さ／重要性などの程度
　　　　　　　　　　　（上）

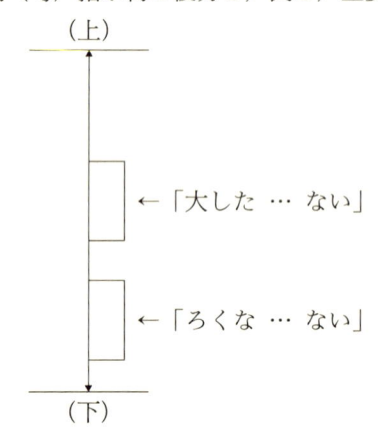

　　　　　　　　　　　　■←「大した … ない」

　　　　　　　　　　　　■←「ろくな … ない」

　　　　　　　　　　　（下）

上記の意味の違いにより，次のような適格性の違いが生じる。

　　(32)　a．大した物ではありませんが，食べて下さい。
　　　　　b．??ろくな物ではありませんが，食べて下さい。

(32a)は,「取り立てて言うほど立派な物ではないが(＝まずまずの物なので),食べて下さい」という意味で,人に物をあげる場合の控え目な表現として適切である。しかし,(32b)は,相手にあげようとする物が,まともな物ではなく,悪い物だと述べているので,それを「食べて下さい」と勧めることと適合せず,不自然な文となっている。

「ろくな…ない」と「大した…ない」のさらなる違いとして,レジスター(使用域)の違いもあげられる。「ろくな…ない」という表現によって表わされる名詞(句)は,上で見たように,話し手によって低く評価され,よくない物(や人)と見なされるため,粗野で,多少,品のない表現と見なされる。そのため,くだけた会話表現で用いられ,どちらかと言うと男性の方が女性より多く用いる傾向がある。一方,「大した…ない」は,取り立てて言うほど立派ではない物(や人)を表わすのみで,男性,女性にかかわらず,また話し言葉でも書き言葉でも用いられる。

4.2. 「ろくな…ない」の含意

(27a, b)(以下に再録)を再度見てみよう。

(27) a. 学生がろくな論文を書かない。
      b. ろくな考えが浮かばなかった。

前節の(31)の図から分かるように,話し手は,(27a)では,学生の書く論文が質の低いものばかりであると述べ,(27b)では,浮かんだ考えが,よくない,悪いものばかりであったと述べている。このことは,逆に言えば,話し手が,学生が質の高い良い論文を書いたり,名案が浮かんだりすればよかったと思っていたことを「含意」(imply)する。ここで,(27a, b)の「含意」(implication)と「断定」(assertion)(＝実際に表わしている意味)を示すと次のようになる。

(33) a. (27a)の含意：学生がいい論文を書くとよい。
      b. (27a)の断定：学生がいい論文を書かず,悪い論文ばかり書く。
(34) a. (27b)の含意：いい考えが浮かぶとよい。
      b. (27b)の断定：いい考えが浮かばず,つまらない考えばか

　　　　　　　　　　りが浮かんだ。

　さて，ここで3節の最後で観察した次の例を見てみよう。

(25)　a．大地震があったが，<u>大した</u>物は壊れなかった。
　　　b．*大地震があったが，<u>ろくな</u>物は／が壊れなかった。
(26)　a．昨夜，私の店が火事になったが，<u>大した</u>物は焼けず，ほっとした。
　　　b．*昨夜，私の店が火事になったが，<u>ろくな</u>物は／が焼けず，ほっとした。

「大した」を伴う(a)はどちらも適格なのに，「ろくな」を伴う(b)はどちらも不適格である。これはなぜだろうか。(25b)，(26b)の「ろくな」を伴う文の含意は次のようになる。

(35)　a．(25b)の含意：いい物（＝貴重で大切な物）が壊れるとよい。
　　　b．(26b)の含意：いい物（＝貴重で大切な物）が焼けるとよい。

私たちの社会では，地震があったり，自分の店（や家）が火事になった場合，壊れたり焼けたりする物があっても，貴重で大切な物はそうならないように願うのが普通である。(35a，b)に示した(25b)，(26b)の文が持っている含意は，この通常の状況と反対のことを含意しており，相矛盾する。よって，(25b)，(26b)が不適格になると考えられる。

　上の説明は，次の文が適格であることからも裏づけられる。

(36)　昨夜，腹いせにあいつの家に火をつけてやったが，<u>ろくな</u>物が焼けず，残念だった。
(37)　(36)の含意：いい物（＝貴重で大切な物）が焼けるとよい。（＝35b）

(37)に示した(36)の含意は，(35b)に示した(26b)の含意と同じであるが，(36)は，(26b)と異なり適格である。その理由は，(36)では，話し手が「あいつ」の家に腹いせに火をつけたことから分かるように，貴重で大切

な物が焼ければよいと思っているためである．つまり，(37)に示した(36)の含意は，(36)の話し手が望んでいたことと矛盾しないため，(36)が適格となっている．そしてこの点からも，「ろくな…ない」構文は，「いいNが／をVするとよい」という含意を持っていることになる．

　それに対し，「大した…ない」はどうだろうか．次の文を見てみよう．

(38) 　a．昨夜，私の店が火事になったが，<u>大した</u>物は焼けず，ほっとした．（＝26a）
　　　b．昨夜，腹いせにあいつの家に火をつけてやったが，<u>大した</u>物が焼けず，残念だった．(cf. 36)

(38a)の話し手は，自分の店が火事になったので，当然，貴重で大切な物が焼けなければいいと思っているはずである．一方，(38b)の話し手は，(36)で見たように，「あいつ」の家に腹いせに火をつけたので，貴重で大切な物が焼ければいいと思っている．(38a, b)の話し手の思い／期待が相反するにもかかわらず，(38a, b)の両方で「大した…ない」が用いられるという事実は，この表現が，「ろくな…ない」が持つような含意を持っていないことになる．

4.3. 「ろくな…ない」構文に課される意味的・機能的制約

　次の対比を再度考えてみよう．

(8) 　a．学生がろくな論文を書かない．
　　　b．*ろくな学生が論文を書かない．

前節の(33b)で見たように，(8a)の話し手は，この文で，学生が，質が高くていい（と話し手が見なす）論文を書かず，質がよくない（と話し手が見なす）論文ばかりを書くと言っている（断定している）．私たちの社会では，学生が質の高い論文を書かず，学生が書く論文がどれも質の悪いものであるということは，容易に想起され，実際にあり得ることである．そのため，(8a)で話し手が言おうとしている（断定している）ことは，この社会的状況と何ら矛盾がない．さらに，前節で観察したように，「ろくな…ない」構文には「いい…とよい」という含意があるから，(8a)は，「学生がいい論文を書くとよい」という含意を表わす．この含意は，実際

にあり得る状況と何ら矛盾するものではないので，この文は含意に関しても問題がない。(8a)が適格文であるのは，この文の断定も含意も共に実際にあり得る状況と矛盾していないからである。

一方，(8b)は何を言おうとしているのだろうか。あえてその意味を考えるとすれば，この文は，優秀でいい（と話し手が見なす）学生が論文を書かず，優れておらず，出来の悪い（と話し手が見なす）学生ばかりが論文を書くと述べている。しかし，私たちの社会では，優秀な学生が論文を書かず，出来の悪い学生だけが論文を書くというような状況は考えられない。(8b)が不適格なのは，この文の意味する内容（断定）が，私たちの社会習慣からは容易に想起されるものではなく，実際には起こりそうもない状況を描写しようとしているためであると考えられる（(18a, b)の適格性の違いも同様であると考えられる）。

ここで，次のような状況を想定してみよう。大学の4年生対象のある授業の最終試験で合格した学生が25人，不合格だった学生が5人いたとしよう。その不合格の学生は，しかし，就職がすでに内定しており，担当の教師は，苦肉の救済策として，その5人の学生に論文を書かせ，その論文が提出されたとしよう。担当の教師はその際，次のように言うことができる。

(39)　ろくな学生が論文を書かなかったので，いい内容のものはないだろうが，読んで見よう。

(39)は，上のような状況では，(8b)と異なり，適格かほぼ適格と判断される。それは，このような状況では，優秀な学生は（最終試験に受かっているので）論文を書かず，出来の悪い学生だけが論文を書くという状況がすでに設定されているためである。つまり，(39)の表わす意味内容（断定）が，このような状況と何ら矛盾しないためである。

さらに，不適格な(8b)を適格な(9b)や(22a)（以下に再録）と比べてみよう。

(40)　a．ろくな学生が合格しなかった。(＝9b)
　　　b．このままでは，ろくな学生がわが校を受験しないだろう。改革が必要だ。(＝22a)

(40a)は，優秀でいい（と話し手が考える）学生が（おそらく受験せず）合格者の中に入っておらず，優れておらず，出来の悪い（と話し手が考える）学生ばかりが合格したと述べている。話し手がこのように考える事象は，私たちの社会で起こり得ることであり，容易に想像される。さらに(40a)は，「優れている学生が合格するとよかった」という含意を含んでいる。この含意も，社会常識から言って極めて蓋然性が高い状況を表わしている。(40a)が適格なのは，このように，この文の表わす意味内容（断定）と含意が，実際に生じ得るものであり，容易に想起されるためであると考えられる。同様に，(40b)は，優秀でいい（と話し手が考える）学生が，現状のままでは話し手たちの学校を受験しそうになく，優れておらず，出来の悪い（と話し手が考える）学生たちしか受験しないので，学校を改革する必要があると述べている。このような状況は，私たちの社会で起こり得ることであり，(40b)が適格なのは，(40b)の表わす意味内容（断定）が，この社会的状況と矛盾せず，容易に想起されるためであると考えられる。

さらに，西垣内(1993)が提示した次の対比を見てみよう。

(41) a．ろくな物が落ちてなかった。(＝9a)
b．*ろくなタレントがふざけなかった。(＝10)

(41a)は，話し手が落ちているものを見てみると，いい（と話し手が考える）物は何も落ちておらず，つまらない（と話し手が考える）物ばかりが落ちていたと述べている。このような状況は私たちの日常生活でよくあることであり，(41a)が適格なのは，この文の表わす意味内容（断定）が，この実際に起こり得る状況と矛盾せず，容易に想起されるためであると考えられる。(41a)にはさらに，「いい物が落ちているとよい」という含意がある。このような含意は，実際の状況と何ら矛盾するものではないので，この文は，含意に関しても問題がなく，適格である。((13)(＝「ろくな物が売られていない」)も同様に考えられる。)

これに対して，(41b)の含意と断定を見てみよう。

(42) a．(41b)の含意：いいタレントがふざければよい。
b．(41b)の断定：いいタレントがふざけず，よくないタレン

トばかりがふざけた。

(41b)には，まず，いいタレントがふざければよいという含意がある。そしてこの文は，いい／素晴らしい（と話し手が見なす）タレントがふざけず，素晴らしくなく，よくない（と話し手が見なす）タレントばかりがふざけたと述べている。しかし，何ら状況が設定されていない状態で，唐突に(41b)が発話された場合，私たちは，「いいタレントがふざけたらよい」というようなことを一般に考えてはいない。つまり，(41b)の含意は，私たちの語用論的知識や常識に適合していない。さらに(41b)の断定に関しても，話し手が（テレビ番組等で登場した）タレントを「いい」タレントと「よくない」タレントに区別していて，その番組を見ると，「いい」タレントは出場していないか，していてもふざけず，「よくない」タレントだけがふざけたというような状況は，よほど特殊な状況がない限り，考えられない。(41b)が不適格なのは，この文の含意が私たちの語用論的知識に適合せず，かつ，この文の断定が，私たちの社会習慣から考えて容易に想起されるものではなく，実際にはありそうもない特殊な状況を描写しようとしているためだと考えられる。

　(41b)(＝10)は，次のような状況を設定すれば，適格性が上がる。

　(43)　√／？あるテレビ番組で，「有名タレントふざけ大会」というのがあったので見てみたが，ろくなタレントがふざけなかったので，面白くなかった。

(43)では，問題となる文に先立って，話し手が「有名タレントふざけ大会」というテレビ番組を見たという状況が設定されている。そのため，話し手が，有名でいいタレントがふざければよい（面白い）と思ってその番組を見たとみなすことが可能であり，(42a)に示した含意が正当化される。そして，実際にその番組を見てみると，いい（と話し手が考える）タレントはふざけず，よくない（と話し手が考える）タレントばかりがふざけたという状況は，容易に想起されるものである。よって，(43)が（ほぼ）適格になると考えられる。

　以上をまとめて，次の仮説を立てよう。

　(44)　「ろくな…ない」構文に課される意味的・機能的制約：「ろくな…

ない」構文は，その文の含意が私たちの社会常識や文脈と適合し，その文の表わす意味内容（断定）が，私たちの社会習慣から考えて容易に想起され得るものであれば，適格となる。

「ろくな…ない」構文の意味内容〔断定〕：「いい…こと」が不成立で，「程度が低い…こと」のみが成立する。
「ろくな…ない」構文の含意：「いい…こと」が成立するとよい。

(44)の制約は，本節で見たこれまでの例だけでなく，次の例も説明できる。

(22) b. ある大臣が，「日本人が英語ができないのは，ろくな教師が英語を教えないからだ」と言い，多くの反発をかっている。
　　 c. ろくな板前が料理を作らなかったのか，あれは食べられたものではなかった。
　　 d. その町では屋台のラーメンが美味しいと聞いて行ってみたが，ろくなラーメン屋が店を出していなかった。
　　 e. 当時，密輸品を主に扱っていたせいか，ろくな人がその店を訪れなかった。
　　 f. 先週末あったギリシャ古典学会の集まりでは，ろくな学者がペーパーを発表しなかった。
　　 g. √/? 最近は，ろくな占い師が運勢を占わないので，めったに当たらない。
(23) a. その歌謡番組を見たけれど，ろくな歌手が歌わなかったので，残念だった。
　　 b. 魚を捕ろうと海にもぐったけれど，ろくな魚が泳いでいなかった。

(22b)では，「いい教師が英語を教えればよい」という含意があり，この含意は，私たちの社会常識に適合している。そして，(22b)のある大臣は，優秀でいい（と大臣が考える）教師が英語を教えず，優れていない（と大臣が考える）教師ばかりが英語を教える（から日本人は英語ができない）と述べている。このような状況は実際に考えられ得ることで，容易

に想起される。よってこの文は，(44)の制約を満たして適格となる。次に(22c)では，「いい板前が料理を作ればよい」という含意があり，この含意は，私たちの社会常識に適合している。そして，(22c)は，いい板前が料理を作らず，よくない板前が料理を作ったせいか，その料理は食べられたものではなかったと述べている。このような状況は実際に考えられ得ることで，容易に想起される。よって，この文も(44)の制約を満たして適格となる。(22d-g)も同様に説明される。次に(23a)では，「いい歌手が歌えばよい」という含意があり，この含意も私たちの社会常識に適合している。そして(23a)は，話し手がある歌謡番組を見ると，歌った歌手が，話し手が好きだったり，歌がうまい（と話し手が思う）歌手ではなく，話し手の好みではなく，歌がうまくない（と話し手が思う）歌手ばかりだった，と述べている。このような状況は，私たちの日常生活でよくあることであり，容易に想起されるので，この文も適格となる。(23b)の適格性も同様に説明される。

4.4. 「大した…ない」構文に課される意味的・機能的制約

「大した…ない」は，4.2節で観察したように，「ろくな…ない」が持つような含意を持っておらず，話し手が，「取り立てて言うほど立派なNは…ない」と断定するのみである。この点をもとに，まず，Hirakawa (2003)が提示する他動詞文(15)，(17)，(19)（以下に再録）を見てみよう。

(15) この頃，ファーストフードの店が増えています。
    a. そのため，学生が大した物を食べません。（目的語）
    b. *そのため，大した学生が物を食べません。（主語）
(17) 最近の洗濯機は性能がよい。
    a. しかし，私の母は大した物を洗いません。（目的語）
    b. *しかし，大した主婦が物を洗いません。（主語）
(19) 最近，コンピューターゲームがはやっています。
    a. だから，子供たちが大した本を読みません。（目的語）
    b. *だから，大した子供たちが本を読みません。（主語）

(15a)は，(ファーストフードの店が増えたことにより）学生が，特別立

派な食べ物，つまり，栄養価が高くて健康によい（と話し手が考える）食べ物を食べず，栄養価が低くて健康によくない（と話し手が考える）食べ物ばかりを食べると述べている。このような状況は，私たちの社会で容易に想起されるものである。一方(15b)は，特別いい（と話し手が考える）学生が食べ物を食べず，まずまずである（と話し手が考える）学生ばかりが食べ物を食べると述べている。しかし，学生は特別いい学生であろうが，普通の学生であろうが，食べ物を食べるので，この文はまったく意味をなさず，このような状況は想起され得ない。(15a)と(15b)の適格性の違いは，この違いによるものと考えられる。((15b)は，「そのため」という接続詞で先行文と結ばれているが，両者が原因と結果の関係になっていないため，一層，この文は不適格で，支離滅裂なものとなっている。)

(17a)は，話し手の母が洗濯をするのに，取り立てて言うほどの物，つまり，手間のかかる物（例えば，セーターやワイシャツ，シーツ）は洗濯機で洗わず，手間のかからない小物（例えば，ハンカチ，くつ下，下着）ばかりを洗濯機で洗うと述べている。このような状況は，私たちの社会で容易に想起されることであり，(17a)はこの理由のために適格であると考えられる。一方，(17b)は，立派だと話し手が考える主婦は物を洗わず，立派でないと話し手が考える主婦だけが物を洗うと述べている。しかし，主婦は，どのような主婦であろうと，多かれ少なかれ洗濯をするので，この文はまったく意味をなさず，このような状況は想起され得ない。よって，(17b)は不適格になると考えられる。((17b)の不適格性は，この文が論理的に合わない逆接の接続詞「しかし」によって先行文と結ばれていることにも原因があると考えられる。)

(19a, b)でも同様のことが言える。(19a)は，子供たちが（最近はコンピューターゲームがはやっているために）特別立派で読んでためになる（と話し手が考える）本を読まず，それほどよくない（と話し手が考える）本ばかりを読むと述べている。このような状況は，私たちの社会習慣から容易に想起されることであり，そのためにこの文は適格になると考えられる。一方，(19b)は，特別立派であると話し手が考える子供たちは本を読まず，それほど立派ではないと話し手が考える子供たちだけが，本を読むと述べている。しかし，子供たちは，多かれ少なかれ本を読む。さらに，本を読む子供の方が，本を読まない子供たちよりも，通例は「いい子供」

と見なされるであろう。そのため，(19b)が述べるような状況は想起することが難しい。よって，この文は不適格になると考えられる。((19b)は，「だから」という接続詞で先行文と結ばれているが，両者が原因と結果の関係になっていないので，この点も(19b)の不適格性の原因になっていると考えられる。)

以上から，「大した…ない」構文に関して次の仮説を立てよう。

(45) 「大した…ない」構文に課される意味的・機能的制約：「大した…ない」構文は，その文の表わす意味内容（断定）が，私たちの社会習慣から考えて容易に想起され得るものであれば，適格となる。

この制約をもとに，次の他動詞文を見てみよう。

(22) h. 大した建設会社がこのマンションを造らなかったのか，震度5程度の地震で壁にヒビが入ってしまった。
　　 i. 最近は大した職人がタンスを作らないのか，昔のような逸品がなくなっている。

(22h)は，定評のある建設会社がこのマンションを造らず，あまり有名でないか，あるいはよくない（と話し手が考える）建設会社がこのマンションを造ったようなので，震度5程度の地震で壁にヒビが入ったと述べている。このような状況は，私たちの社会生活で十分想起され得るものである。また(22i)は，特別立派な職人，つまり腕がいい（と話し手が考える）職人がタンスを作らず，腕がまあまあか，あるいはよくない（と話し手が考える）職人が最近はタンスを作るようなので，昔のような最上品がなくなっていると述べている。このような状況も，私たちの社会生活で容易に想起されるものである。よって，これらの文は(45)の制約を満たして適格となる。

次に，非能格動詞文に関して，Hirakawa (2003) の(20e)と私たちの(23c-e) を比べてみよう。

(20) e. 最近の映画は面白くありません。*大した役者が泣かないからです。(Hirakawa 2003)

(23) c．菊花賞レースとは違って，昨日のレースは大した馬が走らなかった。
　　　d．この市主催の例年のマラソン大会は，賞金が少ないためか，大した選手が参加しない。
　　　e．（海水浴場での水着姿の女性の会話）
　　　　　Ａ：ステキな男の人いた？
　　　　　Ｂ：うぅーん。大した男の人は泳いでないわ。

(20e)は，話し手がいい／立派だと考える役者は泣かず，話し手がよくないと考える役者ばかりが泣くので，最近の映画は面白くないと述べている。しかし，演技のうまい役者が泣かず，演技のうまくない役者ばかりが泣くという状況は，映画（や舞台，テレビなど）であまりに特異な状況で，容易に想起されるものではない。よってこの文は，(45)の制約を満たさず，不適格となる。さらにこの文では，演技のうまい役者が泣くことを，映画を面白いと感じる理由にしているが，そのような理由づけがあまり一般的なものではないことも，この文を不自然にしているものと思われる。
　一方，(23c)では，菊花賞レースのようなレースでなければ，話し手がすごいと考えるような馬が走らないことは，よくある状況である。[11] また，(23d)では，あるマラソン大会に，話し手がすごいと考える選手が，賞金が少ないために参加しないということは，容易に想像される状況である。さらに(23e)では，話し手がステキだと感じるような男性が，海水浴場で泳いでいないという状況も容易に想像される。よって，これらの文は(45)の制約を満たして適格となる。[12]
　最後に，非対格動詞文の(21a，b)（以下に再録），および(46a，b)を見てみよう。

(21) a．昨日大きな地震がありました。幸い，大した物は壊れませんでした。
　　　b．学校で火事がありました。幸い，大した物は焼けませんでした。
(46) a．大した意見も出ないまま，会議は終わった。（＝28a)
　　　b．その箱の中には，大した物は入っていなかった。

地震があっても，貴重な物は壊れず，小物のみが壊れるという状況は，容易に想起される。また，火事で，幸い貴重な物は焼けず，貴重ではない物だけが焼けたという状況も十分に想起される。よって(21a, b)は，(45)の制約を満たし，適格となる((21c-e)の適格性も同様である)。さらに(46a)では，会議で，話し手がいいと思うような意見が出なかったり，(46b)で，箱の中に話し手がいい／貴重であると思うような物が入っていなかったりするような状況は，容易に想起される。よって，これらの文も(45)の制約を満たして適格となる。

4.5. 不適格文(16b)の意味的・機能的説明

私たちは前節の4.4節で，(22i)(以下に再録)が(45)の制約を満たしており，適格となることを説明した。

(22)　ⅰ．最近は大した職人がタンスを作らないのか，昔のような逸品がなくなっている。

しかし，(22i)と類似しているHirakawa (2003)の提示する(16b)(以下に再録)は，不適格である。

(16)　壁の修理にたくさんのお金を払いました。
　　　b．*しかし，大した大工は，ペンキを塗りませんでした。(主語)

(16b)はなぜ不適格なのだろうか。本節ではこの問題を考える。

(22i)と(16b)の適格性の違い(とその原因)を鮮明にするため，次の文をまず考えてみよう。

(47)　a．大した職人がタンスを作らなかった。
　　　b．*大した職人はタンスを作らなかった。

主語が「ガ」でマークされた(47a)は適格であるが，主語が「ハ」でマークされた(47b)は，文脈がなく，唐突に発話されたとすると，不適格である。同じことが，次の「ろくな」を用いた文にもあてはまる。

(48)　a．ろくな板前が料理を作らなかった。(cf. 22c)

　　　　　ｂ．＊ろくな板前は料理を作らなかった。

主語が「ガ」でマークされた(48a)は適格であるが，主語が「ハ」でマークされた(48b)は，文脈がなく，唐突に発話されたとすると，不適格である。この点から，(16b)が(22i)と異なり不適格なのは，主語が「ハ」でマークされていることに原因（のひとつ）があると考えられる。

　(48a, b)の違いから考えてみよう。主語が「ガ」でマークされた(48a)は，次の疑似分裂文と同じ意味である。

　(49)　料理を作ったのは，ろくな板前でなかった。

つまり，(48a)の「ろくな板前が」の「ガ」は「総記」の「ガ」であり，[13]「ろくな板前」は不定名詞句である。「ろくなX」が不定名詞句解釈しか許さず，定名詞句解釈を許さないことは，それに定名詞句解釈を強制する「その」を付けると完全に不適格な文ができることからも窺える。

　(50)　＊そのろくな板前が料理を作らなかった。

　一方，主語が「ハ」でマークされた(48b)「＊ろくな板前は料理を作らなかった。」は，どうであろうか。「ろくな板前」は不定名詞句であるから，この文は(51a)とも(51b)とも解釈できない。

　(51)　ａ．その腕のいい板前は料理を作らなかった。
　　　　　ｂ．その腕のあまりよくない板前は料理を作った。

したがって「ろくな板前は」の「ハ」は，「比較対照」の「ハ」の解釈しか許さない。つまり，(48b)は板前が何人か（あるいは何人も）いて，そのうちで腕のいい板前は料理を作らず，腕のよくない板前は料理を作ったと述べている。このような状況が成立することはまれで，何ら文脈が与えられていなければ，容易に想起されるものではない。よって，(48b)は不適格であると判断されるものと考えられる。

　同様のことが，(47a, b)についても言える。主語が「ガ」でマークされた(47a)は，タンスを作ったのが，（取り立てて言うほどいい職人ではなく）腕がまあまあか，あまりよくない職人だったと述べている。つまり，この文は，「タンスを作ったのは，立派な職人でなかった」という疑

似分裂文と同じ意味である。一方、主語が「ハ」でマークされた(47b)は、職人が何人か（あるいは何人も）いて、そのうちで腕のいい職人はタンスを作らず、腕がまあまあか、あまりよくない職人はタンスを作ったと述べている。(47a, b)の適格性の違いは、前者の状況が容易に想起され、起こり得ることであるのに対し、後者の状況が成立することはまれで、何ら文脈が与えられなければ、容易に想起されるものではないためであると考えられる。

以上の考察から、「ろくな／大した X は…ない」は、次の断定をしていることが分かる。

(52)　「ろくな／大した X は…ない」が表わす断定：
　　　a．優れた／特筆に値する X は…ない　［否定断定］
　　　b．よくない／特筆に値しない X は…する　［肯定断定］

このように考えると、(25a)（以下に再録）の第 2 文や(30b)（以下に再録）で、主語がなぜ「ハ」でマークされているかも明らかとなる((21a, b), (23eB), (24a)も参照)。

(25)　a．大地震があったが、大した物は壊れなかった。
(30)　b．残念ながら、わが校には大した学生は来ません。

(25a)と(30b)の「大した X は…ない」は、それぞれ(53a, b), (54a, b)を断定している。

(53)　a．特筆に値する物（貴重な物）は、壊れなかった。
　　　b．特筆に値しない物（（あまり）貴重でない物）は、壊れた。
(54)　a．特筆に値する学生は、わが校に来ない。
　　　b．特筆に値しない学生は、わが校に来る。

(53a, b), (54a, b)のような状況は、実際に起こり得ることであり、容易に想起されるため、(25a), (30b)は適格である。

以上の考察をもとに、(16b)（以下に再録）を再度見てみよう。

(16)　壁の修理にたくさんのお金を払いました。
　　　b．*しかし、大した大工は、ペンキを塗りませんでした。(主

語）

(16b)は，次の断定をしている。

(55) a．特筆に値する大工（腕がいい大工）は，ペンキを塗らなかった。
   b．特筆に値しない大工（腕がまあまあか，よくない大工）は，ペンキを塗った。

壁の修理をするのに，何人か（何人も）の大工を雇い，特筆に値する腕のいい大工はペンキを塗らず，特筆に値しない（腕がまあまあか，あるいはよくない）大工はペンキを塗ったというような状況は，普通起こり得ない状況である。(16b)が不適格なのは，この理由によるものと考えられる。さらに(16b)の不適格性の理由として，(16b)の導入文と(16b)（つまり(55a, b)の断定）がどのような意味関係にあるのか理解しにくく，接続詞「しかし」が示す逆接の関係として解釈するのが難しいこともあげられる。

Hirakawa (2003) の提示する(16a, b)に関連して，さらに次の文を見てみよう。

(56) 純日本式のわが家の改築にたくさんのお金を払いました。
   a．しかし，あの土建屋は，<u>大した</u>日本家屋専門の職人を使いませんでした。（目的語）
   b．*しかし，<u>大した</u>土建屋は，日本家屋専門の職人を使いませんでした。（主語）

(16a, b)の適格性と同様に，「大した」が目的語についた(56a)は適格であり，「大した」が主語についた(56b)は不適格である。そして，(56a, b)はともに，主語が「ハ」でマークされている。

(56a, b)は，それぞれ次の(57a, b)，(58, b)を断定している。

(57) a．あの土建屋は，日本家屋専門の特筆に値する職人を使わなかった。
   b．あの土建屋は，日本家屋専門の特筆に値しない職人を使った。

(58) a．特筆に値する土建屋は，日本家屋専門の職人を使わなかった。
　　 b．特筆に値しない土建屋は，日本家屋専門の職人を使った。

(56a)が適格なのは，(57a, b)の断定が，実際に起こり得ることであり，さらに，(56a)の導入文「純日本式のわが家の改築にたくさんのお金を払いました」と逆接の関係で結ばれているためである。一方，(56b)が不適格なのは，(58a, b)の断定が，「純日本式のわが家の改築にたくさんのお金を払いました」という導入文と無関係と解釈されるか，あるいは，もし関係があると解釈されても，「わが家の改築」に複数の土建屋が関係していて，そのうち特筆に値する土建屋は専門職人を使わず，そうでない土建屋は専門職人を使ったという，普通起こり得ない状況を表わしているためであると説明される。

5．まとめ

　私たちは本章で，「ろくな／大した…ない」構文を考察し，西垣内(1993)とHirakawa (2003)で提示された枠組みでは捉えきれない例があることを示した。そして，「ろくな…ない」と「大した…ない」の意味の違いを示すとともに，両構文がどのような場合に適格となるかに関して，次の制約を提出した。

(44)　「ろくな…ない」構文に課される意味的・機能的制約：「ろくな…ない」構文は，その文の含意が私たちの社会常識や文脈と適合し，その文の表わす意味内容（断定）が，私たちの社会習慣から考えて容易に想起され得るものであれば，適格となる。

　　　「ろくな…ない」構文の意味内容〔断定〕：「いい…こと」が不成立で，「程度が低い…こと」のみが成立する。
　　　「ろくな…ない」構文の含意：「いい…こと」が成立するとよい。

(45)　「大した…ない」構文に課される意味的・機能的制約：「大した…ない」構文は，その文の表わす意味内容（断定）が，私たちの社会習慣から考えて容易に想起され得るものであれば，適格となる。

本章の考察の出発点となった西垣内（1993）の次の文は，唐突に発話されると確かに不適格であるが，4節で示したように，文脈が与えられると適格文となる。

(8)　　b．*ろくな学生が論文を書かない。
(10)　　　　*ろくなタレントがふざけなかった。

ただ，(8b)や(10)が適格文となるのは，どのような文脈が与えられてもいいわけではなく，(44)の制約を満たすような文脈が与えられて初めて適格となる。したがって，(8b)や(10)の不適格性は，純粋な統語的現象ではなく，(44)のような制約に依存する意味的・機能的現象であると結論づけられる。

■第3章

「V かけの N」構文

「走りかけのランナー」はなぜ不適格か

1. はじめに

日本語では(1a)のような文に対して，(1b)のように，動詞連用形に名詞化接辞「かけ」とコピュラ（連辞）の「の」を伴う名詞表現が存在する。

（1） a. 木が倒れかけだ。
　　　b. 倒れかけの木

Kishimoto (1996) はこの表現を「動詞由来名詞構文」(deverbal nominal construction) と呼び，Toratani (1998) は「かけ」構文と呼んでいる。この表現は，一般に「動作の途中を表わす」もの（『新選国語辞典』小学館）と考えられており，次のように極めて生産的に用いられる。

（2） a. 腐りかけのみかん／沈みかけの夕日
　　　b. 眠りかけの赤ちゃん／泣きかけの子供
　　　c. セーターを編みかけの少女／弁当を食べかけの生徒

本章ではこの表現を「V かけの N」構文と呼び，この構文が適格となる場合と不適格になる場合があることを観察して，その適格性条件を機能的構文分析の立場から考察する。[1] この構文に関しては，すでに Kishimoto (1996)，岸本 (2000, 2005) の非対格性に基づく分析や，Toratani (1998)，Tsujimura and Iida (1999) の動詞の意味分類に基づく分析があるので，以下ではまず，彼らの分析を概観し，本章で提示する私たちの分析と彼らの分析の違いを明白にしておきたい。

2. Kishimoto (1996) の分析

Kishimoto (1996) は、まず次の例を提示し、「V かけの N」構文の主要部名詞 N は、「ヲ」でマークされる直接目的語のみ可能であると主張している（岸本 (2000, 2005) も参照）。

(3) a. 読みかけの雑誌（直接目的語）
　　 b. *読みかけの政夫（主語）
(4) a. 飲みかけのミルク（直接目的語）
　　 b. *飲みかけの赤ちゃん（主語）
(5) a. *渡しかけの住人（間接目的語）［住人に手紙を渡す］
　　 b. *閉まりかけの3時（付加詞）［3時に閉まる］
　　 c. *読みかけの図書館（付加詞）［図書館で読む］

(3a), (4a)の主要部名詞「雑誌」、「ミルク」は、「雑誌を読む」、「ミルクを飲む」から明らかなように、動詞の直接目的語であるが、(3b), (4b)の主要部名詞「政夫」、「赤ちゃん」は、「政夫が読む」、「赤ちゃんが飲む」から明らかなように、主語である。また(5a-c)の主要部名詞「住人」、「3時」、「図書館」は、「住人に（手紙を）渡す」、「3時に閉まる」、「図書館で読む」から明らかなように、動詞の間接目的語や付加詞（時や場所などを表わす文の任意要素）である。Kishimoto は、このように、「V かけの N」構文の主要部名詞は、直接目的語のみ可能であると主張し、これを「直接目的語制約」（direct object constraint）と呼んでいる。

Kishimoto は次に、「V かけの N」構文の主要部名詞が自動詞の主語であっても、(6a-e)は不適格であるのに対し、(7a-e)は適格であることを観察している。そして両者の違いは、前者の自動詞が意図的行為を表わす非能格動詞であるのに対し、後者の自動詞が非意図的事象を表わす非対格動詞であるためだと主張している（岸本 (2000, 2005) も参照）。

(6) a. *働きかけの労働者
　　 b. *走りかけのランナー
　　 c. *叫びかけの観客
　　 d. *踊りかけの太郎
　　 e. *笑いかけの男

(7) a. 開きかけのドア
　　 b. 枯れかけの花
　　 c. 溺れかけの水泳選手
　　 d. 消えかけのローソク
　　 e. 死にかけの昆虫

(6a-e)の動詞「働く，走る，叫ぶ，踊る，笑う」は，すべて主語指示物の意図的行為を表わす非能格動詞であり，(7a-e)の動詞「開く，枯れる，溺れる，消える，死ぬ」は，主語指示物の非意図的事象を表わす非対格動詞である。[2] 非能格動詞の主語は，他動詞の主語と同様に，もとから主語であるのに対し，非対格動詞の主語は，他動詞の直接目的語と同じ振る舞いをし，基底では直接目的語であり，のちに主語に「進級」(advance)したり，主語位置へ移動したりすると考えられている（序章参照）。よってKishimotoは，直接目的語制約が(6)と(7)では基底で働いており，そのため上記のような適格性の違いが生じると主張している。

Kishimoto (1996) は，上の直接目的語制約に基づく統語的要因に加え，Nが他動詞の直接目的語や非対格動詞の主語であっても，状態動詞や瞬間動詞は次のようにこの構文に現われないことを観察し，意味的要因もこの構文の適格性を左右するとしている（岸本(2000, 2005)も参照）。

(8) a. ?*信じかけの噂（状態動詞）
　　 b. ?*着きかけの電車（瞬間動詞）

Kishimoto (1996) は，「～かけ」が「ある一定時間続く行為や事象の最初の点を示したり，ある行為や事象が今まさに起ころうとしている点を表わす」(p. 260) と述べて，(8a, b)の不適格性を意味の点から説明している。つまり，「信じる」のような状態動詞は，一定不変の永続的状態を表わすため，この構文が必要とする動作や事象の開始点や変化が認識されない。また「着く」のような瞬間動詞は，瞬間に終わる点的な事態を表わし，この構文が要求するある一定時間続く行為や事象を表わすものではない。よって(8a, b)が不適格になると説明している。

以上のKishimotoの議論をまとめると，次のようになる。[3]

(9) a. 「VかけのN」構文に課される非対格性制約（統語的制

約)：「Vかけの N」構文は，N が基底でVの直接目的語である場合のみ適格となる。言い換えれば，N は他動詞の直接目的語か非対格動詞の主語に限られる。
b．「Vかけの N」構文に課される意味的制約：「～かけ」は，ある一定時間続く行為や事象の最初の点を示したり，ある行為や事象が今まさに起ころうとしている点を表わすので，状態動詞や瞬間動詞とは共起しない。

以上が Kishimoto（1996）（および岸本（2000, 2005））の分析の概要であるが，ここで(9a)の非対格性に基づく統語的制約と(9b)の意味的制約の関係について注意しておきたい。Kishimoto は，「Vかけの N」構文の適格性を決定づけるのは，あくまでも(9a)の統語的制約であると主張している。しかし(8a, b)は，(9a)の制約に合致しているにもかかわらず不適格であるため，(9a)の制約だけではこれらの例の不適格性を説明できない。そのため，このような例に対して，(9a)の統語的制約に加え，(9b)の意味的制約が「表層フィルター」として働くと考えている。したがって，Kishimoto（1996）の上記の例文と(9a, b)の制約の関係を図示すれば，次のようになる。

(10)

	(9a)：統語的制約 N＝直接目的語か 非対格動詞の主語 ↓	(9b)：意味的制約 V≠状態動詞， 瞬間動詞 ↓
(3b), (4b), (5a-c), (6a-e)	⇒ アウト(不適格)	
(8a, b)	⇒ パス	⇒ アウト(不適格)
(3a), (4a), (7a-e)	⇒ パス	⇒ パス (適格)

3．さらなるデータの検討

Kishimoto（1996）（および岸本（2000, 2005））の分析は，「Vかけの N」構文の文法形式だけでなく，その意味にも注意が向けられており，極

めて示唆に富むものである。そして，この構文の適格な例と不適格な例の多くを正しく説明することができ，この構文の特徴を捉えた重要な分析であると考えられる。しかし，それでもなお，この分析には以下で述べる2つの問題があると考えられる。

　まず第1の問題は，直接目的語制約に関わるものである。Kishimotoは，(3b)，(4b)（以下に再録）のような例から，主語は「Vかけの N」構文の主要部名詞になれないと主張しているが，(12)，(13)に示すように，「〜かけの」の部分に目的語さえ補えば，主語でも容易に主要部名詞になり得る。

(11) 　a．*読みかけの<u>政夫</u>（主語）（＝3b)
　　　 b．*飲みかけの<u>赤ちゃん</u>（主語）（＝4b)
(12) 　a．セーターを編みかけの<u>少女</u>（主語）（＝2c）
　　　 b．弁当を食べかけの<u>生徒</u>（主語）（＝2c）
(13) 　a．［雑誌を読みかけの<u>政夫</u>］がにっこり笑っていた。（主語）
　　　 b．［ミルクを飲みかけの<u>赤ちゃん</u>］に触ったりしてはいけません。（主語）

(12)，(13)の主要部名詞は，いずれも他動詞の主語であり，これらの例がまったく適格であることから，直接目的語のみが主要部名詞になれるとは言えないことが分かる。そして，(11a, b)が不適格なのは，次のような文の不適格性と同様に，動詞が必要とする義務的要素（上例では，直接目的語）が欠けていて，それが何であるかを補うことを可能とするような文脈がないためであると考えられる。[4]

(14) 　a．*政夫が読みかけている。
　　　 b．*赤ちゃんが飲みかけている。

　上記の点に関連して，Kishimoto (1996：255, fn. 6) は次の例を提示し，名詞化表現の中に主語や目的語のような，文の義務的要素である項（(15a)の「本を」，(15b)の「太郎が」）が現われる場合は，主要部名詞が主語であろうが直接目的語であろうが，ともに適格になることを指摘している。

(15) a. 本を読みかけの<u>太郎</u>
　　 b. 太郎が読みかけの<u>本</u>

　Kishimoto (1996) ではこの言及のみに留まっているが，岸本 (2000：78) は，(15a, b)（および(12)，(13)）のように，名詞化表現の中に項が現われる例は，「非対格性のテストとはならない」とし，このような例を考察から除外している。
　(15a, b)や(12)，(13)のような例では他動詞が用いられており，非対格性は自動詞のみに関与するため，これらの例が「非対格性のテストとはならない」という記述自体はその通りである。しかし，直接目的語制約は，「Vかけの N」構文の主要部名詞が直接目的語でなければならないと規定しているため，この制約では，他動詞の主語が主要部名詞である(15a)や(12)，(13)の適格な例を捉えることができない。そしてさらに，他動詞の主語が主要部名詞である次のような例は不適格であるため，構造がまったく同一であるにもかかわらず，(15a)や(12)，(13)のような例と次のような例で，なぜ適格性に違いがあるかに関しても説明が及ばない。

(16) a. *(転んで) 腕を折りかけの人
　　 b. *くしゃみを抑えかけの人
　　 c. *ハンカチを振りかけの少女
　　 d. ??ローソクを消しかけの少年

　このような点から，直接目的語制約では，他動詞が関与する「Vかけの N」構文の適格性が十分に説明できないことになる。[5]
　第 2 の問題は，非能格動詞に関わるものである。Kishimoto (1996) は，「Vかけの N」構文には非対格動詞（と他動詞）のみ用いられ，非能格動詞は用いられないと主張しているが，多くの例を調べてみると，非能格動詞が用いられても，次のように（ほぼ）適格となる例が存在する。

(17) a. ［<u>立ち</u>かけのキリン］を写真に撮ったよ。
　　 b. ［<u>歩き</u>かけの赤ちゃん］を見ると，微笑ましくなる。(cf. Tsujimura 1999：370)
　　 c. ［<u>止まり</u>かけのスキーヤー］に突然，別のスキーヤーがぶつかってきた。

d．[立ち上がりかけのボクサー]に，「頑張れ！」と声援がとんだ。
e．[逃げ出しかけの／(?)逃げかけの捕虜]が銃で撃たれたらしい。
f．[暴れだしかけの／(?)暴れかけの酔っ払い]を警官がすぐに取り押さえた。

(17a-f)の「立つ，歩く，止まる，立ち上がる，逃げ出す，逃げだす，暴れだす，暴れる」は，いずれも主語指示物の意図的行為を表わす非能格動詞である（註2のKishimotoの非能格動詞の例を参照）。そして，これらの例は適格，あるいはほぼ適格と判断される。そのため(17a-f)は，(9a, b)の制約にとって問題となる。

さらに，非能格動詞が用いられた次の例を見てみよう。

(18) a．椅子とりゲームで，[座りかけの人]の椅子をとった。
b．[海にもぐりかけの海女たち]に私は大声で「危ない！」と叫んだ。
c．[木に登りかけの子供]が「恐い！」と言って助けを呼んだ。
d．[ベッドから起きかけの手術直後の患者]に，看護婦は「まだ絶対安静です」と声をかけた。
e．[階段を上がりかけの通勤客]が突然倒れた。

(18a-e)の「座る，もぐる，登る，起きる，上がる」は，(17a-f)の動詞と同様に，主語指示物の意図的行為を表わす非能格動詞である（註2のKishimotoの非能格動詞の例を参照）。そして，これらの例は極めて自然で適格である。そのためこれらの例も，(9a, b)の制約にとって問題となる。

次節に移る前に，ここで(18a-e)の例文と「完結性」(telicity)について触れておきたい。(18a-e)では，名詞化表現の中に「(椅子に)座りかけの人」，「海にもぐりかけの海女たち」，「木に登りかけの子供」，「ベッドから起きかけの手術直後の患者」のように，動作の対象や方向を表わす句がついている。そして，これらの表現と動詞の意味から，当該の動作があ

る一定の時間を経て完結（終了）することが示唆される。この点に関連して，Levin and Rappaport Hovav (1995) や Tsujimura (1996, 1999) は，動詞自体は非能格動詞であっても，その動詞が終点を明示するような句と一緒になり，完了のアスペクトを表わして「達成動詞」(accomplishment verb) になると，非対格動詞として機能すると述べている。したがって，(18a-e) の動詞もここでは非能格動詞ではなく，非対格動詞であり，それゆえ，これらの例は(9a, b)の反例にならないと議論されるかもしれない。しかし，Kishimoto (1996) はすでに観察したように，非能格動詞と非対格動詞の分類を主語指示物の意図性に基づいて区別しており，また岸本 (2000：91) は，「自動詞に意志性を表わす意味があれば，その自動詞は，完結性の如何にかかわらず，非能格動詞に分類される」と述べている（岸本 (2005：第2章) も参照）。したがって，Kishimoto (1996) の枠組みでは，(18a-e) の動詞は非能格動詞であり，そのためこれらの例は不適格と予測されてしまう。

　一方，仮に Levin and Rappaport Hovav (1995) や Tsujimura (1996, 1999) の主張を受け入れ，(18a-e) の動詞が非対格動詞であると主張すると，これらの例は(9a)の非対格性制約で処理できるものの，逆に次のような例も適格であると間違って予測してしまうことになる。

(19)　a．*郵便局まで歩きかけの人
　　　b．*百メートルを泳ぎかけの水泳選手[6]

これらの例では，「郵便局まで」，「百メートルを」があるため，歩いたり泳いだりする行為が完結することになり，「歩く」，「泳ぐ」が非対格動詞ということになる。そのため(19a, b)が適格と予測されるが，これらの例は極めて不自然で容認されない。

　以上の考察から，「VかけのN」構文に用いられる動詞が非対格動詞か非能格動詞かという点は，この構文の適格性を左右している決定的要因ではないことが分かる。そしてこの構文を理解するには，「〜かけ」という表現とそこで用いられる動詞の意味の問題をより深く考察しなければならないと考えられる。

4. Toratani (1998) の分析とさらなるデータの検討

Toratani (1998) は，Van Valin and LaPolla (1997) の動詞5分類 (Vendler (1967), Dowty (1979) の動詞4分類に加え，「活動達成動詞」という派生的クラスを追加したもの) に基づき，日本語で非対格性が関わると考えられてきた3つの現象 (「V かけの N」構文，結果構文，「動名詞＋をする」構文) を再考している。まず，この動詞の5分類とそれぞれの特性，および日本語の例を見てみよう。

(20) a．状態動詞 (state)：[＋状態] [－完結] [－瞬時]
　　　　　例：ある，できる，要る
　　 b．到達動詞 (achievement)：[－状態] [＋完結] [＋瞬時]
　　　　　例：着く，落ちる，死ぬ，消える
　　 c．達成動詞 (accomplishment)：[－状態] [＋完結] [－瞬時]
　　　　　(動詞の意味自体に [＋完結] の意味が含まれる)
　　　　　例：溶ける，乾く，凍る
　　 d．活動動詞 (activity)：[－状態] [－完結] [－瞬時]
　　　　　例：踊る，走る，泳ぐ
　　 e．活動達成動詞 (active accomplishment)：[－状態] [＋完結] [－瞬時] (目的語や付加詞と一緒になることで [＋完結] という特性を得る)
　　　　　例：ピザ一切れを食べる，公園まで歩く

それぞれの動詞範疇は，[±状態] [±完結] [±瞬時] で指定される特徴から明らかであるが，簡単に説明を加えると，到達動詞は，[＋完結] [＋瞬時] であるため，一瞬のうちに終了する事象を表わす。一方，達成動詞は，[＋完結] [－瞬時] のため，ある時間的経過のあとに終了する事象を表わす。これに対し活動動詞は，[－完結] [－瞬時] であるため，終了点が示されない行為を表わすが，活動達成動詞は，[＋完結] [－瞬時] であるため，活動動詞に終点を示す句が伴い，ある時間的経過のあとに終了する事象を表わす。ここで，達成動詞と活動達成動詞は，ともに [－状態] [＋完結] [－瞬時] で同じ特徴を持っているが，[＋完結] という意味が何によって生じるかで，両者は異なる。つまり，達成動詞は，動詞の意味自体に [＋完結] の意味が含まれているのに対し，活動達成動詞は，

目的語や付加詞と一緒になることで初めて［＋完結］の意味が生じる。

さて，Toratani (1998：381) は，(20)の動詞分類に基づき，「Vかけの N」構文に関して次の記述を行なっている。「この構文は『途中まで行なわれている』(halfway done) という意味を表わす。「〜かけ」は，終点に至る事象の始まったばかりの段階を表わす。ある事象が途中まで行なわれるためには，時間的に限定されている (bounded；［＋完結］) だけでなく，時間が継続する (［－瞬時］) 事象がなければならない。それゆえ，［＋完結］［－瞬時］の特性を持つ動詞がこの構文に用いられることになる。」つまり，Toratani (1998) は，「VかけのN」構文に関して次の主張を行なっている。

(21) 「VかけのN」構文には，［＋完結］［－瞬時］の特徴を持つ達成動詞と活動達成動詞のみ現われる。

Toratani (1998) では，「VかけのN」構文に関して次の(22a-e)の例があがっているのみである。(22a)では達成動詞が用いられているが，(22b-e)では活動動詞，状態動詞，到達動詞が用いられている。よって，前者は(21)を満たし適格であるが，後者はそれを満たさないので不適格であると説明されている。[7]

(22) a．凍りかけの水（達成動詞）
   b．*走りかけのランナー（活動動詞）（＝6b）
   c．*降りかけの雨（活動動詞）
   d．*ありかけの本（状態動詞）
   e．*落ちかけのペン（到達動詞）

以上が，Toratani (1998) の「VかけのN」構文に関する分析の概要であるが，いくつかの問題があると考えられる。まず第1に，Toratani は，活動動詞は［－完結］であるため，「VかけのN」構文に用いられないと主張しているが，次節で概観する Tsujimura and Iida (1999) がすでに指摘しているように，活動動詞が用いられても適格な「VかけのN」構文が数多くある。（次の例は，Tsujimura and Iida の例ではなく，私たちの例である。）

(23)　a．動きかけの電車
　　　b．走りかけの車　（cf. 22b)
　　　c．泣きかけの少女　（cf. 2b）
　　　d．眠りかけの赤ちゃん　（cf. 2b）

「動く，走る，泣く，眠る」という行為は，ある時間的経過のあとに終了する事象ではなく，いくらでも継続しうる事象であるため，これらの動詞は活動動詞である。したがって，(23a-d) の適格性は，Toratani (1998) の仮説(21)では捉えられないことになる。

　第2の問題として，Toratani は，到達動詞は「V かけの N」構文に現われないと主張しているが，すでに Kishimoto (1996) や Tsujimura and Iida (1999) が暗黙に想定しているか，明示しているように，到達動詞が用いられても適格な「V かけの N」構文が数多くある。

(24)　a．死にかけの子犬　（cf. Tsujimura and Iida 1999：110）
　　　b．消えかけのローソク　（＝7d：Kishimoto 1996)
　　　c．止まりかけの電車
　　　d．決まりかけの法案
　　　e．やみかけの雨
　　　f．壊れかけのラジオ（歌のタイトル）
　　　g．落ちかけの看板　（cf. 22e）

「死ぬ，消える，止まる，決まる，（雨が）やむ，壊れる，落ちる」は，当該の事象が瞬時に完結することを表わす到達動詞である（(20b)の到達動詞の例を参照）。したがって，(24a-g)の適格性も，仮説(21)では捉えられない。

　第3の問題として，Toratani は，活動達成動詞がこの構文に現われると主張しているが，そのような具体例が示されていない上に，活動達成動詞が用いられた(19a, b)（以下に再録）のような例は，多くの話し手にとって不適格である。

(19)　a．*郵便局まで歩きかけの人
　　　b．*百メートルを泳ぎかけの水泳選手

以上の点から，Toratani (1998) の分析は，「〜かけ」が表わす意味や動詞の意味を考察している点で示唆に富むが，この構文の適格性を左右する要因を捉えるには至っていないと言える。

5. Tsujimura and Iida (1999) の分析

Tsujimura and Iida (1999) は，まず，「V かけの N」構文が意味解釈上，2種類に分かれることを主張している。1つは，次の例に見られるように，動詞が表わす事象がまだ終わっておらず，その途中であることを示す場合であり，彼女たちはこの解釈を「途中読み」(halfway reading) と呼んでいる（例は Tsujimura and Iida (1999：110) による）。

(25) 飲みかけのミルク／食べかけのパン／作りかけのケーキ／壊しかけのビル／溶かしかけのバター

もう1つは，次の例に見られるように，動詞が表わす事象がまだ始まっておらず，これからまさに始まろうとしていることを示すもので，彼女たちはこの解釈を「開始前読み」(inception ("be about to") reading) と呼んでいる（例は Tsujimura and Iida (1999：110) による）。

(26) 死にかけの病人／消えかけの火／決まりかけの案／なくしかけの財布／始まりかけの劇

上例の中の「なくしかけの財布」は，私たちにとっては適格ではなく，かなり不自然に感じられる。どうしてこのような適格性判断の相違が生じるかについては，7節で議論する。

さて，Tsujimura and Iida は，上記2つの解釈を区別した上で，「V かけの N」構文を Toratani (1998) と同様に，動詞のアスペクトに基づいて分析する。彼女たちが依っている動詞分類は，次の Vendler (1967)，Dowty (1979) 等の動詞4分類であり，(20e) の活動達成動詞は達成動詞に含まれる。

(27) a. 状態動詞：［＋状態］［－完結］［－瞬時］
　　　b. 活動動詞：［－状態］［－完結］［－瞬時］
　　　c. 到達動詞：［－状態］［＋完結］［＋瞬時］

d．達成動詞：[－状態] [＋完結] [－瞬時]

以上をもとに Tsujimura and Iida は，「V かけの N」構文がまず途中読みの場合，当該の事象は [＋完結] で [－瞬時] の事象，つまり達成動詞（句）に限られると主張している。この主張は，すぐに気づくことであるが，途中読みの場合という条件を除けば，Toratani (1998) の(21)の主張と同じである。例えば(25)が表わす事象「ミルクを飲む」，「パンを食べる」，「ケーキを作る」，「ビルを壊す」，「バターを溶かす」は，いずれもある一定の時間を経て終了するため，[＋完結] で [－瞬時] の事象，つまり達成動詞（句）である。よって(25)が適格となる。

Tsujimura and Iida (1999：116-117) はさらに，次の例を提示し，動詞自体は活動動詞でも，文脈により終点が示されて [＋完結] を表わす事象になれば，「V かけの N」構文が適格になると述べている（判断は Tsujimura and Iida による）。

(28) a．*歩きかけの太郎
　　 b．公園まで歩きかけの太郎
　　 c．太郎が歩きかけの公園まで行けば，花子に会えるかも知れない。
　　 d．太郎がもう少しでそこまで歩きかけの公園

Tsujimura and Iida の判断とは異なり，(28b-d)は私たちには不適格である。どうしてこのような適格性判断の相違が生じるかについては，7 節で議論する。

Tsujimura and Iida (1999) は，一方，開始前読みの場合は，「死ぬ，消える，決まる」のような到達動詞が主に用いられるが，「開始前」の解釈さえ可能な状況であれば，どのような動詞でも用いられると主張している。そして，活動動詞が用いられた次の例を提示し (p. 125)，これらの例は括弧内に示したような開始前の解釈が可能であり，適格であると述べている。

(29) a．流れかけの水 [＝今まさに流れ出そうとしている水]
　　 b．鳴りかけの鐘 [＝今まさに鳴ろうとしている鐘]
　　 c．走りかけの子供 [＝今まさに走り出そうとしている子供]

d．選手たちが走りかけのスタートライン／スタジアム／早朝
［＝選手たちが今まさに走り出そうとしているスタートライン／スタジアム／早朝］

次節の議論と関連するが，私たちにとっては，(29a, b, d)は開始前の解釈を持たず，不適格であり，(29c)を適格表現とみなすためには，特殊な文脈が必要である（7.4節参照）。そしてどこからこのような適格性判断の相違が生じるかについても，7節で議論する。

6．さらなるデータの検討

Tsujimura and Iida (1999) の分析は，「V かけの N」構文の意味が2種類に分かれることを明確な形で指摘し，「～かけ」の意味と動詞（句）の意味の対応を考えている点で示唆に富むものであるが，少なくとも次の3つの重要な問題があると考えられる。

第1の問題は，「開始前読み」に関するものである。Tsujimura and Iida は，ある事象がまだ始まっておらず，これからまさに始まろうとしているような状況が可能であれば，どのような動詞でも開始前読みが生じ，「V かけの N」構文が適格になると述べている。したがって，到達動詞や活動動詞が用いられた次のような例を一律に適格と予測する。しかし，これらの例は極めて不自然で不適格である。

(30)　a．?*着きかけの電車　(=8b)　(Kishimoto 1996：261)
　　　b．?*見つけかけの宝物　(Kishimoto 1996：261)
(31)　a．*働きかけの作業員［＝働き始めようとしている作業員］
　　　b．*走りかけのランナー　(=6b)［＝走り出そうとしているランナー］

(30a, b)の「着く，見つける」は到達動詞で，(31a, b)の「働く，走る」は活動動詞である。そして，電車がホームにまだ到着してはいないが，近づいてきて今まさに到着しようとしている状況や，宝物がまだ見つかってはいないが，もう少しで見つかるというような状況は十分可能である。また(31a, b)で，作業員がまだ働いてはいないが，これから働き始めようとしている状況や，ランナーがまだ走り出してはいないが，今まさに走り

出そうとしている状況も十分可能である。したがって(30a, b)，(31a, b)は，Tsujimura and Iida によればすべて適格のはずであるが，これらの例はすべて不適格であると判断される。

　第2の問題は，上の問題点と共通する事柄であるが，Tsujimura and Iida は，どのような動詞でも開始前読みが生じると考えているため，次のような例が途中読みと開始前読みの両方を持ち，曖昧であると予測してしまう（岸本（2000：97）も参照）。

(32)　a．書きかけの手紙
　　　b．食べかけのりんご

Tsujimura and Iida の分析に従えば，(32a)は，「これからまさに書き始めようとしている手紙」（開始前読み）と「書いている途中の手紙」（途中読み）の2つの解釈を持つことになる。また(32b)も，「今まさに食べ始めようとしているりんご」（開始前読み）と「食べている途中のりんご」（途中読み）の2つの解釈を持つことになる。しかし実際には，(32a, b)には後者の途中読み解釈しか存在しない。

　第3の問題は，すでに何度か指摘したことであるが，Tsujimura and Iida の適格性判断と，我々の適格性判断との間に大きな差がある文が多くある，ということである。例えば，次の文は，Tsujimura and Iida にとっては適格文であるが，我々にとっては（(29a)を除き）不適格文である。

(26)　…なくしかけの財布…
(29)　a．流れかけの水　[＝今まさに流れ出そうとしている水]
　　　b．鳴りかけの鐘　[＝今まさに鳴ろうとしている鐘]
　　　c．走りかけの子供　[＝今まさに走り出そうとしている子供]
　　　d．選手たちが走りかけのスタートライン／スタジアム／早朝
　　　　　[＝選手たちが今まさに走り出そうとしているスタートライン／スタジアム／早朝]

Tsujimura and Iida の「V かけの N」文の適格性判断と，我々の適格性判断との間の相違の要因をつきとめて，両者の「V かけの N」構文の使用条件の違いを明らかにする必要がある。

以上の考察から，Tsujimura and Iida の分析も「V かけの N」構文の適格性を十分に捉えるには至っていないことになる。

7. 意味的・機能的代案
7.1. 到達動詞の「終点到達前読み」
　まず，次の例を見てみよう。

(33)　a．止まりかけの車（Kishimoto 1996：268)[8]
　　　b．*止まりかけの太郎（同上）
(34)　a．［波に押されて岸に着きかけの小舟］が，突風で沖に押し戻された。
　　　b．?*着きかけの電車　（=8b）

(33)，(34)の動詞「止まる」，「着く」は，それらが表わす事象が一瞬で成立する点的事象（[+瞬時]）であり，典型的な到達動詞である。そして，(33a)，(34a)の適格性と(33b)，(34b)の不適格性から明らかなように，V が到達動詞かそうでないかは，「V かけの N」構文の適格性の決定的要因ではない。(33a)の「V かけの N」の解釈は，Tsujimua and Iida が「開始前読み」と名付けたものであるが，「止まる」，「着く」が表わす瞬時的出来事が「開始する」というのはおかしいし，活動動詞の「開始前読み」と区別して検討する必要があるので，我々は，この解釈を「終点到達前読み」と呼ぶことにする。本節の終わりに，「終点到達前読み」，「開始前読み」，「途中読み」のいずれもが，同じ「動作・出来事成立前読み」であるというジェネラリゼーションを提出する。
　それでは，(33)，(34)の適格な例と不適格な例を区別している要因は何だろうか。それは，動詞自体の問題ではなく，動詞句や文全体の表わす事象の問題であり，その事象が成立するまでに，時間的経過を伴う前兆や予備的過程を私たちが観察したり，社会習慣的にその前兆や過程に注目したりするかどうかであると考えられる。例えば(33a)の車が止まる場合は，時間の経過に伴い，車がスピードを徐々に落とし，徐行から人の歩くぐらいの速さになり，そして静止状態に至る。そして私たちは，車が静止状態に至るこのような前兆に注目するので，例えば，「バスが完全に止まるまで，席を立たないで下さい」と言ったりする。一方(33b)の人が歩いてい

て止まる場合は，その前兆がなく一瞬に静止する．もちろん，「一瞬」と言っても，スローモーションピクチャーで見れば，車が止まるときと同じように，足を前に出すかわりに，もう片方の足にそろえて置いたり，片足を宙に浮かせて静止状態になってから地面に置くなど，歩いている状態から，静止状態に至るまでの過程が観察できるし，注意深く見ていれば，肉眼でもそのような過程が観察できるはずである．しかし我々は，そのような「(人が) 止まる」過程，前兆に注目する社会習慣がない．「(車が) 止まる」と「(人が) 止まる」のこの違いが，(33a)の適格性と(33b)の不適格性の原因である，と考えられる．すなわち，到達動詞の「VかけのN」構文は，「かけ」に先行する動詞句，あるいは文全体が表わす事象に，到達点に至るまでの予備的過程，前兆があり，その過程，前兆に我々が注目し，観察する社会習慣を持っている場合にのみ適格となる．

　次に(34a)が適格，あるいはほぼ適格で，同じ「着く」を用いた(34b)が不適格である理由を考えてみよう．小舟が波に押されて岸に着く過程も，電車がプラットフォームに着く過程も，共に観察可能で，我々はそのような過程に注目する社会的習慣を持っている．それにもかかわらず，(34a)が（ほぼ）適格，(34b)が不適格であるという事実は，この相違が，「到達点に至るまでの予備的過程，前兆を観察する社会習慣があるかないか」という要因とは別のものであることを示している．ここで，(34a)の「VかけのN」の意味を考えてみよう．「岸に着きかけの小舟」は(i)岸に着くという終点状態に向かっての過程に入っているが，(ii)何らかの外的要因によって，終点状態への達成がサスペンド（抑制）されている小舟という意味であるように思われる．この表現は，(34a)のように，終点状態の達成がサスペンドされて，何が起こったかが明記されていると，適格度が増す．ここで，「終点状態への達成が何らかの外的要因によってサスペンド（抑制）される」ということが，「VかけのN」構文を使うための条件の１つであると仮定しよう．そうすれば，(34b)の「着きかけの電車」が不適格なのは，近づいてきた電車がプラットフォームに到着することがサスペンドされるというようなことが通常起こらないので，この表現がその条件を満たさないから不適格になる，と説明できる．

　「終点状態への達成が何らかの外的要因によってサスペンド（抑制）される」ことが，「VかけのN」構文を用いるための１つの条件であると言

っても，それは，必ずしも終点状態達成の過程が物理的に停止または中止されなければならない，ということではない。次の例を参照されたい。

(35) a． まだ完全には停車していない，駅に着きかけの電車のドアが急に開いて，乗客が数十人プラットフォームになだれ落ちた。
　　 b． 止まりかけの車から人が急に飛び出してきた。

(35a, b)は，ともに適格文である。((34b)が不適格と判断されるのは，(35a)に示されているような状況が頭に浮かびにくいからであると考えられる。)しかし，(35a)は電車のプラットフォームへの到着がサスペンドされたことを意味しないし，(35b)も，車が止まるのをやめて走り続けたことを意味しない。これらの文は，話し手が到着直前の電車，止まりかけた車にスポットを当て，その到着直前の電車，止まりかけた車をいわば押しとどめた状態にしておいて，その電車，車からどのようなことが起こったかを述べようとしている文である。このような「サスペンド」の仕方を「心理的なサスペンド」と呼び，(34a)に見られる「サスペンド」を「物理的なサスペンド」と呼ぶことにしよう。そうすれば，「VかけのN」構文の制約は，次のように表わすことができる。

(36) 「VかけのN」構文に課される意味的制約：
　　 a．「VかけのN」構文は，"(主語＋) N＋V"が表わす動作，出来事の成立に導く過程，前兆がすでに始まっていて，
　　 b． その過程，前兆に注目する社会習慣があり，
　　 c． Vが表わす動作，出来事の成立が，何らかの要因によって，物理的，あるいは，心理的にサスペンドされていることを表わす場合にのみ，適格となる。

(36)の仮説を念頭において，次の「VかけのN」表現を考えてみよう。

(37) a． 死にかけの子犬　（＝24a）
　　 b． 沈みかけの夕日　（cf. 2a）
　　 c． 消えかけのローソク　（＝7d）
　　 d． つきかけのテレビ

(37a)で，人や動物が死ぬ場合，例えば，食欲がなくなってやせ細り，歩行困難になり，呼吸困難になり（酸素吸入，点滴などのあげく），脳の活動が停止して，最終的に心臓が止まり，死に至る。そして私たちは社会習慣上，このような前兆に注目し，多大の注意や関心，配慮を払う。(37b)の夕日が沈む場合も，夕日が山の端（や海の水平線）に徐々に近づいて行き，次に少しずつそこへ入って行き，最終的に見えなくなって沈む。(37c)のローソクが消える場合も，炎が揺れたり，細く小さくなって最終的に消えてしまう。(37d)のテレビがつく場合も，わずかな時間の経過ではあるが，スイッチを入れた後，少しして音声が聞こえ，その後ブラウン管に映像が出て，最終的にテレビがついた状態となる。そして私たちは社会習慣上，子犬が死んだり，夕日が沈んだり，ローソクが消えたり，テレビがついたりするまでの，このような前兆，過程に注目する傾向がある。さらに死が突然でない場合には，医学的な原因で死が押しとどめられていると考えられるし，夕日が沈む過程も，夕日が，沈むことから引き止められているとみなすことができる。ローソクの炎が小さくなってからも，ローソクの芯に溶けたろうが上がってくる限りは，火が消えることが押しとどめられているとみなすことができるし，テレビのスイッチを入れてから画面が出るまでの数秒は，画面が押しとどめられているように感じられる。したがって，これらの「VかけのN」表現は，すべてその使用制約(36a-c)を満たしているから適格である，ということになる。[9]

次に，適格，あるいはほぼ適格な(38a, b)と，不適格な(38c)を比較してみよう。

(38) a．√/?見つけかけの将来の目標
b．√/?見つけかけの定年後の生きがい
c．?*見つけかけの宝物 （＝30b)

(38a)の「将来の目標を見つける」，(38b)の「定年後の生きがいを見つける」では，人が自分の目標や生きがいが何であるか一瞬に分かるわけではなく，少しずつ分かっていく場合が多い。したがって，(ⅰ)「将来の目標を見つける」というような動作にはそれに到達するまでの過程があり，そして，(ⅱ)その発見の過程は，経験者，あるいは観察者にとって社会習慣的に注目に値するものであると考えられる。さらに，(ⅲ)すでに述べたよ

うに,「発見する」という状態に到達することは, 発見することが難しいために, 途中でサスペンドされている。(38a, b)が適格, あるいはほぼ適格なのは, この2つの表現が「VかけのN」構文の制約(36a-c)をすべて満たしているからである。他方, (38c)の「宝物を見つける」という出来事は, 宝物がどこに隠されているか前もって知っている人にとっては, 探し手がその隠し場所にだんだん近づいていく過程が観察できるが, 通常の場合, 探し手にとっても, 観察者にとっても, 宝物を発見するというのは, 偶発的で瞬間的な出来事であり, それに至る過程や前兆が観察されない。そのため, (38c)は「VかけのN」構文の制約(36a)を満たさず, 不適格であると考えられる。他方, 子供たちの宝物探しの主催者は, 次の発話をすることができる。

(39) 一番年下の子供が宝物の隠し場所の一歩手前まで進んで行ったときコンテスト終了のベルが鳴ってしまい, 見つけかけの宝物を手にすることができなかったのはかわいそうだった。

(38c)と異なり, (39)では, 一番年下の子供が宝物を見つけるまでの過程, 前兆が始まっていたこと, そしてそれが途中でサスペンドされたことが, 宝物探しの主催者によって観察される。よって, (39)は(36a)(および(36b, c))を満たし, 適格となる。

5節で, Tsujimura and Iida (1999：110) が開始前読みで適格であると判断している次の表現が, 私たちにとっては不適格であると述べた。

(40) *なくしかけの財布

特別な文脈がない限り, 財布をなくすときには, どういう過程が財布をなくすという出来事を導いたかを覚えていないか, 知らないものである。また, その過程の途中で「財布をなくす」という出来事が, 物理的あるいは心理的にサスペンドされた, というような状況を頭に浮かべることが難しい。したがって, 我々の分析では, (40)は,「VかけのN」構文の制約(36b, c)を満たしていないから不適格ということになる。Tsujimura and Iida は, (40)に特別な文脈, 例えば, 店で買物をして財布を出して支払いをし, その財布を店のカウンターの上に置き忘れて, 店を出て数時間後に財布がないことに気がついて, その店に戻って尋ねたら, 保管してくれ

ていた，というような文脈で，

(41) なくしかけの財布が出てきてほっとした。

というような例文を頭に置いて，(40)を適格表現と判断したのかもしれない。

(36)の制約は，到達動詞「落ちる」が用いられた次の表現の適格性の違いも説明できる。

(42) a．*落ちかけのペン （＝22e）
　　 b．落ちかけの看板 （＝24g）

ペンが机の上などから落ちるのは，一瞬の出来事で，その出来事に至る過程や前兆は，通例，観察されない。そのため，(42a)は(36a)の制約を満たさず，不適格である。一方，看板が（台風などの影響で）掛かっていた所からずれたり，動いたりして，今にも落ちそうになっているが，その状態でサスペンドされている様子は，容易に観察される。そして私たちは，そのような状態の看板は見苦しいとか，早く取り外さないと危険であるとか考え，そのような状態に注目する習慣がある。よって，(42b)は(36a-c)の制約をいずれも満たし，適格となる。

7.2．達成動詞の「終点到達前読み」

次は，達成動詞を用いた「VかけのN」表現の例である。

(43) a．溺れかけの水泳選手 （＝7c）
　　 b．凍りかけの水 （＝22a）
　　 c．腐りかけのみかん （＝2a）
　　 d．開きかけのドア （＝7a）

達成動詞は，その定義により（(20c)参照），終点状態と，その終点状態に至るまでの過程，前兆を意味内容とする。したがって，「溺れる，凍る，腐る，開く」にはいずれも，終点の溺死，凍結，腐敗，全開状態に至るまでの過程，前兆があって，それが，これらの動詞の意味の一部を形成するものと考えられる。そして我々は，そのような過程，前兆に注目する習慣を持っている。そのためこれらの表現は，(36a, b)の制約を両方とも満

たしている。さらに，これらの表現には，終点の状態が成立することをサスペンドする外的要因があることが示唆されている。例えば，(43a)では，水泳選手が手足をばたばたさせて，溺死を免れようとしている場面が想像されるし，(43b)では，水は一瞬にして凍るものではなく，表面から徐々に下に向かって凍っていくものであるという物理的要因がある。このように，これらの表現は，(36a-c)のすべてを満たしているので，適格であるということになる。

7.3. 活動達成動詞の「終点到達前読み」

　活動達成動詞は，4節でのToratani (1998)の分析（や5節でのTsujimura and Iida (1999) の分析）の考察の際に述べたように，目的語や付加詞と一緒になって達成動詞となる動詞範疇である ((20e)参照)。まず次の例を考えてみよう。

(44)　a．書きかけの手紙
　　　b．読みかけの本
　　　c．食べかけのりんご

「(1通の) 手紙を書く」，「(1冊の) 本を読む」，「(1つの) りんごを食べる」は，有限の動作を表わす（活動）達成動詞句である。このような動詞句は，当然，終了点に達するまでの過程が意味内容の一部となっている。そしてこれらの表現では，手紙がある程度書いてあり，当該の本がある程度は読んであり，りんごが少しはもう食べられており，終了点に向かっての過程がすでに始まっていることが明らかである。さらにこれらの表現では，ある程度書いてある手紙が，そこで一時そのままになっていたり，ある程度読んである本が，そこで先に読み進められていなかったり，少しは食べてあるりんごが，そのまま食べさしになっていたりしており，終了点に至る過程がサスペンドされていることが明らかである。このように，(44a-c)は(36a-c)の制約すべてを満たしているから，適格になると考えることができる。

　すでに述べたように，Tsujimura and Iida (1999) は，次の表現の解釈を「VかけのN」構文の「途中読み」(halfway reading)，すなわち，動詞が表わす事象がまだ終わっておらず，その途中であることを示す解釈で

あると説明している。

(25) 飲みかけのミルク／食べかけのパン／作りかけのケーキ／壊しかけのビル／溶かしかけのバター

しかし，この解釈と，「止まりかけの車」などに代表される「終点到達前読み」（Tsujimura and Iida が「開始前読み」と呼んでいる解釈）との間に，本質的な相違はないように思われる。特に強調すべきは，(44a-c)や(25)の「Vかけの N」表現が持っている，動詞句が表わす事象の完結に向かっての過程が途中でサスペンドされている，という意味合いである。「飲みかけのミルク」は，単に「飲んでいる途中のミルク」という意味ではなく，「飲み終わるという終了点に向かっての過程が，途中でサスペンドされたミルク」という意味である。この「サスペンド」の意味は，(34a, b)，(37a-d)等で示したように，「Vかけの N」構文の意味の重要な一部であって，(44a-c)や(25)の解釈を「途中読み」と呼んで，到達動詞の「Vかけの N」の解釈と別扱いすることは，両者の共通性を見失うことになるものと思われる。

5節で述べたように，Tsujimura and Iida (1999：116-117) は，次の例を提示し，動詞自体は活動動詞でも，文脈により終点が示されて [＋完結] を表わす事象になれば，「Vかけの N」構文が適格になると述べている（適格性判断は Tsujimura and Iida による）。

(28) a．*歩きかけの太郎
b．<u>公園まで</u>歩きかけの太郎
c．太郎が歩きかけの<u>公園まで</u>行けば，花子に会えるかもしれない。
d．太郎がもう少しでそこまで歩きかけの公園

しかし，我々や他の多くの話し手にとって，(28b-d)は極めて不自然である。この適格性判断の違いは，(36c)で述べた制約，すなわち，「何らかの要因によって，物理的，あるいは，心理的にサスペンドされている」という条件が，どの程度の度合いで「Vかけの N」構文の制約に含まれているかによるものと考えられる。我々も含めて，(28b-d)を不適格と判断する話し手にとっては，これらの「Vかけの N」表現に，太郎が公園に到

着することをサスペンドしている外的要因がないことが，その不適格性の理由であるように思われる。他方，Tsujimura and Iida の「V かけの N」構文の使用条件には，「何らかの外的要因により，終点状態に至ることがサスペンドされる」という条件が，極めて弱い形でしか含まれていないか，まったく含まれていないに違いない。

7.4. 活動動詞の「開始前読み」

次に，活動動詞の開始前読みを考察してみよう。

(45)　a．泣きかけの少女　（cf. 2b）
　　　b．眠りかけのおじいさん　（cf. 2b）
(46)　a．*叫びかけの少年　（cf. 6c）
　　　b．*笑いかけの男　（＝6e）

人が泣く場合，その前兆として，顔がくずれたり，鼻をすすったりして，やがて涙が出始め，最終的に泣くという動作に至る。また眠る場合も，最初は目を閉じ，やがてうとうととし，最終的に意識がなくなって眠りに至る。そして私たちは社会習慣上，このような前兆に注目する。一方，人が叫んだり，笑う場合は，通例，その前兆がなく，一瞬にしてこれらの行為が始まる。言い換えれば，「泣く，眠る，叫ぶ，笑う」は，いずれもそれぞれの事象が始まることを表わすが，「泣く」や「眠る」場合は，それらの事象が一瞬に始まるのではなく，その前兆があるために，それらの事象の成立をその前兆の段階で押しとどめたり引き止めたりすることができる。そしてそのような前兆の段階があるために，「～かけの」を用いてその段階を指示することができ，(45a, b)が適格になると考えられる。一方，「叫ぶ」や「笑う」場合は，それらの事象が，通例は一瞬に始まり，前兆の段階が観察されにくいために，それらの事象が押しとどめられたり，引き止められたりしているという，「サスペンド」の意味合いを読み取ることができない。よって，「～かけの」を用いて表現することが通例はできず，(46a, b)が不適格になると考えられる。

しかし，文脈が与えられて，笑ったり叫んだりする動作にその前兆が観察され，「V かけの N」構文が適格となる場合があることに注意しておきたい。つまり，(46a, b)のように，何の文脈もなく唐突にこれらの表現

が発話されると，上で述べた理由で不適格となるが，次のような文脈では，笑ったり，叫んだりする動作の前兆が観察できるので，適格性が(46a, b)よりはるかに高くなる。

(47) a． <u>父の笑いかけの顔</u>が，突然硬直して，怒りの表情になった。
　　 b．✓/? その女優の，<u>口を半開きにした恐怖の叫びかけの表情</u>が，一瞬あとには，<u>安堵の笑いかけの表情</u>に変わったところが，彼女の演技力のすごさだと思った。

(47a, b)の適格性が(46a, b)の適格性よりはるかに高いのは，(47a, b)で「笑う，叫ぶ」という動作の前兆が観察可能であることが明らかであるという理由だけではなく，「笑う，叫ぶ」という動作の開始がサスペンドされた，ということも明らかであるためである，と考えられる。

　上の観察から，活動動詞の「Vかけの N」構文にも，Vによって表わされる動作の成立に至る過程，前兆があって，私たちはその過程，前兆に注目する社会習慣があること，という制約，つまり(36a, b)の制約が当てはまるものと想定できる。さらに，(48)，(49)の(a)文が適格で，(b)文が不適格であるという事実は，活動動詞の「Vかけの N」構文にも，Vによって表わされる動作の成立に向かっての過程が，何らかの要因によってサスペンドされるという意味合い，すなわち(36c)の制約が当てはまることを示している。

(48) a． 泣きかけの少女が，急ににっこり笑った。
　　 b．*泣きかけの少女が，泣き出した。
(49) a． 眠りかけのおじいさんが，ぱっと目を開けた。
　　 b．*眠りかけのおじいさんが，深い眠りに入った。

(48a), (49a)では，「急ににっこり笑った」，「ぱっと目を開けた」という表現があるために，泣いたり，眠ったりする動作が途中でサスペンドされ，泣いたり，眠ったりはしなかったことが明らかなので，これらの文は適格である。一方，(48b), (49b)では，「泣き出した」，「深い眠りに入った」という表現があるために，少女やおじいさんの泣いたり，眠ったりする動作が途中でサスペンドされたという意味合いがまったくない。よっ

て,「泣きかけの少女」,「眠りかけのおじいさん」が持つサスペンドの意味合いと矛盾し, (48b), (49b)は不適格となる。

次のような例も,「開始前読み」を表わすものと考えられる。

(50) a. 走りかけの車 (＝23b)
b. 動きかけの電車 (＝23a)

車は, 普通, エンジンをかけたあと, 車輪がゆっくりと回ってほんの少し動き, それからゆっくりと走り出し, 最終的に普通のスピード (時速30〜50 km ぐらい) で走るようになるが, (50a)の「走りかけの車」とは, 最終的に普通のスピードで走るようになる前の段階にある車を指す。最初からフルスピードで動き出した車には,「走りかけの車」という表現は使えない。「走りかけの車」と「走り出した車」との意味の違いは, 前者には, フルスピードで発車しないで, 徐々にスピードをあげるという,「フルスピードの状態に到達するのが外的要因によりサスペンドされている」という意味合いがあるものと考えられる。(50b)の「動きかけの電車」も同様である。ここで, (50a)の「走りかけの車」の意味するところを図示すると, 次のようになる。

(51) 走りかけの車 (＝50a)

動き始め　人の歩く速度　時速10 km　車が走る普通の速度
△ ─→ ○ ─→ □ ─────→ ◎ ─→
⎯⎯⎯⎯⎯⎯⎯⎯⎯⎯⎯⎯⎯⎯⎯⎯⎯⎯⎯⎯
〈車が走る普通の速度に到達する過程〉

さらに次の対比を見てみよう。

(52) a. 歩きかけの赤ちゃん (cf. 17b)
b. *歩きかけの人

「歩きかけの赤ちゃん」とは, 一人前に歩けるという終点に向かって, まだその途上の段階にある赤ちゃんを指す。つまり, まだ完全には歩けないが, 例えば,「一人立ち」がやっとできて, 転んだりはしながらも, 2〜3歩, 4〜5歩とよちよち歩けるような段階の赤ちゃんを指す。赤ちゃんが完全な一人歩きができるような状態に到達するのをサスペンドしているの

は，足の骨がまだ十分に発達していないとか，身体のバランスをとることをまだ体得していない，という外的要因である。一方，普通の人が歩く場合は，そのような途中段階がなく，少しでも歩けば，もう歩くという行為が完全に成立する，一瞬の動作である。さらに，大人が完全に歩くことをサスペンドする外的要因もない。この(52a)と(52b)の違いを図示すれば，次のようになる。

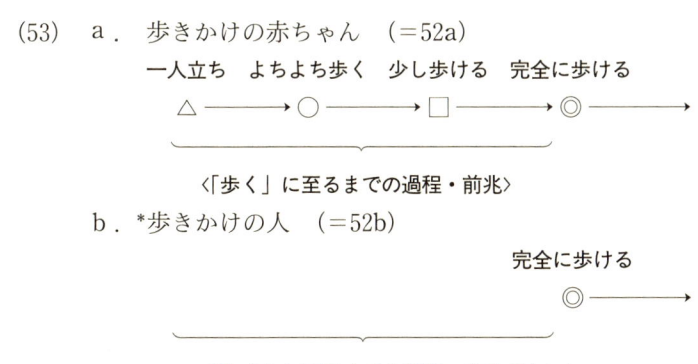

(53) a．歩きかけの赤ちゃん（＝52a）

一人立ち　よちよち歩く　少し歩ける　完全に歩ける
△ ─────→ ○ ─────→ □ ─────→ ◎ ─────→

〈「歩く」に至るまでの過程・前兆〉

b．*歩きかけの人（＝52b）

完全に歩ける
◎ ─────→

〈「歩く」に至るまでの過程・前兆がない〉

(53a)では，完全に歩ける状態に至るまでの過程，前兆が観察されるので，その途上にある赤ちゃんを指して，「〜かけの」を用いることができる。一方(53b)では，「人が歩く」のは一瞬に始まる動作であるため，その前兆やそれに至る過程が存在しない。よって，開始前読みの「〜かけの」を用いることができない。[10]

次の例も(53b)の「*歩きかけの人」と同じで，当該の動作が一瞬に成立し，その動作成立に至る過程，前兆がない。

(54) a．*働きかけの労働者（＝6a）
　　 b．*走りかけのランナー（＝6b）
　　 c．*踊りかけの太郎（＝6d）

人が働いたり，走ったり，踊ったりする行為は，少しでもその行為を行なうと，たちどころにその行為が成立する。つまり，そのような行為が成立するまでの段階が存在しないので，(54a-c)は，(53b)と同様，不適格となる。[11]

同様，次の例を参照されたい。

(55) a．*スタートラインに立っている走りかけのランナー
　　 b．母親が引き止めている走りかけの子供
(56) a．*始まりかけのテレビ番組
　　 b．動きかけの電車　（＝23a/50b）

(55a)では，スタートラインに立ってこれから走り出そうとしているランナーを抑制しているものは何もない。一方，(55b)では，走り出そうとしている子供を母親が引き止めており，その子供は，「走る」という動作の開始に向かっての前兆を示しながら，開始点から引き戻されている状態にあると解釈される。よって，前者は(36)の制約を満たさず不適格であるが，後者はこの制約を満たして適格となる。次に(56a)では，テレビ番組が始まる場合には，定刻の時間が来れば始まるわけで，それを引き止めるものは何もない。また，一瞬にしてその事象が成立するわけで，その前兆は観察されない。よって(36)の制約が満たされず，この例は不適格となる。一方(56b)では，電車が普通のスピードで動き出すまでには，まず車輪がゆっくりと回り始め，ほんの少し動き，それからゆっくりと動き始めて，最終的に普通のスピードで走るようになる。つまり，このようなそれぞれの段階は，普通のスピードに至るまでの引き止められた段階として解釈される。よって，(56b)は仮説(36)を満たして適格となる。

　5節で，Tsujimura and Iida (1999：125) が開始前の解釈で適格とみなしている次の文が，私たちにとっては不適格であることを指摘した。

(29) a．流れかけの水　[＝今まさに流れ出そうとしている水]
　　 b．鳴りかけの鐘　[＝今まさに鳴ろうとしている鐘]
　　 c．走りかけの子ども　[＝今まさに走り出そうとしている子ども]
　　 d．選手たちが走りかけのスタートライン／スタジアム／早朝
　　　　[＝選手たちが今まさに走り出そうとしているスタートライン／スタジアム／早朝]

私たちにとって(29a)は，ぽとぽととたれてくる水を受け止めている容器が一杯になって，水面張力によって，容器の縁より盛り上がっているよう

な状態の水を記述する表現として適格である。「流れる」という動作の成立に至る過程が進行中であって，なおかつ，表面張力によってそれがサスペンドされているからである。他方，(29b)は，特殊な文脈がない限り，不適格である。なぜなら，鐘が鳴るという出来事の前兆が観察されると想像することが困難だからである。(29c)は，(55b)に見られるような「引き止め」の要因が加わって初めて適格となる。(29d)は，(54b)で観察したように，前兆がない一瞬に始まる活動を表わすから，不適格である。

7.5. 活動達成動詞・到達動詞の「開始前読み」

　私たちは 7.3 節で，Tsujimura and Iida（1999）の分析に言及し，活動を［＋完結］にする付加詞と共起する活動動詞の「V かけの N」構文でも，多くの話し手にとって不適格となる場合があることを指摘した（(19a, b)，(28b-d)参照）。この点に関して次の例を見てみよう。

(57) 　a．＊公園まで歩きかけの市民団体（距離）
　　　 b．√/? 公園に向かって歩きかけの市民団体（終点に向かう行為）
(58) 　a．＊千メートルレースを走りかけの走者（距離）
　　　 b．? ［千メートルレースの最後のラウンドを走りかけの走者］が，足をもつれさせて転んだ。（終点に向かう行為）

(57a, b)ではともに，［＋完結］を表わす付加詞「公園まで」，「公園に向かって」を伴う活動動詞が用いられているが，興味深いことに，(57a)は，(19a, b)と同様に極めて不自然であるのに対し，(57b)は多くの話し手にとって適格性が高く，ほとんど自然に感じられる。両者の違いは何だろうか。7.3 節で述べたように，(57a)の終点到達前読みは，我々を含めた多くの話し手にとって，「終点に到達する過程がサスペンドされた市民団体」という，「サスペンド」の意味合いを読み取ることができないから不適格である。それでは，(57a)の開始前読みは，どうしてできないのだろうか。もしこの文に開始前読みがあるとすれば，それは，市民団体が公園までの道のりの出発点近くにいて，「ぽつぽつ歩き始める」，すなわち，その一部は歩き始め，一部は出発点に集まり，残りは出発点に向かって歩いている，というような状況を表わすはずである。(57a)がこの読みでも

不適格だと判断されるのは,「公園まで」という表現が,出発点に注目する表現ではなくて,道のり全体に注目する表現で,単に距離を表わすため,出発点に注目する「ぽつぽつ歩き始める」と矛盾するためである,と考えられる。((19a)の「*郵便局まで歩きかけの人」も同様に説明される)。一方(57b)では,「公園に向かって」という表現が,出発点から見た目的地を表わす表現なので,市民団体がその出発点のあたりで,ぽつぽつ歩き始めるという「開始前読み」と矛盾を起こさない。(57b)がほぼ適格と判断されるのは,この理由によるものと思われる。(この文が完全に適格でないのは,上に示したような「ぽつぽつ歩き始め」の状況を頭に浮かべるのがそれほど容易ではないからだと思われる。)(57b)には終点到達前読みも可能であるように思われる。「公園を到達点として始められた歩行が,到達点に達する前に何らかの外的要因によりサスペンドされた市民団体」という解釈である。この解釈は,次のような文脈で表面化する。

(59) 公園<u>に向かって</u>歩きかけの市民団体の中に,日射病で倒れる人が数人出て,行進は中止されることになった。

この文では,「日射病で倒れる人が数人出て,行進は中止されることになった」から,市民団体が公園に達する前に歩行がサスペンドされたことが明らかである。そしてこの文では,終点到達前読みの解釈が明白である。

(57a)と(57b)の対比の説明と同様の説明が,(58a, b)の対比についても言える。(58a)は,千メートルレースの終点到達前読みの解釈を受けられない。「ゴールに到達するのが何らかの要因でサスペンドされた走者」という解釈を正当化するような文脈が想像し難いからである。他方,この文の開始前読みも得られにくい。なぜなら,「千メートルレースのスタートを何らかの外的要因で引き止められた選手」という解釈を正当化するような文脈も頭に浮かびにくいからである。他方,(58b)は,開始前読みでほぼ適格である。なぜなら,「レースの最後のラウンドに入ろうとする過程で,足のもつれで入ることをサスペンドされた選手」という解釈を正当化する文脈が容易に想像できるからである。この文は,終点到達前読みも可能であるように思われる。「レースの最後のラウンドを走り始めたが,何らかの要因で走り終わることがサスペンドされた選手」という解釈を正当化する文脈が,多少の困難を伴っても想像可能だからである。

5節で述べたように，Tsujimura and Iida (1999) は(57a)と類似した(28b)「公園まで歩きかけの太郎」の「途中読み」(私たちの「終点到達前読み」) 解釈を適格と判断しているが，これは，彼女らにとって「VかけのN」構文の(36c)「動作，出来事の成立がサスペンドされている」という制約が極めて弱いか，存在しないためである，と想像できる。

上に活動達成動詞の「VかけのN」構文には，「開始前読み」と「終点到達前読み」の両方があることを示した。この事実は，「VかけのN」構文の制約(36a)の「"(主語＋) N＋V"が表わす動作，出来事の成立」が，活動達成動詞の活動動詞部分の成立とも解釈されるし，達成部分の成立とも解釈されると想定すれば，当然の帰結である。それでは達成動詞はどうであろうか。次の表現を考えてみよう。

(60)　a．凍りかけの水
　　　b．溶けかけのバター
　　　c．乾きかけの洗濯物

これらの表現には，「開始前読み」の解釈がないように思われる。達成動詞は，ある時間的経過のあとに終了する事象を表わすが，焦点がその事象の終了にあるので，開始点に注目する「開始前読み」ができないものと考えられる。したがって，達成動詞の場合，「"(主語＋) N＋V"が表わす動作，出来事の成立」とは，その事象の終了を意味し，その到達点に向かっての過程の成立（始まり）を意味しないものとする。

8．まとめ

本章では，「VかけのN」構文に関するKishimoto (1996)，岸本 (2000, 2005)，Toratani (1998)，Tsujimura and Iida (1999) の先行研究を概観し，これらの研究がこの構文の特徴を明らかにする上で重要な貢献をなしているものの，それでもなお捉えきれない例や問題があることを示した。そして，この構文の適格性を正しく捉えるためには，単に動詞の意味だけでなく，V（動詞句あるいは「かけ」に先行する文全体）が表わす動作，出来事が成立するまでの過程，前兆がすでに始まっているかどうか，私たちはそのような過程，前兆に注目する習慣があるかどうか，そして，Vが表わす動作，出来事の成立が途中でサスペンドされているかど

うかを考慮しなければならないことを明らかにした。そして，「Vかけの N」構文のVが到達動詞，達成動詞，活動達成動詞，活動動詞のいずれの場合も，次の制約の適用を受けていることを示した。[12]

(36) 「VかけのN」構文に課される意味的制約：
 a．「VかけのN」構文は，"(主語＋) N＋V"が表わす動作，出来事の成立に導く過程，前兆がすでに始まっていて，
 b．その過程，前兆に注目する社会習慣があり，
 c．Vが表わす動作，出来事の成立が，何らかの要因によって，物理的，あるいは，心理的にサスペンドされていることを表わす場合にのみ，適格となる。

したがって，「VかけのN」構文の意味は，次のように定義することができる。

(61) 「VかけのN」構文の意味：
「VかけのN」構文は，「Vが表わす動作，出来事の成立に向かっての過程，前兆が始まっているが，何らかの要因によって，その動作，出来事の成立が，物理的，あるいは心理的にサスペンドされているN」を意味する。

(36)の制約，(61)の意味定義によって，「終点到達前読み」，「途中読み」，「開始前読み」の区別を設ける必要はなくなり，これらはいずれも「動作・出来事成立前読み」という１つの読みに収束されることになる。そして，複数の異なった意味の「VかけのN」構文を想定する必要もなくなる。[13]

■第4章

「〜ている」構文

「桜の花が散っている」はなぜ曖昧か

1. はじめに

　従来から，動詞に「〜ている」という表現が伴うと，(1a-c)のように，ある動作の継続，進行を表わす場合と，(2a-c)のように，ある事象の結果状態を表わす場合があることが指摘されてきた（金田一 1950，藤井 1966，吉川 1973，奥田 1978，工藤 1991，1995，三原 1997 等を参照）。

（1）　a．赤ちゃんが歩いている。
　　　b．子供たちが踊っている。
　　　c．母が食器を洗っている。
（2）　a．木の枝が折れている。
　　　b．服が汚れている。
　　　c．子供が千円札を握っている。

(1a, b)の動詞「歩く」，「踊る」は自動詞で，(1c)の動詞「洗う」は他動詞であるが，これらの例では，赤ちゃんが歩くという動作，子供たちが踊るという動作，母が食器を洗うという動作が，いずれも現在進行していることを表わす。一方，(2a, b)の動詞「折れる」，「汚れる」は自動詞で，(2c)の動詞「握る」は他動詞であるが，これらの例では，木の枝が折れたり，服が汚れたり，子供が千円札を握るという事態は，すでに過去において起こっており，(2a-c)は，そのような変化事象のあとに生じた結果状態が現在まで続いていることを表わす。本章では，これまでの研究に従って，前者のような意味解釈を「動作継続」と呼び，後者のような意味解釈を「結果継続」と呼ぶ。また，動詞に「〜ている」が伴う表現を「〜ている」構文と呼ぶ。

さて，Hirakawa (2003：68-70, 185-187) は，自動詞が「～ている」を伴う場合，その自動詞が，非能格動詞であれば，動作継続の解釈のみが許され，非対格動詞であれば，結果継続の解釈のみが許されると主張している。次の Hirakawa (2003：69, 293-294) の例を見てみよう。

(3) a．子供が笑っている。
　　 b．学生が走っている。
　　 c．男の子が遊んでいます。
　　 d．道子さんが泳いでいます。
　　 e．万里子さんが歌っています。
　　 f．女の子が泣いています。
(4) a．飛行機が空港に着いている。
　　 b．窓が割れています。
　　 c．人が死んでいます。
　　 d．パンが焼けています。
　　 e．財布が落ちています。

(3a-e)の自動詞「笑う」,「走る」,「遊ぶ」,「泳ぐ」,「歌う」は，いずれも主語指示物の意図的行為を表わす非能格動詞である。また(3f)の自動詞「泣く」は，主語指示物の生理現象を表わす非能格動詞である（詳細は序章を参照)。[1] そして，これらの例では，子供が笑うという動作，学生が走るという動作，男の子が遊ぶという動作等が，いずれも現在進行していることを表わしている。つまり，動作継続である。

一方，(4a-e)の自動詞「着く」,「割れる」,「死ぬ」,「焼ける」,「落ちる」は，いずれも主語指示物の非意図的事象を表わす非対格動詞である。そして，これらの例では，飛行機が空港に着いたり，窓が割れたり，人が死んだり，パンが焼けたり，財布が落ちるという事態は，すでに過去において起こっており，そのような変化事象の結果状態が現在まで続いていることが示されている。つまり，結果継続である。[2]

ここで，自動詞が用いられている(1a, b), (2a, b)を見てみると，(1a, b)の自動詞「歩く」,「踊る」は，主語指示物の意図的行為を表わす非能格動詞であり，(2a, b)の自動詞「折れる」,「汚れる」は，主語指示物の非意図的事象を表わす非対格動詞である。(1a, b)が動作継続の解釈を

受け，(2a, b)が結果継続の解釈を受けるため，Hirakawa (2003) の主張は，これらの文の解釈も正しく説明できる。

ここで，Hirakawa (2003) の主張を次のようにまとめておこう。

(5)　「～ている」構文に課される非能格/非対格性制約：非能格動詞の「～ている」構文は，動作継続のみを表わし，非対格動詞の「～ている」構文は，結果継続のみを表わす。

Hirakawa (2003：69, 185) は，非能格動詞は，典型的に「活動動詞」(action verb)（第3章，およびVendler 1967, Dowty 1979等を参照）であり，状態変化を表わすものではないので，「～ている」を伴うと動作継続の解釈のみになり，一方，非対格動詞は，典型的に「到達動詞」(achievement verb)（第3章，およびVendler 1967, Dowty 1979等を参照）であり，主語指示物の状態変化を表わすため，「～ている」を伴うと結果継続の解釈のみになると述べて，(5)の制約の説明を行なっている。

　私たちは本章で，上記のような「～ている」構文の解釈について考察する。まず次節で，この構文の例をさらに調べ，(5)の予測とは異なり，(ⅰ)非能格動詞の「～ている」構文でも結果継続を表わす場合があり，(ⅱ)非対格動詞の「～ている」構文でも動作継続を表わす場合があることを指摘する。そして3節で，「～ている」構文を広範に議論している工藤 (1991, 1995) の研究を取り上げ，その分析を概観し，4節でその問題点を指摘する。そして5節で，「～ている」構文が表わす意味を考えるとともに，どのような条件のもとでこの構文が動作継続や結果継続の解釈になるかを考察し，意味的・機能的分析を行なう。

2．さらなるデータの検討

　(5)の制約で説明できる例は数多くあるが，「～ている」構文の例をさらに調べてみると，(ⅰ)非能格動詞の「～ている」構文でも結果継続を表わし，(ⅱ)非対格動詞の「～ている」構文でも動作継続を表わす場合があることが分かる。まず，(ⅰ)の場合から考え，次の例を見てみよう。

(6)　a．生徒が廊下に立っている。

b．患者がベッドで起き上がっている。
c．太郎がスケートリンクの端で止まっている。
d．花子がソファーに座っている。
e．主人は今出かけています。

(6a-e)の動詞「(生徒が)立つ」,「起き上がる」,「(太郎が)止まる」,「(花子が)座る」,「出かける」は,いずれも主語指示物の意図的行為を表わす非能格動詞である。そのため(5)の制約は,これらの例がいずれも動作継続を表わすと予測する。しかし,その予測に反し,(6a-e)はいずれも結果継続を表わしている。例えば(6a, b)では,生徒が廊下に立ったり,患者がベッドで起き上がったのは過去のことで,その立ったり,起き上がった状態が現在まで続いていることが示されている。同様に(6c, d)でも,太郎が止まったり,花子が座ったのは過去のことで,その制止状態や座っている結果状態が現在まで続いていることが示されている。さらに(6e)でも,話し手の夫が外出しており,家にいないという結果状態の継続が示されている。

次に(ⅱ)の場合を考え,以下の例を見てみよう。

(7) a．あっ,子供が溺れている。
b．鐘が鳴っている。
c．水／雲が流れている。
d．風が吹いている。
e．日が照っている。
f．水が水道の蛇口から落ちている。
g．火が燃えている。
h．あっ,地震だ！家が揺れている。
i．落ち葉が風に舞っている。

(7a-i)の動詞「溺れる」,「鳴る」,「流れる」,「(風が)吹く」,「(日が)照る」,「落ちる」,「燃える」,「揺れる」,「(落ち葉が)舞う」は,いずれも主語指示物の非意図的事象を表わす典型的な非対格動詞である。そのため(5)の制約は,これらの例がいずれも結果継続を表わすと予測する。しかし,その予測に反し,(7a-i)はいずれも動作継続を表わしている。例えば

(7a–c)では，子供が溺れるという動作，鐘が鳴るという動作，水や雲が流れるという動作が，いずれも現在進行していることを表わしている。同様に(7d–i)でも，風が吹いたり，日が照ったり，水が蛇口から落ちたり，火が燃えたり，家が揺れたり，落ち葉が風に舞うという動作が，現在進行していることを表わしている。

　(5)の制約は，非能格動詞の「～ている」構文は動作継続のみを表わし，非対格動詞の「～ている」構文は結果継続のみを表わすという，一対一の対応関係を規定している。しかし，「～ている」構文の例を観察すると，非能格動詞が用いられようと，非対格動詞が用いられようと，動作継続と結果継続の両方の解釈が可能で，曖昧な場合が多くあることに気づく。まず，次の非能格動詞の例を見てみよう。

　(8)　a．太郎が木に登っている。
　　　 b．生徒たちが2列に並んでいる。
　　　 c．花子は大阪へ帰っている。

(8a–c)の動詞「(木に)登る」，「(生徒たちが)並ぶ」，「帰る」は，主語指示物の意図的行為を表わす非能格動詞である。そのため，(5)の制約は，これらの例が動作継続のみを表わすと予測する。しかし，これらの例は，動作継続だけでなく，結果継続の解釈も可能であり，曖昧である。例えば(8a)は，太郎が木の上へ向かって現在登りつつあるという動作継続の解釈だけでなく，すでに木(の上)に登っているという結果状態の解釈も可能である。同様に(8b)でも，生徒たちが2列に現在並びつつあるという動作継続の解釈だけでなく，すでに2列に並び終えているという結果継続の解釈も可能である。また(8c)でも，花子が現在大阪へ帰っている途上にあるという動作継続の解釈だけでなく，すでに大阪に帰り着いているという結果状態の解釈も可能である。

　さらに次の非対格動詞の「～ている」構文を見てみよう。

　(9)　a．雪／雨が降っている。
　　　 b．水がこぼれている。
　　　 c．夕日が沈んでいる。
　　　 d．川の水かさが増えている。

e．秋が深まっている。

(9a-e)の動詞「降る」,「こぼれる」,「沈む」,「増える」,「深まる」は,いずれも主語指示物の非意図的事象を表わす非対格動詞である。そのため(5)の制約は,これらの例が結果継続のみを表わすと予測する。しかし,これらの例は,結果継続のみならず動作継続も表わし,曖昧である。例えば(9a)は,雪や雨がすでに降り,そのあとの結果状態が継続しているという解釈も可能であるが,雪や雨が現在降り続いているという動作継続の解釈の方が,(多くの話し手にとって)優勢である。また(9b)でも,水がどこかにこぼれた結果状態が残存しているという解釈だけでなく,水が現在こぼれつつあるという動作継続の解釈も可能である。同様に(9c-e)でも,夕日がすでに沈んでしまっていたり,川の水かさがすでに増えた状態にあったり,秋がすでに深まった状態にあるという結果継続の解釈に加え,夕日が現在沈みつつある,川の水かさが現在増え続けている,秋が現在深まりつつあるという,動作継続の解釈も可能である。

「～ている」構文が動作継続と結果継続のどちらになるかは,すでに吉川 (1973),奥田 (1978),工藤 (1991, 1995),三原 (1997) 等で指摘されているように,文中の副詞など,さまざまな要素に影響を受ける。例えば,「～ている」構文が,「ゆっくり」,「少しずつ」,「ひらひらと」,「徐々に」,「次第に」のような副詞と共起すれば,動作継続の解釈が要請され,一方,「もう」,「すっかり」,「とっくに」,「随分と」のような副詞と共起すれば,結果継続の解釈が要請される。次の例を見てみよう。

(10)　a．アイスクリームがゆっくり溶けている。(動作継続)
　　　b．早く食べないから,アイスクリームがもう溶けている。(結果継続)
(11)　a．雪が少しずつ溶けている。(動作継続)
　　　b．雪がすっかり溶けている。(結果継続)
(12)　a．葉っぱがひらひらと落ちている／散っている。(動作継続)
　　　b．葉っぱがすっかり落ちている／散っている。(結果継続)
(13)　a．夕日が徐々に沈んでいる。(動作継続)
　　　b．夕日がとっくに沈んでいる。(結果継続)
(14)　a．秋が次第に深まっている。(動作継続)

b． この辺りは，<u>随分と</u>秋が深まっている。（結果継続）

　(10)-(14)の動詞「溶ける」，「落ちる」，「散る」，「沈む」，「深まる」は，いずれも主語指示物の非意図的事象を表わす非対格動詞である。Hirakawa (2003) では，「～ている」構文と副詞の関係については何も述べられておらず，(5)の制約が提示されているのみである。したがってこの制約は，(10)-(14)の（a）文で，非対格動詞が用いられているにもかかわらず，なぜ動作継続の解釈となるかを説明することができない。[3]

　以上，本節での考察をまとめると，次のようになり，これらの点は，(5)の制約にとって問題となることを示した。(ⅰ)(6a-e)のように，非能格動詞の「～ている」構文でも，結果継続を表わす場合がある。(ⅱ)(7a-i)のように，非対格動詞の「～ている」構文でも，動作継続を表わす場合がある。(ⅲ)(8a-c)，(9a-e)の非能格動詞と非対格動詞の「～ている」構文のように，動作継続と結果継続の両方の解釈が可能となる場合がある。(ⅳ)動作継続か結果継続かは，(10)-(14)に示したように，文中の副詞などに大きな影響を受ける。[4][5]

3．工藤 (1991, 1995) の分析

　本節では，工藤 (1991, 1995) の分析を概観するが，その前に，その導入となる金田一 (1950) の動詞4分類を見ておこう。金田一 (1950) は，よく知られているように，「状態」，「行為」，「変化」というようなアスペクトの観点に注目し，動詞に「～ている」がつくかどうか，また，「～ている」がつく場合にはどのような意味になるかを考察し，動詞を次の4種類に分類した。

(15)　a．第1種「状態動詞」：時間の観念を超越して，本来的に状態を表わす動詞で，「～ている」がつかない。
　　　　　例：ある，できる，要する，(ナイフが) 切れる，(親父は) 話せる (cf. *あっている)
　　　b．第2種「継続動詞」：ある時間内に継続して行なわれるような動作・作用を表わし，「～ている」がつくと，<u>動作が進行中</u>（動作継続）であることを意味する。
　　　　　例：歩く，話す，泳ぐ，燃える，(雨が) 降る，食べる，

書く，洗う，押す，教える，運転する，勉強する
　　　c．第3種「瞬間動詞」：瞬間に終わってしまうような動作・作用を表わし，「～ている」がつくと，その動作・作用の結果の残存（結果継続）を意味する。
　　　　　例：消える，死ぬ，見つかる，届く，決まる，忘れる，到着する，知る，分かる，触る，結婚する，（雨などが）やむ
　　　d．第4種動詞：いつも「～ている」の形で用いられ，ある状態を帯びていることを表わす。
　　　　　例：（山が）そびえる，優れる，似る，ずば抜ける，富む，ばかげる，ありふれる

第1種「状態動詞」は「～ている」形にならず，第4種動詞は「～ている」形でしか用いられないと考えられている。第2種「継続動詞」と第3種「瞬間動詞」は，動作・作用を表わす動詞で，金田一（1950）は，継続動詞に「～ている」がつくと動作継続を，瞬間動詞に「～ている」がつくと結果継続を表わすと規定した。

　しかし，藤井（1966），奥田（1978）等その後の多くの研究によって指摘されてきたように，ある動作・作用が表わす時間の長さによって「継続動詞」と「瞬間動詞」を区別し，これらの動詞が「～ている」を伴って用いられると，それぞれ動作継続と結果継続を表わすと規定することには，幾つかの問題がある。例えば，「太る」，「痩せる」，「（頭が）はげる」，「枯れる」，「しおれる」などが表わす動作・作用は，瞬間的なものではなく，時間を要するものなので，これらの動詞は継続動詞である。しかし，これらが「～ている」を伴うと，次に示すように，金田一（1950）の予測に反して結果継続の意味になる。

　(16)　a．あの人は太っている／痩せている。（結果継続）
　　　　b．おじいさんは，頭がはげている。（結果継続）
　　　　c．花が枯れている／しおれている。（結果継続）

逆に，「（病気が）癒える，治る」，「目撃する」などは，金田一（1950）や藤井（1966）が瞬間動詞としてあげているものであるが，「～ている」

を伴う次の文は，結果継続とは異なる意味を表わす。

(17)　a．心の傷が少しずつ癒えている。(動作継続)
　　　b．病気が徐々に治っている。(動作継続)
　　　c．私は犯人を目撃している。(パーフェクト性／経験)

(17a, b)は，「少しずつ」，「徐々に」という副詞があるため，心の傷が癒えつつある，病気が治りつつある，という動作継続として解釈される。さらに藤井 (1966)，三原 (1997 : 116) は，(17c)のような文が，結果継続ではなく，「パーフェクト（完了）性」，「経験」（さらに「効力持続」）と呼べる意味（つまり，話し手が犯人を目撃したという出来事の効果・影響が現在まで続いたり，今話題になっていることと関係があるというような意味）を表わすと指摘している（この意味に関しては，5節を参照）。

　以上，(16a-c)，(17a-c)より，継続動詞の「～ている」構文でも，動作継続だけでなく，結果継続を表わす場合があり，瞬間動詞の「～ている」構文でも，結果継続だけでなく，動作継続（や他の意味）を表わす場合があることが分かる。したがって，金田一 (1950) の継続動詞と瞬間動詞の区別も，動詞の区別にとって極めて重要ではあるものの，「～ている」構文の意味を的確に捉えるものではないと言える（金田一の動詞4分類とその問題点については，奥田 (1978)，藤井 (1966)，工藤 (1991, 1995) 等を参照されたい）。[6]

　奥田 (1978) は，金田一 (1950) が「時間の長さ」という意味的特徴によって「継続動詞」と「瞬間動詞」を区別したのに対し，「主体の動作」か「主体の変化」かという意味特徴によって動詞を分類した。工藤 (1991, 1995) は，この「動作／変化」という意味特徴に，「主体」か「客体」かという意味特徴を加え，動詞を次の3つに大きく区分けした（詳細は，工藤 (1995 : 71-78) を参照）。

(18)　主体動作・客体変化動詞（他動詞）：開ける，折る，消す，倒す，曲げる，入れる，並べる，抜く，出す，運ぶ，作る，等
(19)　主体変化動詞（自動詞）
　　　a．人の意志的な変化動詞：行く，来る，帰る，立つ，並ぶ，曲がる，入る，出る，もたれる，つかまる，乗る，就職す

る，離婚する，等
- b．ものの無意志的な変化動詞：開く，死ぬ，しぼむ，折れる，消える，腐る，崩れる，溶ける，治る，煮える，沸く，広がる，太る，焼ける，落ちる，抜ける，重なる，積もる，集まる，生まれる，現われる，等

(20) 主体動作動詞
- a．他動詞：動かす，回す，叩く，殴る，押す，蹴る，食べる，言う，比べる，聞く，調べる，数える，尋ねる，伝える，歌う，読む，等
- b．自動詞（A）［人の意志的動作動詞］：遊ぶ，動く，暴れる，歩く，泳ぐ，這う，ぶらつく，働く，急ぐ，喧嘩する，走る，すずむ，通る，等
- c．自動詞（B）［ものの非意志的な動き動詞］：流れる，揺れる，鳴る，燃える，さえずる，もがく，笑う，降る，響く，はやる，そよぐ，きらめく，くすぶる，泣く，等

工藤（1991, 1995）は，(18)-(20)の動詞分類に基づき，これらの動詞が「～ている」を伴うと，次のような意味になると主張している。

(21)
- a．主体動作・客体変化動詞（cf. 18）：動作継続（能動）／結果継続（受動）
- b．主体変化動詞（cf. 19）：結果継続
- c．主体動作動詞（cf. 20）：動作継続（能動・受動）

工藤は，(21a)に示されているように，主体動作・客体変化動詞（つまり，主語指示物が目的語指示物に動作・作用を加えることによって，目的語指示物が何らかの変化をすることを表わす他動詞）が「～ている」を伴い，それが能動文であれば，次の(22a, b)のように動作継続を，受身文であれば，(23a, b)のように結果継続を表わすと主張する（例文は工藤（1991：9, 1995：83）による）。[7]

(22)
- a．花子さんが窓を開けている。（能動：動作継続）
- b．花子がお皿を並べている。（能動：動作継続）

(23)
- a．窓が開けられている。（受動：結果継続）

　　　　b．お皿が並べられている。（受動：結果継続）

　さらに工藤は，(21b)に示されているように，主体変化動詞（主語指示物の変化を表わす自動詞）が「～ている」を伴うと，(24a, b)に例示されているように結果継続を表わし，主体動作動詞（主語指示物の動作・作用を表わす自・他動詞）が「～ている」を伴うと，(21c)に示されているように，能動文であれ受身文であれ，(25a-c)に例示されているように動作継続を表わすと主張する（例文は工藤（1991：7, 9, 1995：84, 86）による）。[8)9)]

(24)　a．お皿が並んでいる。（結果継続）
　　　b．後悔したってその時はどうせ死んでいるわ。（結果継続）
(25)　a．次郎が花子を叩いている。（動作継続）
　　　b．花子が次郎に叩かれている。（動作継続）
　　　c．1時間たてば銀座を歩いているんだわ。（動作継続）

4．さらなるデータの検討

　工藤（1991, 1995）の上記の分析は，入念な動詞分類に基づく極めて重要な研究であるが，「～ている」構文の例をさらに調べてみると，それでもなお処理できない例があることに気づく。まず，工藤は，主体動作・客体変化動詞の能動形が「～ている」を伴って用いられている場合，動作継続を表わすと主張しているが，次の文は，いずれも曖昧で，動作継続だけでなく，結果継続の解釈も可能である。

(26)　a．太郎が腕をまくっている。（動作／結果）
　　　b．子供が部屋を散らかしている。（動作／結果）
　　　c．太郎が自分の部屋のドアを閉めている。（動作／結果）
　　　d．その子は，教科書にしおりをはさんでいる。（動作／結果）
　　　e．その子は，かばんにキーホルダーをつけている。（動作／結果）

(26a-e)の動詞「まくる」，「散らかす」，「閉める」，「はさむ」，「つける」は，いずれも主体動作・客体変化動詞である（工藤（1995：73-74）参照）。しかし，これらの文は，動作継続だけでなく，結果継続も表わし，

むしろ後者の解釈の方が優勢である。例えば(26a)は、腕（服の腕の部分）をまくるという太郎の動作が現在進行しているという意味だけでなく、すでに腕をまくった結果状態が継続しているという意味もあり、後者の解釈の方がむしろ優勢である。(26b-e)についても同様のことが言える。

　工藤は、主体動作・客体変化動詞の受身形が「〜ている」を伴って用いられると、結果継続を表わすと主張しているが、次の文はいずれも曖昧で、結果継続だけでなく、動作継続の解釈も可能である。

(27) a．卒業式のために、椅子が体育館に並べられている。（動作／結果）
　　 b．お正月を前に、羽子板が作られている。（動作／結果）
　　 c．救援物資が被災地に運ばれている。（動作／結果）
　　 d．畑に野菜の種がまかれている。（動作／結果）
　　 e．八十八夜が過ぎ、お茶が摘まれている。（動作／結果）

(27a-e)の動詞「並べる」、「作る」、「運ぶ」、「まく」、「摘む」は、いずれも主体動作・客体変化動詞である（工藤（1995：73-74）参照）。しかしこれらの文は、結果継続だけでなく、動作継続も表わす。特に(27b, e)は、動作継続の解釈が優勢で、結果継続の解釈は、可能であるとしても極めて弱い。

　さらに工藤（1991, 1995）は、主体変化動詞が「〜ている」を伴うと、結果継続を表わすと主張しているが、次の文はいずれも動作継続を表わしている。

(28) a．水道の蛇口から水が出ている。（動作継続）
　　 b．お湯が沸いているよ。ガスを消して！（動作継続）
　　 c．電車が近づいています。黄色の線より下がってお待ち下さい。（動作継続）
　　 d．乗客が駅の階段を上がっている。（動作継続）
(29) a．雪が少しずつ溶けている。（動作継続）
　　 b．噂が日ごとに広がっている。（動作継続）
　　 c．葉っぱがひらひらと落ちている。（動作継続）

　　　　d．生徒が次々と講堂に集まっている。(動作継続)

(28a-d), (29a-d)の動詞は，いずれも主体変化動詞である（工藤(1995：72, 74-75) 参照)。しかし，(28a-d)の「～ている」構文は，いずれも動作継続を表わし，(29a-d)の「～ている」構文も，副詞「少しずつ」，「日ごとに」，「ひらひらと」，「次々と」があるために，動作継続を表わしている。

　最後に，工藤は，主体動作動詞が「～ている」を伴うと，能動文であれ受身文であれ，動作継続を表わすと主張しているが，次の文はいずれも結果継続を表わしている。

(30)　a．昨夜の地震でタンスが少し動いている。(結果継続)（三原1997：117)
　　　b．昨日の洪水で，ここに架かっていた橋が流れている。(結果継続)
　　　c．チーズがかじられている。(結果継続)
　　　d．種をまいたばかりの畑が，知らない間に何者かに踏まれている。(結果継続)
(31)　a．雪が10センチは降っている。(結果継続)
　　　b．情報がすでに流れている。(結果継続)
　　　c．私がもうテーブルの上は拭いている。(結果継続)
　　　d．その手紙はもう燃やされている。(結果継続)

(30a-d), (31a-d)の動詞は，いずれも主体動作動詞である（工藤(1995：72, 75-76) 参照)。しかし，(30a-d)の「～ている」構文は，いずれも結果継続を表わし，(31a-d)の「～ている」構文も，「10センチは」，「すでに」，「もう」があるため，結果継続を表わしている。

　工藤（1991, 1995）の分析は，動詞のアスペクトに注目した入念な分析であり，極めて示唆に富むものであるが，それでも(26)-(31)に示した事実は，この分析がなお「～ている」構文の意味を十分には捉えていないことを示している。

5．「～ている」構文の意味的・機能的分析
5.1．「～ている」形の表わす意味

「～ている」形が表わす動作継続と結果継続の意味を図示してみると，次のようになる（～～～は動作の継続を，―――は状態の継続を，そして●は動作・作用を示すものとする）。

(32)　a．花子がピアノを弾いている。（動作継続）
　　　b．子供たちが踊っている。（動作継続）
　　　c．犬が吠えている。（動作継続）
(33)　花子がピアノを弾いている。（＝32a）

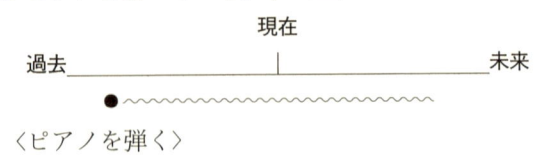

```
                    現在
      過去_____|_____未来
              ●～～～～～～～～～～～
            〈ピアノを弾く〉
```

　　　　主体の継続的動作によって形成される連続体

(34)　a．人が道に倒れている。（結果継続）
　　　b．荷物が届いている。（結果継続）
　　　c．子供が千円札を握っている。（結果継続）
(35)　人が道に倒れている。（＝34a）

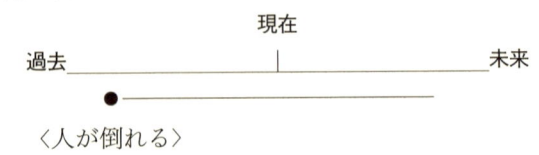

```
                    現在
      過去_____|_____未来
              ●―――――――――
            〈人が倒れる〉
```

　主体の動作・作用の後に生じる結果状態によって形成される連続体

(33)（＝32a）では，ピアノを弾くという動作が，発話の時点で進行していることを表わす。つまり，「～ている」形は，動作の連続体（継続）を表わす。(32b, c)も同様である。一方，(35)（＝34a）では，過去において人が倒れるという事象が起こり，倒れた状態が発話の時点まで継続していることを表わす。つまり，この文の「～ている」形は，状態の連続体（継続）を表わす。(34b, c)も同様である。そして，(33)，(35)から分かる

ように,「～ている」形は,動作継続であれ結果継続であれ,動作や状態の連続体(継続)を表わす。

さて,「～ている」形は,動作継続や結果継続とは異なる意味も表わし得る。工藤(1995)は,「～ている」形の基本的意味は,動作継続と結果継続であるとし,派生的意味として,「単なる状態」(状態持続),「反復性」,「パーフェクト性」(効力持続)(括弧内は三原(1997)の用語)の3つを持つとしている(吉川(1976),奥田(1978)等も参照,以下の例文は私たちのもの)。[10]

(36) 「単なる状態」(状態持続)
　　a．広島県は瀬戸内海に面している。
　　b．この道は神戸に通じている。
　　c．山田は鼻がとがっている。
(37) 「反復性」
　　a．私は聖書を毎日読んでいる。
　　b．ファンからの応援メールが続々と届いている。
　　c．イラクではアメリカ兵が次々と死んでいる。
(38) 「パーフェクト性」(効力持続)
　　a．アガサ・クリスティは,短編の推理小説も書いている。
　　b．朝ごはんはとっくに食べている。
　　c．あの疲れようでは,彼はもう30キロは走っているよ。
　　d．私が畑にやっと種をまいたのに,もう犬が歩いているわ。

金田一(1955)は,(36)の「単なる状態」が,「現象の起こり終わりということを考えずに,ある状態にあることを表わす形」であると述べ,工藤(1995:39)は,「単なる状態」が,「もはや時間の中での展開性を問題にしなくなって,ものの性質や,空間的配置関係を捉えるものである」と述べている。しかし,私たちはここで,「単なる状態」と従来考えられている(36a-c)のような例が,厳密には,(35)の結果継続の解釈(またはその派生形)と考えられることを指摘したい。例えば,(36a)の「広島県は瀬戸内海に面している」は,天地創造の時点で,今広島県と呼ばれる地域が,今瀬戸内海と呼ばれる海に向かい合い,その結果状態が現在にまで及んでいるということである。また(36b)の「この道は神戸に通じている」

も，神戸に通じる道路ができあがった時点がはるか以前にあり，その道路ができた結果状態が現在にまで及んでいるということである。(36c)の「山田は鼻がとがっている」も，例えば，「山田が生まれたとき」の時点で，その状態が発生し，その状態が現在にまで及んでいるということである。したがって，例えば(36a)を図示すると，次のようになる。

(39)　広島県は瀬戸内海に面している。(＝36a)

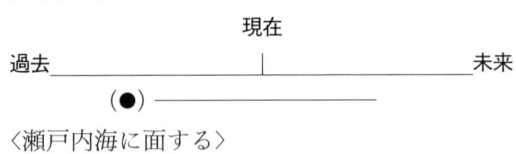

```
                   現在
過去_____|_____未来
       (●)―――――――――――――――
   〈瀬戸内海に面する〉
```

ある作用・動作の結果状態によって形成される連続体

(39)から分かるように，(36a-c)のような例は，(35)の「人が道に倒れている」で示したように，動作・作用を示す黒丸（●）が，「天地創造のとき」とか「生まれたとき」とかの時点で存在し，その結果状態が現在まで連続体を成す，結果継続の解釈（またはその派生形）であると捉えられる。ただ，黒丸が示す動作・作用は，現在から考えてはるか以前のため，括弧に入れて示す。また，このような「単なる状態」を表わす動詞は，生まれつきの形態を表わすものであったり，その状態に至る動作や作用が，天地創造のときとかであり，ある瞬時的動作・作用の後に生じる結果状態を表わす到達動詞（achievement verb）に限定される。[11][12][13]

　次に，「反復性」の(37a, b)を図示すると，次のようになる。

(40)　私は聖書を毎日読んでいる。(＝37a)

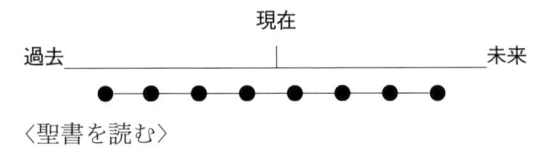

```
                   現在
過去_____|_____未来
        ● ● ● ● ● ● ●
   〈聖書を読む〉
```

同一主体の断続的な動作の連続体

(41)　ファンからの応援メールが続々と届いている。(＝37b)

第4章 「〜ている」構文　　　*117*

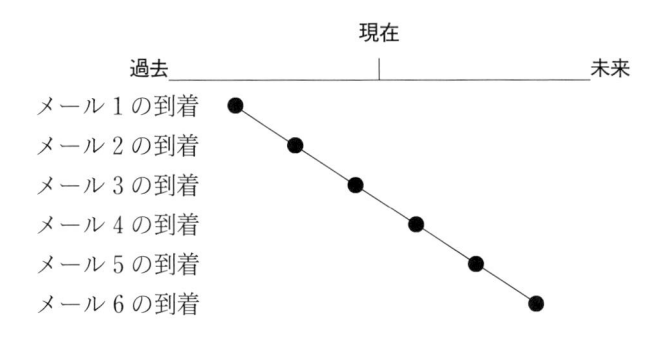

```
                    現在
過去_____|_____未来
メール1の到着  ●
メール2の到着      ●
メール3の到着          ●
メール4の到着              ●
メール5の到着                  ●
メール6の到着                      ●
```

異なる主体の動作・作用によって形成される連続体

(40)(=37a)は，話し手がある時から，例えば1日に1時間聖書を読むという動作を始め，その断続的動作が，今も，そして未来にかけて進行中であることを示す。ただこの場合，発話の時点で実際に話し手が聖書を読んでいるかどうかは問題ではなく，仮にその時点では読んでいなくてもかまわない。一方，(41)(=37b)では，すでに届いている応援メールもあれば，まだ届いていない応援メールもあり，応援メールが順次届いているという，異なる主体による断続的事象が，過去から現時点，そして未来時にかけて進行していることを表わす((37c)も同様である)。そして，(40)，(41)では，主体が同一であるか異なっているかにかかわらず，断続的な動作・作用が連続体を形成していることが分かる。

次に，(38a-d)では，アガサ・クリスティが短編の推理小説を書いたり，話し手が朝食を食べたり，彼が30キロ走ったり，犬が畑を歩いたりしたのは，すでに過去に1回および断続的に生じた出来事であり，その効果・影響が現在まで続いていたり，今話題にしていることに関係していたりすることを示している。(38a)を図示すると，次のようになる。

(42)　アガサ・クリスティは，短編の推理小説も書いている。(=38a)

```
                    現在
過去_____|_____未来
        ●●●
    〈短編の推理小説を書く〉
```

主体の(断続的)動作・作用の後に生じる結果状態によって形成される連続体

(42)は，一定の状態が継続して連続体を形成している(35), (39)と基本的に同じである。

以上から，「～ている」形は，次のような意味を表わすことが分かる。

(43) 「～ている」形の表わす意味：「～ている」形は，ある動作・作用・あるいはその後に生じる結果状態が，「～ている」形が指し示す時点において進行し，連続（継続）していることを表わす。

5.2. 動作継続と結果継続

「～ている」形の表わす意味が(43)のように規定できることが分かったので，次に，動作継続と結果継続の解釈がどのような条件のもとで生じるかを考えよう。まず，次の曖昧文から見てみよう。

(44)　a．桜の花が散っている。（動作／結果）
　　　b．太郎が木に登っている。（動作／結果）（＝8a）
　　　c．雪／雨が降っている。（動作／結果）（＝9a）
　　　d．水がこぼれている。（動作／結果）（＝9b）
　　　e．船が沈んでいる。（動作／結果）
(45)　a．桜の花が散っている：動作継続

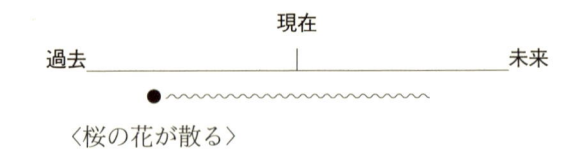

```
                    現在
過去_____|_____未来
          ●〜〜〜〜〜〜〜〜〜〜〜〜〜〜〜
          〈桜の花が散る〉
```

　　　b．桜の花が散っている：結果継続

```
                    現在
過去_____|_____未来
          ●───────────────────────────
          〈桜の花が散る〉
```

(44a)には，(45a, b)に示したように，動作継続と結果継続の解釈がある。なぜなら，「桜の花が散る」という動作・作用は，ほんの短時間で終了するとしても，話し手が発話の時点で，その過程や経過を観察すること

ができ，また，散ったあと，地面に残っている状態を話し手が発話の時点で観察することもできるからである。(44b)でも，話し手は発話の時点で，太郎が木に登りつつある動作の過程を観察することもできるし，太郎が木に登って静止している状態を観察することもできる。よって，この文も曖昧である。(44c-e)の曖昧性も同様に説明することができる。

それでは，次の例を見てみよう。

(46) 瞬間動詞（到達動詞）
 a．太郎が倒れている。（結果継続）
 b．部屋の電気が消えている。（結果継続）
 c．犬が道端で死んでいる。（結果継続）
 d．荷物が届いている。（結果継続）
 e．電車がホームに着いている。（結果継続）
 f．君は僕の足を踏んでいる。（結果継続）

(47) 達成動詞
 a．花が咲いている。（結果継続）
 b．木が枯れている。（結果継続）
 c．おじいさんは，頭がはげている。（結果継続）（＝16b）
 d．あの人は太っている／痩せている。（結果継続）（＝16a）
 e．洗濯を何度もしたので，Tシャツが色あせている。（結果継続）
 f．靴のかかとがすり減っている。（結果継続）

(46a-f)の動詞「（人が）倒れる」，「（電気が）消える」，「死ぬ」，「届く」，「着く」，「踏む」は，その表わす事象が一瞬に成立する瞬間動詞（Vendler (1967)の到達動詞（achievement verb））であり，(47a-f)の動詞「咲く」，「枯れる」，「はげる」，「太る／痩せる」，「色あせる」，「すり減る」は，その表わす事象がある一定時間を経過して成立する達成動詞（accomplishment verb）(Vendler 1967)である。しかし，どちらの場合も，これらの「〜ている」形は結果継続の意味を表わす。これはなぜだろうか。

それは，どちらの場合も，話し手が発話の時点で，これらの動詞の表わす動作・作用の過程・経過を観察することが通例できず，それらの動作・

作用のあとに生じる結果状態のみを観察することができるからである。瞬間動詞は、その表わす事象が一瞬にして成立するため、そもそもその事象が成立するまでの過程や経過がない。よって、話し手は、当然、過程や経過を観察することができず、(46a-f)では、そのあとに生じる結果状態のみを観察できるので、これらの文は結果継続の解釈となる。ただ、例えば、(46a)の「倒れる」でも、人が倒れる場面をスローモーションビデオで見ているような場合は、人が倒れる過程・経過を話し手は発話の時点で観察できるので、(46a)の「太郎が倒れている」は、動作継続の解釈となり得る。また、例えば、狭い場所に多くの人が混雑しあっているような状況で、人が次々と将棋倒しに倒れるような場合なら、その倒れる過程・経過を話し手は発話の時点で観察できるので、「人が倒れている」は、動作継続の解釈となる。

　これに対し、(47a-f)の達成動詞の場合は、それらの表わす事象が成立するまでに一定の過程や経過を経るが、その過程・経過を話し手は発話の時点で通例は観察することができない。例えば、「花が咲く」という動作は、ゆっくりとした過程で、話し手が発話の時点でその経過を観察することは、通例できない。(47b-f)の「枯れる」、「(頭が) はげる」、「太る／痩せる」、「色あせる」、「すり減る」についても同様である。ただ、例えば、花が咲く様子を時間を早め、テレビでその開花の様子を短時間で見るような場合は、その過程を話し手は観察できるので、(47a)は動作継続の解釈となる。

　さらに次の例を見てみよう。

(48)　a．次郎がまばたき／くしゃみをしている。(動作継続)
　　　b．太郎が太鼓を叩いている。(動作継続)
　　　c．犬が吠えている。(動作継続)
(49)　a．赤ちゃんが歩いている。(動作継続)（＝1a)
　　　b．子供たちが踊っている。(動作継続)（＝1b)
　　　c．男の子が遊んでいます。(動作継続)（＝3c)

(48a-c)の「まばたき／くしゃみをする」、「叩く」、「吠える」という動詞は、1回の動作なら一瞬に成立するものの、「～ている」を伴うと、これらの動作が何度も繰り返される動作継続の解釈となる。なぜなら、このよ

うな繰り返される動作の過程・経過は，話し手が発話の時点で観察できるからである。また，(49a–c)も，歩いたり，踊ったり，遊んだりする動作が継続している動作継続を表わし，そのような動作の過程・経過を話し手は発話の時点で観察できる。さらに重要なことに，(48)，(49)の動詞は，主体の動作・作用を表わすのみで，その主体の状態変化を表わさない。そのため，これらの動作・作用が行なわれても，そのあとに主体が変化した状態は示されない。よって，話し手は，当然，発話の時点で変化状態を観察することができず，(48)，(49)は動作継続のみを表わすことになる。

以上から，次の仮説を立てることができる。

(50) 「〜ている」構文の動作継続／結果継続の解釈に課される意味的・機能的制約：動詞が，主体のある動作・作用を表わし，その過程・経過を話し手が発話の時点で観察できれば，「〜ている」構文は動作継続の解釈となる。一方，動詞が，主体の動作・作用を表わし，主体がその動作・作用の結果，状態変化を受け，その変化状態を話し手が発話の時点で観察できれば，「〜ている」構文は結果継続の解釈となる。

(50)の制約を踏まえて，次の例を見てみよう。

(51) a．見て！カタツムリが動いている。(動作継続)
　　 b．見て！小枝が揺れている。(動作継続)
(52) a．昨夜の地震でタンスが少し動いている。(結果継続)(＝30a)
　　 b．*昨夜の風で小枝が少し揺れている。

話し手は，カタツムリが動いたり，小枝が揺れたりしている動作の進行状態を発話の時点で観察することができる。よって(51a, b)は，(50)の制約の予測通り，動作継続となる。一方，話し手はタンスが地震のために動き，状態（位置）が変化した変化状態も観察することができる。(52a)は，「昨夜の地震で」という表現が，結果継続の解釈を要請し，この解釈が(50)の制約に合致しているので，結果継続の解釈となる。一方，小枝は風で揺れても，揺れたあと，状態（や位置）が変化したりはしない。それにもかかわらず，(52b)は，「昨夜の風で」という表現が，結果継続の解

釈を要請し，この解釈が(50)の制約からは生じないので，不適格となる。
さらに次の例を見てみよう。

(53) a． 水が水道の蛇口から落ちている。（動作継続）（＝7f）
b． 雨水が天井から床一面に落ちている。（動作継続／結果継続）
c． 財布が（道路に）落ちている。（結果継続）(cf. 4e)

話し手は，水が水道の蛇口からポトポトと落ちる反復動作を発話の時点で観察できる。しかし，流しに落ちた水は，通例，流れてしまうため，蛇口から落ちた水が流しに留まっている結果状態を話し手は発話の時点で観察できない。よって(53a)は，(50)の制約により，動作継続の解釈となる。一方(53b)では，話し手は，雨水が天井から床一面にポトポト落ちる反復動作だけでなく，雨水が床に落ちて，床が濡れたり，水びたしになっている結果状態も発話の時点で観察できる。よって(53b)は，(53a)と異なり，動作継続だけでなく，結果継続の解釈も得られる。これに対し(53c)では，財布が人のポケット等から道路に落ちるのは，瞬間的動作であり，話し手は通例，発話の時点でその動作の経過を観察することができない。しかし，財布が落ちて道路にある結果状態は観察することができる。よって(53c)は，(50)の制約により，結果継続の解釈となる。

さらに次の文を見てみよう。

(54) a． 雪がしんしんと降っている。（動作継続）
b． 雪が10センチは降っている。（結果継続）
(10) a． アイスクリームがゆっくり溶けている。（動作継続）
b． 早く食べないから，アイスクリームがもう溶けている。（結果継続）
(14) a． 秋が次第に深まっている。（動作継続）
b． この辺りは，随分と秋が深まっている。（結果継続）

話し手は，雪が降りつつある進行状態も，雪が降った後の積もっている結果状態も発話の時点で観察することができる。そのため，「雪が降っている」は，(50)の制約により，動作継続と結果継続の両方の解釈がある。ただ，(54a)では，「しんしんと」が動作継続の解釈を要請し，(54b)では，

「10センチは」が結果継続の解釈を要請するため，もう一方の解釈が排除されて，これらの解釈のみとなる。(10a, b)，(14a, b)（および，副詞や文脈により，片方の解釈が要請される他の例）も同様に説明される。

最後に，次の例を見てみよう。

(55) a． 風が吹いている。(動作継続)（＝7d)
 b． 落ち葉が風に舞っている。(動作継続)（＝7i)
(56) a． 生徒が廊下に立っている。(結果継続)（＝6a)
 b． 花子がソファーに座っている。(結果継続)（＝6d)
(57) a． 太郎が腕をまくっている。(動作／結果)（＝26a)
 b． 卒業式のために，椅子が体育館に並べられている。(動作／結果)（＝27a)

話し手は発話の時点で，風が吹いていたり，地面に落ちた落ち葉が風に舞っていたりする，動作の進行状態を観察することができる。しかし，風は吹いても，その後に状態変化を残さないし，落ち葉が風に舞っても，その後は，また落ち葉が地面に戻るだけで，舞うこと自体は結果状態を示さない。よって(55a, b)は，(50)の制約により，動作継続の解釈のみとなる。一方，話し手は発話の時点で，生徒が廊下に立っていたり，花子がソファーに座っている結果状態を観察することはできるが，生徒が廊下に立つという動作や，花子がソファーに座るという動作は，瞬間的動作であるため，それらを観察することは，通例はできない。よって(56a, b)は，(50)の制約により，結果継続の解釈のみとなる。これに対し(57a, b)では，太郎が腕をまくっている動作の進行状態も，その後に生じる腕がまくられた結果状態も話し手は発話の時点で観察できる。また(57b)でも，椅子が体育館に並べられつつある進行状態も，その後に生じる，椅子が並べられた結果状態も話し手は発話の時点で観察できる。よって(57a, b)は，(50)の制約により，動作継続と結果継続の両方の解釈を持つことになる。

5.3. 「〜ている」構文の他の解釈

私たちは前節で，「〜ている」構文が動作継続と結果継続のどちらの解釈となるかは，(ⅰ)動詞が表わす意味に加え，(ⅱ)副詞などの文脈要素と，(ⅲ)話し手が発話時においてどのような事柄を観察できるかというこ

とに大きく依存していることを示した。本節では，これら3つの要因の相互作用により，「〜ている」構文は，動作継続と結果継続の解釈だけでなく，5.1節で観察した他の解釈も生じることを見ておきたい。

　まず，「〜ている」構文が「単なる状態」（状態持続）を表わす(36a-c)（以下に再録）から見てみよう。

　　(36)　「単なる状態」（状態持続）
　　　　　ａ．広島県は瀬戸内海に面している。
　　　　　ｂ．この道は神戸に通じている。
　　　　　ｃ．山田は鼻がとがっている。

(36a-c)は，すでに観察したように，ある結果状態が現在まで及んでいることを示している。そして話し手は，発話の時点でこのような結果状態を観察することができる。よって，これらの文は状態持続の解釈となる。

　次に，(58)，(59)の(ａ)と(ｂ)を比べてみよう。

　　(58)　ａ．太郎は，<u>先ほどから</u>ここで聖書を読んでいる。（動作継続）
　　　　　ｂ．太郎は，<u>毎日</u>聖書を読んでいる。（反復性）
　　(59)　ａ．<u>一匹の犬</u>が道端で死んでいる。（結果継続）(cf. 46c)
　　　　　ｂ．イラクでは<u>アメリカ兵が次々と</u>死んでいる。（反復性）（＝37c）

「太郎は聖書を読んでいる」という文は，太郎が聖書を読むという動作が，話し手の発話の時点で進行している（動作継続）とも，太郎が聖書を読むという断続的動作が，過去から現在にかけて，そして未来にも進行中である（反復性）とも解釈される（(33)と(40)の図を参照）。ただ，(58a)では，「先ほどから」という副詞が前者の解釈を要請し，(58b)では，「毎日」という副詞が後者の解釈を要請する。(59a)では，一匹の犬が死ぬのは瞬間的事象であるため，話し手は発話の時点でその事象の過程や経過を観察できず，犬の死んだあとの変化状態を観察できるのみである。よって，この文は結果継続の解釈となる。一方(59b)では，「次々と」という副詞が，複数のアメリカ兵の存在を示し，兵士が死ぬという「点的事象」が繰り返されて，連続体を形成している（(41)の図を参照）。よって，この文は反復性の解釈となる。[14]

さらに，次の(a)と(b)を比べてみよう。

(60) a. 太郎は今，朝ごはんを食べている。(動作継続)
　　 b. 太郎はとっくに朝ごはんを食べている。(パーフェクト／効力持続)
(61) a. 花子が泣いている。(動作継続)
　　 b. あの人のせいで，私はもう何度も泣いている。(パーフェクト／効力持続)

「太郎は朝ごはんを食べている」という文は，動作継続と「パーフェクト／効力持続」の両方の解釈を持つが，(60a)では，「今」が前者の解釈を，(60b)では，「とっくに」が後者の解釈を要請する。(61a)では，すでに観察したように，「泣く」が主体の動作を表わし，話し手が発話の時点でその動作が継続している状態を観察できるので，動作継続の解釈となる。それに対し(61b)では，「もう」，「何度も」という副詞が，話し手の泣くという事象が過去において起こったことを示す。そのためこの文は，その事象を現在との関連で，泣いた影響が現在まで続いていることを示し，パーフェクト／効力持続の解釈となる（(42)の図を参照）。

　以上から，「～ている」構文が表わす意味は，単に動作継続と結果継続に限定されるのではなく，動詞が表わす意味，文脈要素から生じる意味，そして，話し手が発話時において，当該の事象をどのように捉え得るかによって，上で述べた5つの解釈のうちから限定されることが分かる。

　最後に，「～ている」構文の「パーフェクト／効力持続」の解釈に関して一言触れておきたい。まず，次の文を見てみよう。

(62) a. 山田がこの仮説を50年前に提出した。
　　 b. この仮説は，山田によって50年前に提出された。
(63) a. 山田がこの仮説を50年前に提出している。
　　 b. この仮説は，山田によって50年前に提出されている。

(62a, b)は，単に過去の出来事を記述する文であるが，(63a, b)は，すでに観察したように，その出来事の結果や効力・影響が現在まで及んでいることを表わし，「パーフェクト／効力持続」の解釈を持つ。しかしここで，この結果とか，効力・影響とは一体何なのかをもう少し深く考えてお

きたい。
　(62a, b)と(63a, b)を比べてみると，(63a, b)は，(62a, b)と異なり，50年前の仮説の提出が現時点でも有効であるから，山田の仮説を無視してはいけない，その仮説に正当な評価を与えなければならないというような含意を持っている。つまり，話し手は，「～ている」表現を用いることによって，山田の50年前の仮説の正当性が現在まで続いていることを示そうとしていると考えられる。したがって，「～ている」構文が表わす「現在まで及ぶ結果や効力・影響」とは，発話時点における話し手の判断に及ぼす結果や効力・影響でもあるということが分かる。
　この点を確認するために，さらに次の文を見てみよう。

(64)　a．モーツァルトは，8歳のときに最初の交響曲を<u>作曲した</u>。
　　　b．モーツァルトは，8歳のときに最初の交響曲を<u>作曲している</u>。
(65)　a．彼は，直木賞作家としてデビューする前に，すでに50以上もの作品を<u>書いた</u>。
　　　b．彼は，直木賞作家としてデビューする前に，すでに50以上もの作品を<u>書いている</u>。

(64a)，(65a)は，(62a, b)と同様に，単に過去の出来事を記述する文であるが，(64b)，(65b)は，その出来事の結果や効力・影響が現在まで及ぶことによって，例えば，「モーツァルトは天童であった」，「彼は天才的作家であった」というような，話し手の発話時点での結論が導き出されていると考えられる。言い換えれば，話し手が，「モーツァルトは天童であった」，「彼は天才的作家であった」というような結論を下す際の証拠として，「～ている」構文の(64b)，(65b)を用いていると言える。
　この点は，次のような例でさらに顕著である。

(66)　山田は北海道帝国大学に赴任草々，一日も早く東京に帰りたい，という手紙を父親に<u>送っている</u>。

この文は，筆者／話し手が，例えば，「山田は北海道でホームシックにかかった」とか，「大学になじめなかった」というような結論を出すときの証拠としてあげている文であると解釈される。つまり，「～ている」構文

が表わす「現在まで及ぶ結果や効力・影響」は，発話時における話し手の判断に及ぼす結果や効力・影響でもあると言える。

6. まとめ

　私たちは本章で，「～ている」構文の表わす意味について考察した。まず1～4節では，先行研究として重要なHirakawa (2003)，金田一 (1950)，工藤 (1991, 1995) の分析を概観し，これらの研究が多くの例を処理できるものの，それでもなお，これらの分析にとって説明できない例や問題となる例があることを示した。そして次に，5.1節で，「～ている」構文が動作継続と結果継続だけでなく，「単なる状態」，「反復性」，「パーフェクト性」も表わすことを観察し，これら5つの意味解釈に共通項として存在する「～ている」形の表わす意味を次のように規定した。

(43) 「～ている」形の表わす意味：「～ている」形は，ある動作・作用・あるいはその後に生じる結果状態が，「～ている」形が指し示す時点において進行し，連続（継続）していることを表わす。

そして5.2節で，「～ている」構文の表わす動作継続と結果継続の解釈がどのような条件のもとで生じるかを考察し，次の仮説を提出した。

(50) 「～ている」構文の動作継続／結果継続の解釈に課される意味的・機能的制約：動詞が，主体のある動作・作用を表わし，その過程・経過を話し手が発話の時点で観察できれば，「～ている」構文は動作継続の解釈となる。一方，動詞が，主体の動作・作用を表わし，主体がその動作・作用の結果，状態変化を受け，その変化状態を話し手が発話の時点で観察できれば，「～ている」構文は結果継続の解釈となる。

　従来，「～ている」構文の意味が動作継続と結果継続のどちらになるかに関して，動詞が表わす意味のみに焦点が当てられる傾向が強かったように思われる。しかし，この問題は，動詞が表わす意味に加えて，副詞などの文脈要素や，話し手の発話時における観察内容も考慮に入れなければ十分に説明できないことを本章では明らかにした。

■第5章

数量詞／副詞の解釈
「子供がいっぱい走った」はなぜ曖昧か

1. はじめに

日本語の「たくさん」や「いっぱい」という表現が用いられた次の文をまず見てみよう。

(1) a. 今日はたくさん歩いたね。
    b. 今日はいっぱい話したね。
(2) a. 庭にバラがたくさん咲いた。
    b. 学生がパーティーにいっぱいやってきた。

(1a, b)でも(2a, b)でも、「たくさん」、「いっぱい」は動詞の直前にあり、統語上は副詞的に用いられている。しかし、(1a, b)の「たくさん」、「いっぱい」は、動詞「歩いた」、「話した」をそれぞれ修飾し、歩いたり話したりした量が多いことを示しているが、(2a, b)の「たくさん」、「いっぱい」は、名詞「バラ」、「学生」をそれぞれ修飾し、バラや学生の数が多いことを示している。つまり、「たくさん」、「いっぱい」が、(1a, b)では「動詞（句）修飾」、(2a, b)では「名詞（句）修飾」となっている。以下、便宜上、前者の用法を「副詞的用法」、後者の用法を「数量詞的用法」と呼ぶことにする。

(1a, b), (2a, b)では、「たくさん」、「いっぱい」が、ともに動詞直前にあるにもかかわらず、前者では動詞を修飾し、後者では名詞を修飾すると解釈されるメカニズムはどのようになっているのだろうか。どのような条件のもとで、「たくさん」、「いっぱい」は、副詞的用法になったり、数量詞的用法になったりするのだろうか。本章ではまずこの問題を考察する（2節-4節）。この現象に関して、影山(1993)、岸本(2003, 2005)は、

動詞の非対格性に基づく統語論的分析を提案しているので，次節ではこの2つの分析を概観し，3節でその分析を検討する。そして4節で，この現象を機能的構文分析の立場から考察する。

本稿で考察するもう1つの現象として，次の例を見てみよう。

(3) a．私は，子供たちにりんごを<u>たくさん</u>／<u>いっぱい</u>買ってやった。
b．バラが庭に<u>たくさん</u>咲いた。(cf. 2 a)

(3a)では，「たくさん」，「いっぱい」が修飾する要素は，直接目的語の「りんご」であって，間接目的語の「子供たち」ではない。つまり，(3a)は，話し手が子供たちに多くのりんごを買ってやったという意味で，話し手がりんごを多くの子供たちに買ってやったという意味ではない。一方(3b)では，「たくさん」が修飾する要素は，主語の「バラ」であって，「庭」ではない。つまり，(3b)は，多くのバラが庭に咲いたという意味で，バラが多くの庭に咲いたという意味ではない。いったい，「たくさん」や「いっぱい」が修飾する要素はどのようにして決まるのだろうか。「たくさん」や「いっぱい」には，修飾できる名詞（句）と修飾できない名詞（句）があるのだろうか。もしあるのなら，それはどのような原則に支配されているのだろうか。5節ではこの問題を考察したい。[1]

2．影山 (1993), 岸本 (2003, 2005) の分析

影山 (1993) と岸本 (2003) は，まず，「たくさん」，「いっぱい」が他動詞の直前にある場合，それらは，直接目的語の指示物の数や量を修飾し，主語指示物の数や量は修飾できないと主張している。まず，次の影山 (1993：54) の例を見てみよう。

(4) a．たくさん飲んだ
b．たくさん読んだ
c．たくさん産んだ

(4a)は，飲んだ物の量がたくさんという意味で，飲んだ人がたくさんという意味ではない。同様に(4b)は，読んだ物の数や量がたくさんという意味で，読んだ人がたくさんという意味ではなく，(4c)も，産まれた子供

がたくさんという意味で，子供を産んだ親がたくさんという意味ではない。つまり，「たくさん」は，(4a-c)で直接目的語を修飾し，主語を修飾してはいない。

　岸本（2003）も同様の観察を行ない，次の例を提示している（岸本（2005）も参照）。

（5）　子供がおもちゃをいっぱい買った。
（6）　a．谷垣先生は，小学生に漢字をいっぱい教えた。
　　　　b．谷垣先生は，小学生をいっぱい教えた。
（7）　a．ジョンは，青いペンキで壁をいっぱい塗った。
　　　　b．ジョンは，壁に青いペンキをいっぱい塗った。

（5）は，子供が多くのおもちゃを買ったという意味で，多くの子供がおもちゃを買ったという意味ではない。また(6a)では，「いっぱい」が，間接目的語の「小学生」ではなく，直接目的語の「漢字」を修飾し，(6b)では，直接目的語の「小学生」を修飾し，「多くの漢字」，「多くの小学生」の解釈がそれぞれ得られる。さらに，動詞の項（＝動詞が必要とする義務的要素）の交替が起こるような，いわゆる「壁塗り構文」においても同様で，(7a)では，「いっぱい」が，場所名詞で直接目的語の「壁」の量を修飾するのに対し，(7b)では，「いっぱい」が，主題名詞で直接目的語の「青いペンキ」の量を修飾している。

　影山（1993）と岸本（2003, 2005）の以上の観察は，次のようにまとめられる。

（8）　直接目的語制約：「たくさん／いっぱい」が意味的に修飾できる
　　　　名詞句は，他動詞文の場合，直接目的語である。

　それでは自動詞の場合はどうだろうか。影山（1993），岸本（2003, 2005）は，「たくさん／いっぱい」が，非能格動詞と共起すると動詞を修飾し，非対格動詞と共起すると主語を修飾すると主張している。[2] まず，非能格動詞に関して，影山（1993：54），岸本（2003：43）の次の例を見てみよう。

（9）　a．たくさん遊んだ

　　　　b．たくさん歩いた
　　　　c．たくさん苦しんだ
　　　　d．スキーでたくさんすべった
　　(10)　a．子供が遊園地でいっぱい遊んだ。
　　　　b．子供がいっぱい走った。

　影山（1993）は，(9a-d)の動詞「遊ぶ」,「歩く」,「苦しむ」,「(スキーで)すべる」は，すべて（主語指示物の意図的行為を表わす）非能格動詞であるとしている。[3] そして(9a)は，遊んだ人がたくさんではなく，遊んだ量がたくさんという意味であり，(9b)も，歩いた人がたくさんではなく，歩いた量がたくさんという意味である。また(9c)も，苦しんだ人がたくさんではなく，苦しんだ量がたくさんという意味であり，(9d)も，スキーをした人がたくさんではなく，スキーをした量がたくさんという意味である。(10a, b)の動詞「遊ぶ」,「走る」も，主語指示物の意図的行為を表わす非能格動詞である。岸本（2003）は，(10a, b)で「いっぱい」が修飾するのは，遊んだり，走ったりした量であり，主語の「子供」の数ではないと述べている。[4] つまり，影山，岸本によれば，非能格動詞の場合は，「たくさん／いっぱい」が副詞的用法のみを持ち，数量詞的用法は持たないということになる。

　次に，非対格動詞に関して，影山（1993：54）の次の例を見てみよう。

　　(11)　a．たくさん産まれた
　　　　b．たくさん亡くなった
　　　　c．たくさん壊れた
　　　　d．その試験にたくさんすべった

(11a-d)の「産まれる」,「亡くなる」,「壊れる」,「(試験に)すべる」は，すべて主語指示物の非意図的事象を表わす非対格動詞である。これらの例で，「たくさん」が修飾するのはすべて主語であり，(11a)は産まれた子供がたくさん，(11b)は亡くなった人がたくさん，(11c)は壊れた物がたくさん，(11d)は試験にすべった人がたくさんという意味である。つまり，(11a-d)の「たくさん」は，統語上は動詞を修飾しているが，意味的にはすべて主語を修飾する数量詞的用法である。

さらに岸本（2003：43-44）の非対格動詞の例を見てみよう。

(12)　ａ．熱帯魚の赤ちゃんがいっぱい産まれた。
　　　ｂ．暑さで野菜がいっぱい腐った。
　　　ｃ．この宇宙には，未知の生き物がまだいっぱい存在するはずだ。

(11a)で見た「産まれる」だけでなく，(12b, c)の「腐る」，「存在する」も，主語指示物の非意図的事象を表わす非対格動詞である。そしてこれらの例でも，「いっぱい」が修飾する要素は，主語の「熱帯魚の赤ちゃん」，「野菜」，「未知の生き物」であり，「いっぱい」は数量詞的用法であって，副詞的用法ではない。

　それではなぜ，「たくさん／いっぱい」は，非能格動詞と共起すると動詞を修飾し，非対格動詞と共起すると主語を修飾するのだろうか。影山(1993)，岸本（2003）はこの点を次のように説明している。非能格動詞の主語は，すでに観察したように，Ｄ構造（基底構造）の段階から一貫して主語位置を占めており，その点で他動詞の主語と共通している。(8)の直接目的語制約によれば，他動詞文の場合，主語は「たくさん／いっぱい」により修飾されないので，この制約を適用すれば，非能格動詞の主語も，「たくさん／いっぱい」には修飾され得ないことになる。よって，「たくさん／いっぱい」が非能格動詞と共起すると，動詞が修飾されることになる。一方，非対格動詞の主語は，Ｄ構造（基底構造）では直接目的語位置にあると考えられているので，(8)の直接目的語制約がＤ構造で働いていると仮定すれば，他動詞と非対格動詞の場合が一律に説明できることになる。よって，「たくさん／いっぱい」が非対格動詞と共起すると，主語(Ｄ構造では直接目的語)が修飾されることになる。これが影山，岸本による説明である。

　影山（1993），岸本（2003, 2005）の以上の考察は，次の仮説に集約できる。

(13)　「たくさん／いっぱい」の解釈に関する非対格性制約：「たくさん／いっぱい」が動詞の直前にある場合，動詞か基底の直接目的語のみを修飾する。すなわち，「たくさん／いっぱい」は，他動

詞の直接目的語や非対格動詞の主語は修飾できるが，他動詞の主語や非能格動詞の主語は修飾できない。

影山 (1993：54) は，(13) の制約を言い換えて，「たくさん／いっぱい」は，次の樹形図において V′内の要素，すなわち，動詞または動詞の姉妹名詞句（目的語）を修飾し，V′内にはない主語などは修飾できないと述べている。

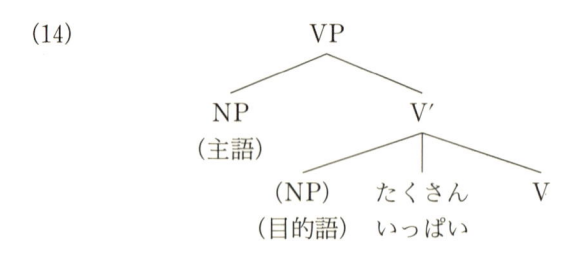

(14)
```
            VP
           /  \
         NP    V′
        (主語) /|\
            (NP) たくさん  V
           (目的語) いっぱい
```

影山 (1993)，岸本 (2003, 2005) は，(13) の制約を支持するさらなる証拠として受身文をあげている。受身文の主語は，D 構造では直接目的語であるため，(13) によれば，「たくさん／いっぱい」に修飾されることになる。次の影山 (1993：55)，岸本 (2003：43) からの受身文を見てみよう。

(15) a. たくさん殺された
　　　b. この店では，新発売のおもちゃがいっぱい買われた。
　　　c. コップが子供によっていっぱい割られた。

(15a) は，殺した側がたくさんではなく，殺された側がたくさんであることを意味し，受身文の主語が「たくさん」により修飾されている。また (15b, c) では，受身文の主語「新発売のおもちゃ」，「コップ」がそれぞれ修飾されている。よって，影山，岸本によれば，(13) の制約が正しいことになる。[5]

影山 (1993：55)，岸本 (2003：50, 註 2，2005：153, 註 8) は，次のように，非能格動詞に「〜ている」がついた例文に触れ，このような例では，「たくさん／いっぱい」が動詞を修飾する副詞的用法ではなく，主語を修飾する数量詞的用法になることを観察している。

(16) a. 海岸で小学生がたくさん泳いでいた。
b. 子供が遊園地でいっぱい遊んでいた。(cf. 10a)

これらの例では,「たくさん／いっぱい」が,泳いだり遊んだりした量を修飾するのではなく,小学生や子供の数を修飾している。この点は,(13)の制約に一見反すると思われる。しかし,影山,岸本は,非能格動詞が「〜ている」を伴うと,「たくさん／いっぱい」が動詞を修飾するのではなく,「〜ている」を修飾しており（影山1993：55）,「〜ている」は非対格動詞である（岸本2003：50,註2）ため,(16a, b)の解釈は,(13)の制約の予測通りであると述べている。

3. さらなるデータの検討

前節で概観した影山(1993),岸本(2003, 2005)の主張は,「たくさん／いっぱい」が動詞の直前に生じる場合,他動詞や非能格動詞の場合は主語が修飾されず,非対格動詞の場合は主語が修飾され,動詞は修飾されないというものである。この主張は,「たくさん／いっぱい」を伴う多くの例を説明することができ,この現象の理解を深める重要な主張であると考えられる。しかし,さらなるデータを考察してみると,これらの主張に反し,「たくさん／いっぱい」が(ⅰ)他動詞の主語を修飾する場合があり,(ⅱ)非能格動詞の主語も修飾する場合があり,さらに(ⅲ)非対格動詞でも,主語ではなく動詞を修飾する場合があることが分かる。本節では,これら3つの場合を順次考察する。

まず,(ⅰ)に関して次の他動詞文を見てみよう。なお,「たくさん／いっぱい」が修飾する要素を波線で示す。

(17) a. 教え子が東大をたくさん受験したが,一人も受からなかった。
b. 学生が私の授業を途中でたくさん辞めたので,教務係から「どういうことですか？」という問い合わせが届いた。
c. 日本人がエンパイア・ステートビルディングをいっぱい訪れるので,ついに日本語のオーディオテープが備え付けられた。
d. ボストンでは日本人が,その番組をいっぱい見たというこ

とである。

これらの例では，目的語の「東大を」，「私の授業を」，「エンパイア・ステートビルディングを」，「その番組を」がいずれも特定の指示物を表わし，「たくさん／いっぱい」によって修飾されることができない。また，「たくさん／いっぱい」は，動詞直前にあるものの，動詞を修飾しているのでもなく，いずれも主語を修飾し，主語指示物の人数が多いことを示している。(17a)は「たくさんの教え子」，(17b)は「たくさんの学生」，(17c, d)は「多くの日本人」という意味である。よって，これらの例から，「たくさん／いっぱい」が他動詞の直前にある場合，主語指示物の数や量を修飾することができないとは言えないことが分かる。

さらに，(ⅱ)に関して次の非能格動詞文を見てみよう（「たくさん／いっぱい」が修飾する要素を波線で示す）。

(18) a． 子供達がプールにいっぱい／たくさん飛び込んだ。
b． 学生達が大使館前にいっぱい／たくさん座り込んで，道路を塞いだ。
c． 最近は子供達が塾にたくさん通うので，学校の先生は教えにくいだろうね。
d． アメリカ人はたくさん離婚するそうですね。
e． 子供がたくさん家出するようになったのは，やはり親の責任でしょうか？
f． 観光客がうちの旅館にたくさん泊まってくれれば嬉しいのですが。
g． 乗客が一度にたくさん乗れば，この船は沈むかも知れません。
h． 女子学生がその提案にたくさん賛成した。
i． (?)兵士が地面にたくさん伏せて，相手の様子をうかがっていた。
j． 虫が外灯の周りにいっぱい集まったら，この殺虫剤をかけて下さい。
k． 労働者が社長にたくさん詰め寄って，賃上げの要求をしていた。

第5章　数量詞／副詞の解釈　　　　　137

　　　１．　　ペット屋の主人は，ペットがいっぱい逃げたので，困っ
　　　　　ていた。

これらの文の動詞「飛び込む」,「座り込む」,「通う」,「離婚する」,「家出
する」,「泊まる」,「乗る」,「賛成する」,「伏せる」,「集まる」,「詰め寄
る」,「逃げる」は，いずれも主語指示物の意図的行為を表わす非能格動詞
である。そして，これらの例の「たくさん／いっぱい」は，このような動
詞が表わす行為の量を修飾しているのではなく，主語指示物の数を修飾し
ている。例えば(18a)は,「多くの子供達がプールに飛び込んだ」という
意味であり，(18b)は,「多くの学生達が大使館前に座り込んで道路を塞
いだ」という意味であり，(18c)の問題となる部分は,「多くの子供達が塾
に通う」という意味である。他の例においても,「たくさん／いっぱい」
が，動詞を修飾するのではなく，主語を修飾している。((18i)は，日本語
として若干の座りの悪さを感じるが，適格文の範囲にあると思われる。)
したがって，(18a-l)の例は，(13)の非対格性制約にとって問題となる。
　最後に，(iii)の非対格動詞の場合を考えてみよう。影山 (1993, 1996)，
Kishimoto (1996)，岸本 (2000, 2003, 2005) は，非能格動詞と非対格
動詞の区別として，その動詞が意図的行為を表わすかどうかを分類基準に
している (註2参照)。そのため,「眠る」,「泣く」,「吐く」のような非意
図的な生理現象を表わす動詞は非対格動詞であると述べている。したがっ
て，彼らの(13)の制約によれば,「たくさん／いっぱい」がこれらの動詞
と共起すれば，主語が修飾されるはずである。しかし，次の例を見てみよ
う。

　　(19)　a．　いっぱい泣いた
　　　　　b．　いっぱい眠ったので，子供達は元気になった。
　　　　　c．　酔っ払いが道路にこんなにいっぱい吐いて，嫌ね！

(19a)は，泣いた量がたくさんという意味で，泣いた人がたくさんという
意味ではない。(19b)も，眠った量がたくさんという意味で，眠った子供
がたくさんという意味ではなく，(19c)も，吐いた量がたくさんという意
味で，酔っ払いがたくさんという意味ではない。つまり，これらの例で
は，非対格動詞が用いられているにもかかわらず，主語ではなく，動詞の

表わす行為の量が「いっぱい」により修飾されている。したがって，非対格動詞でも，動詞が修飾される場合がある。

以上考察したように，「たくさん／いっぱい」は，（ⅰ）他動詞の主語を修飾する場合があり，（ⅱ）非能格動詞の主語も修飾する場合があり，さらに（ⅲ）非対格動詞でも，主語ではなく動詞を修飾する場合がある。それでは，「たくさん／いっぱい」が修飾する要素の決定は，いったいどのような要因に基づいているのだろうか。次節ではこの問題に対して，意味的・機能的分析を提案する。

4. 意味的・機能的説明

これまでの考察から，「たくさん／いっぱい」が文中でどのような働きをしているかに関して，次のようにまとめることができる。

(20) 「たくさん／いっぱい」の基本的機能：「たくさん／いっぱい」には，動詞を修飾する副詞的用法と，名詞を修飾する数量詞的用法がある。前者の機能は，ある<u>動作の量</u>が多いことを示すことであり，後者の機能は，<u>人や物の数</u>（や量）が多いことを示すことである。

例えば，次の(21a)は副詞的用法であり，「いっぱい」は話した量が多いことを示しており，(21b)は数量詞的用法であり，「いっぱい」はりんごの数が多いことを示している（修飾される要素を波線で示す）。

(21) a. 今日はいっぱい話したね。［副詞的用法］（＝1b）
b. りんごをいっぱい買った。［数量詞的用法］

さて，「たくさん／いっぱい」が動詞を修飾し，その動詞が表わす「動作の量が多い」と言うためには，その動作が，<u>ある一定の時間継続され得るもの</u>でなければならない。例えば(21a)で，「いっぱい話したね」と言えるためには，話す動作，行為がある一定の時間継続しており，その結果，話した量が多いと言える。話す動作，行為が仮に一瞬で終わっておれば，それは当然，「いっぱい話した」とは言えない。したがって，話す行為はいくらでも続けることができるので，次のように，一定の時間的継続を表わす「2時間」のような副詞と共起するが，例えば「買う」というよ

うな動作，行為は，ある物を買った瞬間に成立するため，「2時間」のような時間副詞とは共起しない（Tenny 1994 参照）。

(22) a．私たちは2時間話した。
     b．*私たちは2時間りんごを買った。[6]

動詞が表わす動作が一定時間継続され得るかどうかという点は，Vendler (1967), Dowty (1979) 等の動詞4分類を想起させる（第3章も参照）。Vendler (1967) 等は，動詞を次の4つに分類する。その動詞4分類の中で，ある一定の時間継続可能な動作を表わす動詞は，活動動詞のみである。

(23) a．活動動詞：意図的で，継続可能な動作を表わす動詞
           例：歩く，話す，遊ぶ，走る
     b．状態動詞：一定の状態が継続していることを表わす動詞
           例：いる，ある，存在する，信じる
     c．到達動詞：ある状態に至る終了（完了）点を述べ，結果が瞬時に生じることを表わす動詞
           例：着く，死ぬ，気づく，見つける
     d．達成動詞：ある動作の後，結果／終了に至ることを表わす動詞
           例：教える，殺す，壊す，絵を描く

このような動詞分類の観点から，ある一定時間継続可能な動作を表わす動詞は，活動動詞だけなので，「たくさん／いっぱい」が，動詞を修飾する副詞的用法になるか，名詞を修飾する数量詞的用法になるかに関して，次の暫定的仮説を設けることができる。

(24) 「たくさん／いっぱい」の副詞的／数量詞的用法に課される制約（後に修正）：「たくさん／いっぱい」が，活動動詞とともに用いられると副詞的用法になり，それ以外の動詞とともに用いられると，意味的に不自然でない限り数量詞的用法になる。

この仮説は，次のような例を見る限り，有効であるように思われる。

(25) 活動動詞―副詞的用法
  a．今日はたくさん歩いたね。（＝1a）
  b．今日はいっぱい話したね。（＝1b）
  c．たくさん遊んだ　（＝9a）
  d．スキーでたくさんすべった　（＝9d）
  e．ハワイではいっぱい泳ごうね。
(26) 状態動詞―数量詞的用法
  a．この宇宙には，未知の生き物がまだいっぱい存在するはずだ。（＝12c）
  b．小川にメダカがいっぱいいる。
  c．太郎は美味しいレストランをたくさん知っている。
(27) 到達動詞―数量詞的用法
  a．たくさん産まれた　（＝11a）
  b．たくさん亡くなった　（＝11b）
  c．たくさん壊れた　（＝11c）
  d．その試験にたくさんすべった　（＝11d）
  e．コップがいっぱい割れた。（＝註5の(ib)）
(28) 達成動詞―数量詞的用法
  a．子供がコップをいっぱい割った。（＝註5の(ia)）
  b．学生がパーティーにたくさん／いっぱいやってきた。(cf. 2b)
  c．学生が本をたくさん／いっぱい買った。
  d．谷垣先生は，小学生をいっぱい教えた。（＝6b）
  e．労働者が社長にたくさん詰め寄って，賃上げの要求をしていた。（＝18k）

(25a-e)では，「歩く」，「話す」，「遊ぶ」，「(スキーで)すべる」，「泳ぐ」が，すべて継続可能な動作を表わす活動動詞であり，仮説(24)の予測通り，これらの例では，「たくさん／いっぱい」が動詞の表わす動作の量を修飾しており，副詞的用法である。他方，(26a-c)では，「存在する」，「いる」，「知っている」が状態を表わしており，動作を表わすものではないため，「いっぱい／たくさん」は動詞を修飾しない。それに対し，「いっ

ぱい／たくさん」が主語指示物の数を修飾する解釈は，意味的に不自然ではないので，主語指示物の数が修飾されることになる。また(27a-e)では，「産まれる」，「亡くなる」，「壊れる」，「(試験に)すべる」，「割れる」が，結果が瞬時に生じることを表わす到達動詞であり，継続可能な動作を表わすものではない。よって，「たくさん／いっぱい」は，動詞を修飾せず，(意味的にも不自然でない)主語指示物の数を修飾する解釈となる。さらに(28a-e)では，「割る」，「やってくる」，「買う」，「教える」，「詰め寄る」が，ある動作の後に結果／終了に至ることを表わす達成動詞であり，継続可能な動作を表わすものではない。よって，「たくさん／いっぱい」は，主語や目的語の指示物の数が多いことを表わす数量詞的用法である。

　しかし，(23a)の活動動詞の説明から分かるように，活動動詞は，継続可能な動作を表わすだけでなく，同時に意図的な動作でもあるので，(24)の仮説は，次のような例を説明することができない。

(29) 　a．たくさん苦しんだ　(＝9c)
　　　b．いっぱい泣いた　(＝19a)
　　　c．いっぱい眠ったので，子供達は元気になった。(＝19b)
　　　d．酔っ払いが道路にこんなにいっぱい吐いて，嫌ね！　(＝19c)
　　　e．太郎がレストランでいっぱいげっぷをした／していた。

「苦しむ」，「泣く」，「眠る」，「吐く」，「げっぷをする」は，いずれも主語指示物の非意図的動作，事象を表わすため，これらは活動動詞ではない。それにもかかわらず，これらの例の「たくさん／いっぱい」は，すでに観察したように，動詞を修飾する副詞的用法である。

　しかし，これらの動詞は，活動動詞と重要な共通点を持っている。それは，これらの動詞も活動動詞と同様に，次のように期間を表わす時間表現と共起することから分かるように，ある一定時間継続され得る動作や事象を表わすという点である。

(30) 　a．1年間苦しんだ
　　　b．3時間泣いた／眠った／吐いた／げっぷをした

以上から,「たくさん／いっぱい」の副詞的／数量詞的用法に関して,動詞4分類に基づく(24)の制約を破棄し,次の仮説を提出することができる。

(31) 「たくさん／いっぱい」の副詞的／数量詞的用法に課される制約:「たくさん／いっぱい」が副詞的用法になり得るのは,ある一定時間継続され得る,終了点を持たない動作を表わす動詞(句)とともに用いられるときのみである。それ以外の動詞(句)とともに用いられれば,意味的に不自然でない限り数量詞的用法になる。

ここで注意すべき事柄が2つある。1つは,「吠える」,「ジャンプする」のような動詞である。このような動詞は,それが表わす1回の動作自体は瞬時に終わるが,これらの動作は何度でも繰り返され得るので,(31)の仮説の「ある一定時間継続され得る,終了点を持たない動作」に相当する。よって,これらの動詞が,次のように「たくさん／いっぱい」と共起すると,(31)の仮説が予測するように,「たくさん／いっぱい」は,動詞が表わす動作の量を修飾する副詞的用法となる。

(32) a. その犬がいっぱい吠えたので,恐かった。[副詞的用法]
    b. いっぱいジャンプしたので,疲れたよ。[副詞的用法]

(31)の仮説で注意すべき2つ目の点は,「たくさん／いっぱい」が,ある一定時間継続され得る,終了点を持たない動作を表わす動詞(句)とともに用いられた場合,「たくさん／いっぱい」は,副詞的用法になり得るが,副詞的用法にしかならないとは規定していないという点である。つまり,この場合は,一定の条件のもとで数量詞的用法も可能であり,曖昧性が生じることになる。例えば次の例を見てみよう。

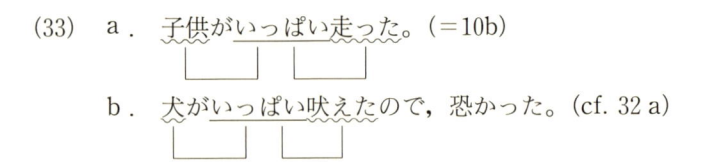

(33) a. 子供がいっぱい走った。(=10b)
    b. 犬がいっぱい吠えたので,恐かった。(cf. 32a)

第5章 数量詞／副詞の解釈　　　143

　　　c．学生がたくさん／いっぱい笑った。

(33a)では，「いっぱい」が走った量を修飾するだけでなく，子供の数を修飾する解釈も可能で，曖昧である（註4参照）。同様に(33b)でも（この文は，子供っぽい発話であるという印象はあるが），「いっぱい」は，犬の吠えた量を修飾するだけでなく，犬の数を修飾する解釈も可能で，曖昧である。また(33c)でも，「たくさん／いっぱい」が笑った量を修飾するだけでなく，学生の数を修飾する解釈も可能で，曖昧である（「たくさん」の場合は，後者の解釈が優勢であると感じられる。また，「いっぱい」は，若干，子供っぽい発話であると感じられる）。[7)8)]

　(31)の仮説は，(24)の動詞4分類に基づく仮説と部分的に共通しているため，(24)の仮説で説明できる(25)-(28)の例を説明できる。そして(31)の仮説は，すでに観察したように，(24)の仮説にとって問題となる(29a-e)の例も容易に説明できる。さらに(31)の仮説は，次のような例も説明できる。

(34)　a．庭にバラがたくさん咲いた。（＝2a)
　　　b．暑さで野菜がいっぱい腐った。（＝12b)
　　　c．教え子が東大をたくさん受験したが，一人も受からなかった。（＝17a)
　　　d．学生が私の授業を途中でたくさん辞めたので，教務係から「どういうことですか？」という問い合わせが届いた。（＝17b)
　　　e．子供達がプールにいっぱい／たくさん飛び込んだ。（＝18a)
　　　f．学生達が大使館前にいっぱい／たくさん座り込んで，道路を塞いだ。（＝18b)

(34a)では，バラが咲いた時点でその事象が終了するため，「たくさん」は動詞を修飾することができず，バラの数を修飾することになる。また(34b, c)でも，野菜が腐ったり，教え子が東大を受験したりした時点で，それらの事象が終了（完了）している。同様に，(34d-f)でも，学生が授

業を辞めたり，子供達がプールに飛び込んだり，学生達が大使館前に座り込んだりした時点で，それらの事象が終了（完了）している。よって，これらの例でも，仮説(31)の予測通り，「たくさん／いっぱい」は動詞を修飾することができず，主語指示物の数を修飾する数量詞的用法であると解釈される。

(31)の仮説は，次のような対比も説明することができる。

(35) a．子供が遊園地でいっぱい走った。［未完了動作／副詞的用法］
b．子供が遊園地へいっぱい走っていった／走ってきた。［完了動作／数量詞的用法］

(35a)では，「いっぱい」が，走った量が多いことを表わす副詞的用法である。一方，「走る」が「いった／きた」を伴う(35b)では，「いっぱい」が子供の数が多いことを表わす数量詞的用法である。(35a)の「走る」は，「遊園地で2時間走った」のような表現が適格であることから分かるように，ある一定時間継続され得る，終了点を持たない動作を表わす。よって(31)の仮説から，(35a)の「いっぱい」は，走った量が多いことを表わす副詞的用法であると説明される。

ここで，(35a)の「いっぱい」が，副詞的用法に加え，子供の数が多いことを表わす数量詞的用法でもあると考えることは，意味的に不自然ではない。しかし(35a)は，(33a-c)とは異なり，「いっぱい」が「走った」とは隣接しているが，「遊園地で」があるため，「子供が」とは隣接していない。このような場合，数量詞的用法が意味的に不自然でなくても，「遊園地で」のような介在要素によって数量詞的用法の解釈がさまたげられ，この解釈は存在しないか，存在するとしても極めて弱いことになる。

一方，(35b)では，「走る」に補助動詞の「いく／くる」がついて，「走っていった／走ってきた」となっている。そしてこの表現は，次の文が不適格であることから分かるように，ある目的地に到着した時点で終了（完了）する動作を表わす。[9]

(36) *遊園地へ2時間走っていった／走ってきた。

よって(31)の仮説から，(35b)の「いっぱい」は，動詞を修飾することが

できず,主語の「子供」の数が多いことを表わす数量詞的用法であると正しく説明される。

(31)の仮説はさらに,次のような対比も説明することができる。

(37)　a．子供が遊園地でいっぱい遊んだ。［未完了動作／副詞的用法］（＝10a）
　　　b．子供が遊園地でいっぱい遊んでいた。
　　　c．太郎がレストランでいっぱいげっぷをしていた。(cf. 29e)

(37a)では,「いっぱい」は,遊んだ量が多いことを示す副詞的用法である。それに対し,「〜ている」を伴う(37b)では,影山(1993),岸本(2003)も指摘しているように((16a, b)参照),「いっぱい」は,子供の数が多いことを示す数量詞的用法となっている。しかし,興味深いことに,「〜ている」を伴う(37c)では,「いっぱい」がげっぷをした量(回数)が多いことを示す副詞的用法となっている。(この例は,影山(1993),岸本(2003)の分析にとって問題となる。)(37a)では,「遊ぶ」が,(35a)の「走る」と同様に,ある一定時間継続され得る,終了点を持たない動作を表わす。よって,「いっぱい」は,遊んだ量が多いことを表わす副詞的用法である(この文に数量詞的用法がないか,あるとしても極めて弱いのは,(35a)と同様に説明される)。これに対し,(37b)の「遊んでいた」という表現は,話し手が観察した時点での,子供達の動作を述べており,その動作の継続の量が多かったかどうかは分からない。つまり,(37b)は,子供達が遊んでいる一時点での状態を話し手が観察し,その状態を述べた文である。そのため,話し手は,子供達が遊んでいる動作を継続的には観察していないので,遊んだ量が多かったとは言えない。よって,「いっぱい」は動詞を修飾することができず,主語の「子供」の数を修飾する。一方(37c)では,「げっぷをする」が瞬間動詞のため,話し手が観察したわずかな瞬間に,げっぷは何回もすることが可能である。よって,話し手が観察した一時点で,そのげっぷの回数が多かったと言えるため,「いっぱい」は動詞を修飾する副詞的用法となる。さらにこの文では,主語が「太郎」という特定の人物であるため,「いっぱい」は数量詞的用法にはなり得ない。

最後に次の対比を見てみよう。

(38)　a．受験生がその試験でたくさんすべった。(cf. 11d)
　　　b．この原っぱで小さい頃，いっぱいすべって遊んだね。

(38a)では，(11d)で見たように，「たくさん」が，主語の「受験生」を修飾する。他方，(38b)では，「いっぱい」が，動詞を修飾し，原っぱですべって遊んだ量が多いことを表わしている。そして(31)の仮説は，この解釈の違いも説明できる。すなわち，(38a)では，受験生が試験に落ちた時点で，その事象が完結しており，継続可能なものではない。一方(38b)では，原っぱですべって遊ぶことが継続可能な動作であり，ある一定時間続けることができる。よって，次のような適格性の違いが生じる。

(39)　a．*受験生がその試験で3時間すべった。
　　　b．この原っぱで3時間すべって遊んだ。

試験にすべるのは，完結事象であり，「3時間」のような表現とは共起せず，(39a)が不適格となる。一方，原っぱですべって遊ぶのは，継続可能な事象であり，「3時間」のような表現と共起して，(39b)が適格となる。よって，仮説(31)の予測通り，(38a)では，「たくさん」が主語の「受験生」を修飾し，(38b)では，「いっぱい」が動詞を修飾する。(38b)では，主語が省略されているが，補うとすれば，「私たち」である。よって，「いっぱい」は，このような特定の人物を修飾することができず，数量詞的用法にはならない。

　以上の考察から，「たくさん／いっぱい」が副詞的用法になるか，数量詞的用法になるかは，その文の動詞句が表わすアスペクトに依存していることが明らかとなった。その動詞句が，ある一定時間継続され得る，終了点を持たない動作を表わせば副詞的用法になり，さもなくば，副詞的用法になれない。「走る」，「歩く」，「踊る」，「泳ぐ」のような典型的な非能格動詞は，継続可能で，終了点を持たない動作を表わすから，「たくさん／いっぱい」に副詞的解釈が得られ，「壊れる」，「亡くなる」，「腐る」，「産まれる」のような典型的な非対格動詞は，状態変化動詞であり，終了点を持つ完結的事象を表わすから，「たくさん／いっぱい」に副詞的解釈が得られない。そのため，(13)の制約に示されているように，「たくさん／いっぱい」の副詞的／数量詞的用法は，一見，非能格動詞と非対格動詞の区

別に依存しているように見える。しかし，非能格動詞でも，「飛び込む」，「家出する」，「泊まる」，「賛成する」，「逃げる」など多くの動詞は完結的事象を表わすため，「たくさん／いっぱい」に副詞的解釈を得ることができない。さらに，非意図的事象を表わすために非対格動詞とみなされる「泣く」，「眠る」，「吐く」などは，繰り返し行なわれる完結動作が一定時間継続され得る動作となるので，「たくさん／いっぱい」に副詞的解釈を与えることが可能となる。したがって，(13)の仮説では，このような点が捉えられないことになる。

5. 「たくさん／いっぱい」に修飾される名詞句とされない名詞句

　私たちは，高見 (1998)，高見・久野 (2002：第8章) で，日本語の数量詞遊離現象を考察し，「3人」，「2本」のような数詞の遊離は，項（＝動詞が必要とする義務的要素）である主語や直接目的語からは可能で，付加詞（＝副詞句などの文の任意要素）でも，その付加詞内の助詞の意味が弱く，形態的には付加詞であるものの，意味的には項として機能しやすい付加詞であれば，その中の名詞句から数詞が遊離できることを観察した。そして，助詞が独自の意味を持ち，純粋な付加詞として機能すればするほど，その中の名詞句から数詞が遊離しにくいことを指摘した。例えば，次の例を見てみよう。

(40)　a．　学生が昨日，3人研究室にやってきた。（主語）
　　　b．　学生が本を昨日3冊買って行った。（直接目的語）
　　　c．　私は，学生のパーティーに3つ行ったが，教授たちのパーティーには顔を出さなかった。（項としての場所句）
　　　　　(cf. Hamano 1997：179)
(41)　a．??/*太郎が花子を英語の先生に3人紹介した。（間接目的語）
　　　b．　*太郎が包丁で2本刺身を作った。（手段の付加詞）
　　　c．　*閣僚が，昨日訪問先の国から2つ日本に戻ってきた。（起点の付加詞）

(40a-c)の数量詞遊離はすべて適格であり，遊離がそれぞれ，主語，直接目的語，場所句から起こっている。そして，これらの名詞句は，いずれも

文の必須要素であるため，項として機能している。他方，(41a-c)の数量詞遊離はすべて不適格であり，遊離がそれぞれ，間接目的語，手段を表わす「で」を伴う付加詞，起点を表わす「から」を伴う付加詞から起こっている。間接目的語は，主語や直接目的語ほどには文の必須要素ではなく，付加詞としての性格を合わせ持っている。よって，数量詞遊離は，付加詞的要素からは難しく，純粋な付加詞からはできないことがわかる。

さて，「たくさん／いっぱい」が修飾する名詞句についても，上と同様のことが言える。次の例を見てみよう（以下，「たくさん／いっぱい」が修飾する要素を波線で示す）。

(42) a．庭にバラがたくさん咲いた。（主語）（＝2a)
　　 b．太郎が本をいっぱい買った。（直接目的語）
　　 c．私は去年，コンサートにたくさん行った。（項としての場所句）

(43) a．僕は，子供達にりんごをたくさんあげた。（間接目的語）
　　 b．私はこれまで学生を大学でたくさん教えた。（場所の付加詞）
　　 c．私は刺身を包丁でたくさん作った。（手段の付加詞）
　　 d．閣僚が外国からたくさん戻ってきた。（起点の付加詞）

(42a-c)から分かるように，「たくさん／いっぱい」は，主語，直接目的語，場所を示す項としての名詞句を修飾することができる。一方，(43a-d)から分かるように，間接目的語や，場所，手段，起点等を表わす付加詞内の名詞句は修飾されず，(43a-d)の「たくさん」は，直接目的語の「りんご」，「学生」，「刺身」，主語の「閣僚」を修飾するのみである。[10]

この点から，数量詞遊離現象と並行して次のことが言える。

(44) 「たくさん／いっぱい」は，項として機能する名詞句ほど修飾し

やすく，付加詞として機能する名詞句ほど修飾しにくい。

 それではなぜ，項として機能する名詞句は「たくさん／いっぱい」により修飾され，付加詞内の名詞句は修飾されないのだろうか。私たちはこの点が，数量詞遊離現象と同様に，「主題化」と関係していると考える。すなわち，「たくさん／いっぱい」により修飾される名詞句は，その「名詞句＋助詞」が，助詞なしで，「名詞句＋ハ」として文頭に移動でき，主題として機能するものでなければならないと考えられる。言い換えれば，「たくさん／いっぱい」により修飾される「名詞句＋助詞」は，その構文法的，意味的機能が，助詞なしでも再構築できなければならない（高見・久野（2002：424-426）参照）。この点を説明するために，まず次の例を見てみよう。

(45) a ． 私の学生は，昨日パーティーにやってきた。
    (cf. 私の学生が，昨日パーティーにやってきた。[「ガ」格主語])
   b ． その本は，太郎が買った。
    (cf. 太郎がその本を買った。[「ヲ」格目的語])
   c ． そのコンサートは，太郎が先日行った。
    (cf. 太郎が先日そのコンサートに行った。[「ニ」格場所句／項])

助詞なしで，名詞の構文法的，意味的機能が再構築できる典型的ケースは，主格の「ガ」と対格の「ヲ」である。(45a)では，「私の学生」が，「ガ」格をとる主語であると容易に理解され（再構築され），(45b)では，「その本」が，「ヲ」格をとる直接目的語であると容易に理解される。また(45c)では，「そのコンサート」が「ニ」格をとる要素であると容易に再構築される。

 一方，間接目的語を示す助詞「ニ」は，再構築が難しく，場所，手段，起点の付加詞を示す「デ」や「カラ」などは，再構築がさらに難しい。

(46) a ．?/?? 子供達は，りんごを昨日あげた。
    (cf. 子供達にりんごを昨日あげた。[「ニ」格間接目的語])

b．??大学は，私はこれまで数学を教えた。
　　　　　(cf. 大学で私はこれまで数学を教えた。[場所／付加詞])
　　　c．*包丁は，私が刺身を作った。
　　　　　(cf. 包丁で私が刺身を作った。[手段／付加詞])
　　　d．*外国は，閣僚が戻ってきた。
　　　　　(cf. 外国から閣僚が戻ってきた。[起点／付加詞])

　(46a-d)が不適格であることから分かるように，(46a)では，「子供達」が「ニ」格をとる間接目的語であると再構築するのが難しく，(46b-d)でも，「大学」，「包丁」，「外国」が，それぞれ場所の「デ」，手段の「デ」，起点の「カラ」をとる要素であると再構築するのがほとんど不可能である。したがって，「たくさん／いっぱい」により修飾できる「名詞句＋助詞」は，その構文法的，意味的機能が，助詞なしでも再構築できるものであり，その名詞句が主題化され得るものでなければならないことが分かる。
　それではなぜ，主題化される名詞句は，「たくさん／いっぱい」により修飾され，主題化されない名詞句は，「たくさん／いっぱい」により修飾されないのだろうか。[11] 主題化が適格となるためには，述部（題述）が，主題として取り立てた名詞句に対する叙述として機能しなければならない。つまり，次のように，主題と題述の間には「主述関係」が成立することになる。[12]

　(47)　私の学生は，昨日パーティーにやってきた。(＝45a)
　　　　主題　　　　　題述

　ここで興味深いことは，「たくさん／いっぱい」を含む次のような文では，主語と述部の間で「一次的主述関係」が成立しているのに加え，「たくさん／いっぱい」が修飾する要素と，「たくさん／いっぱい」の間で，「二次的主述関係」が成立しているという点である。

　(48)　学生がパーティーにたくさんやってきた。
　　　a．学生が／は　パーティーにやってきた。(一次的主述関係)
　　　　　主題　　　　　題述

第5章　数量詞／副詞の解釈　　　151

　　　　b．(パーティーにやってきた)学生が／は　たくさん(だった)。
　　　　　　　　　　　　　　　　　　主題　　　　　　題述
　　　(二次的主述関係)

(49)　私たちは，その農場でりんごをいっぱい採った。
　　　　a．私たちは　その農場でりんごを採った。(一次的主述関係)
　　　　　　主題　　　　　　　題述
　　　　b．(その農場で私たちが採った)りんごは　いっぱい(だった)。
　　　　　　　　　　　　　　　　　　主題　　　　　　　　題述
　　　(二次的主述関係)

(48b)，(49b)から明らかなように，「たくさん／いっぱい」は，主題となる名詞句に対して（二次的な）叙述機能を果たしている。この点は，次の2文に見られる並行関係から一層明らかである。

(50)　a．学生が，裸で　踊った。
　　　　b．学生が，いっぱい　踊った。

(50a)では，学生が踊ったという一次的主述関係に加え，その踊った学生が裸だったという二次的主述関係が述べられ，「裸で」は，二次的述語として機能している。同様に(50b)では，踊った学生がいっぱいだったという二次的主述関係が述べられ，「いっぱい」は，二次的述語として機能している。

　以上の考察から，「たくさん／いっぱい」は，それが修飾する名詞句と二次的主述関係にあることが分かる。そのため，「たくさん／いっぱい」が述部で，それが修飾する名詞句が主部，つまり，主題でなければならない。よって，主題化されない名詞句は，主部としての機能を果たせず，「たくさん／いっぱい」と主述関係を結ぶことができない。そのために，主題化される名詞句のみ，「たくさん／いっぱい」により修飾されることになる。この点から，「たくさん／いっぱい」が修飾できる名詞句に関して次の仮説を立てることができる。

(51)　「たくさん／いっぱい」が修飾する名詞句に課される機能的制
　　　　約：「たくさん／いっぱい」が修飾できる名詞句は，「たくさん／

いっぱい」と主述関係を成すため，「名詞句＋ハ」として文頭に移動でき，主題として機能するものでなければならない．

6．まとめ

　私たちは本章で，「たくさん／いっぱい」という表現が動詞直前にある場合，それが副詞的用法と数量詞的用法のどちらになるかが，どのような条件に支配されているかを考察した．影山 (1993)，岸本 (2003, 2005) は，この問題に対して，（ⅰ）他動詞の場合は，「たくさん／いっぱい」が直接目的語を修飾する数量詞的用法であり，（ⅱ）非対格動詞の場合は，それが主語（基底では直接目的語）を修飾する数量詞的用法であり，（ⅲ）非能格動詞の場合は，それが動詞を修飾する副詞的用法であると主張している．この考察は，「たくさん／いっぱい」の解釈を理解する上で極めて重要で，多くの例を説明できる．しかし，それでもなお，（ⅰ）他動詞の場合でも，「たくさん／いっぱい」が主語を修飾する例があり，（ⅱ）非能格動詞の場合でも，それが主語を修飾する数量詞的用法となる例があり，（ⅲ）非対格動詞の場合でも，それが動詞を修飾する副詞的用法となる例があることを指摘した．そして，「たくさん／いっぱい」が副詞的用法になるか，数量詞的用法になるかは，その文の動詞（句）が表わすアスペクトに依存しており，その動詞（句）が，ある一定時間継続され得る，終了（完了）点を持たない動作を表わすかどうかに依拠していることを示し，次の仮説を提出した．

(31) 「たくさん／いっぱい」の副詞的／数量詞的用法に課される制約：「たくさん／いっぱい」が副詞的用法になり得るのは，ある一定時間継続され得る，終了点を持たない動作を表わす動詞（句）とともに用いられるときのみである．それ以外の動詞（句）とともに用いられれば，意味的に不自然でない限り数量詞的用法になる．

　私たちはさらに，「たくさん／いっぱい」は，文中のどの名詞句でも修飾できるわけではなく，項として機能する名詞句ほど修飾しやすく，付加詞として機能する名詞句ほど修飾しにくいことを示した．そしてこの点が，「主題」という概念と関連していることを観察し，「たくさん／いっぱ

い」が修飾する名詞句に対して，次の機能的制約を提出した。[13]

(51) 「たくさん／いっぱい」が修飾する名詞句に課される機能的制約：「たくさん／いっぱい」が修飾できる名詞句は，「たくさん／いっぱい」と主述関係を成すため，「名詞句＋ハ」として文頭に移動でき，主題として機能するものでなければならない。

　本章での考察から，「たくさん／いっぱい」が文中のどの要素を修飾するかは，「たくさん／いっぱい」の機能，動詞（句）の表わす意味，それが置かれる文中での位置，ポーズを置く位置など，様々な要因に支配されていることが明らかとなった。したがって，この現象は，純粋な統語論的現象ではなく，統語的要因と非統語的要因が相互に関連しあって決定づけられる複合的現象であると結論づけられる。

■第6章

総称 PRO の生起

「夜中に現われることがよくある」はなぜ不適格文か

1. はじめに

　(1a, b)のような不定詞節や動名詞節などの非定形節（時制が示されない節）を含む文では，その不定詞節や動名詞節の主語が示されておらず（つまり，音形がない），これまで「意味上の主語」というような用語で呼ばれてきた。

（1）　a． John wants *to leave*.
　　　b． *Smoking* is harmful.

生成文法では一般に，このような音形を持たない意味上の主語に対して，「代名詞的照応形」(pronominal anaphor)と呼ばれる PRO を仮定し，表層文(1a, b)の基底構造を次のように表記する。

（2）　a． John wants [PRO to leave].
　　　b． [PRO smoking] is harmful.

(2a)で，「立ち去る」のはジョンであるため，PRO（意味上の主語）は主節の主語 John を指す。一方(2b)は，誰がタバコを吸っても有害だと述べているので，PRO（意味上の主語）は特定の人物を指さず，人間一般を意味している。そして，(2b)タイプの PRO は，「総称 (arbitrary) の PRO」と呼ばれる。((1a, b)のような表層文は，(2a, b)の PRO を除けば簡単に得られるので，以下では PRO を含む形のみを主に示すことにする。)

　PRO は，(2a, b)のように，不定詞節や動名詞節など，非定形節の主語位置には生じるが，(3a-c)に示すように，定形節（時制が示されてい

る節)の主語位置には生じず,また,目的語位置や前置詞の目的語位置にも生じない。

(3) a．*PRO likes Mary.
　　 b．*John likes PRO.
　　 c．*Mary sent the package to PRO.

生成文法では,(2a, b)と(3a-c)の適格性の違いは,次の「PROの定理」によって説明される。

(4) PROの定理：PROは統率されてはならない。(Chomsky 1981：191)

ここでは,「統率」という概念の詳細は重要ではない。単に,不定詞節や動名詞節など,非定形節の主語位置は統率されないが,定形節の主語位置,さらに(定形,不定形にかかわらず)動詞の目的語位置や前置詞の目的語位置は統率されると理解するだけで十分である。[1]

さて,Kuroda (1983), Miyagawa (1989), 影山 (1993) 等は,次のような例を提示し,日本語でも総称のPROの生起に関して同様のことが言えると述べている((5a, b)はKuroda (1983：154),(6a, b)は影山 (1993：57) の例)。

(5) a．[PRO 大麻を買う] ことは,禁じられている。
　　 b．*[子供が PRO 買う] ことは,禁じられている。
(6) a．[PRO 子供を育てる] のは難しい。
　　 b．*[親が PRO 育てる] のは難しい。

(5a)のPROは,人間一般を意味し,この文は,「人が大麻を買うことは,禁じられている」と解釈される。一方,(5b)のPROは,品物(購入物)一般を意味することができず,この文は,「子供が品物を買うことは,禁じられている」という解釈をすることができず,不適格である。同様に,(6a)のPROは,人間一般,特に親一般を意味し,「親が子供を育てるのは難しい」と解釈される。一方(6b)のPROは,子供一般を意味することができず,この文は,「親が子供を育てるのは難しい」という解釈をすることができず,不適格である。[2]

Kuroda (1983),影山 (1993) 等は,日本語では,英語と異なり,主語と動詞の間に「一致」(AGR (Agreement)) がない(つまり,主語の人称や単数形・複数形に応じて動詞が変化することはない)ため,主語位置は,定形節であれ非定形節であれ,統率されないと仮定している (4 節の議論も参照)。[3] そのため,(5a),(6a)の「こと」節,「の」節では,総称のPROが主語位置にあり,主語位置は統率されないので,(4)のPROの定理により,これらの文は適格となる。一方,(5b),(6b)の「こと」節,「の」節では,総称のPROが目的語位置にあり,目的語位置は動詞によって統率されるため,これらの文は(4)の定理により不適格になる,というのが Kuroda, Miyagawa, 影山等の主張である。

2. 影山 (1993) の主張 —— 非能格動詞と非対格動詞

影山 (1993:58-59) は,総称のPROが他動詞の主語位置には生じるが,目的語位置には生じないという(5),(6)のような観察に加え,総称のPROは,さらに非能格動詞の主語位置には生じるが,非対格動詞の主語位置には生じないと主張している。次の影山 (1993:58) の例を見てみよう。[4]

(7) a.[PRO 塾に通う]ことがはやっている。(非能格)
　　b.*[原子炉からPRO漏れる]ことは,人類の破滅につながる。(非対格)
(8) a.[江戸時代は50歳代でPRO死ぬ]のが普通だった。(非能格)
　　b.*[江戸時代は50歳代でPRO死亡する]のが普通だった。(非対格)
(9) a.[夜中にPRO騒ぐ]ことは禁止されている。(非能格)
　　b.*[夜中にPRO現われる]ことがよくある。(非対格)
(10) a.[10代にはPRO家出する]ことがよくある。(非能格)
　　b.*[10代にはPRO蒸発する]ことがよくある。(非対格)

(7a),(9a),(10a)の動詞「通う」,「騒ぐ」,「家出する」は,いずれも主語指示物の意図的行為を表わす非能格動詞であると一般に考えられている。これに対し,(8a)の「死ぬ」は,主語指示物の非意図的行為を表わ

すので，非対格動詞ではないかと考えられる。しかし影山 (1993, 1996) は，「死ぬ」は，「早く死ね！」のように命令形が可能であることから，非能格動詞として扱うのが妥当であると主張している。[5] 一方，(8b) の「死亡する」(や「亡くなる」,「死去する」) は，「*早く死亡／死去しろ！」,「*早く亡くなれ！」のように命令形にならないため，非対格動詞であると影山は述べている（影山 (1993：60, 1996：31) 参照）。さらに(7b) の「漏れる」は，主語指示物の非意図的事象を表わす非対格動詞であり，(9b), (10b) の「現われる」,「蒸発する」も，主語指示物の出現や消滅を表わす非対格動詞である。よって影山 (1993) は，非能格動詞が用いられた(7)-(10) の(a) では，PROが総称的に解釈され適格であるが，非対格動詞が用いられた(7)-(10) の(b) では，PROが総称的解釈を持たず，不適格になると述べている。[6]

　以上の影山の主張をまとめると，他動詞の主語と非能格動詞の主語はPROになれるが，他動詞の目的語と非対格動詞の主語はPROになれないということになる。一般に，非能格動詞の主語は，D構造（基底構造）の段階から主語位置にあると考えられ，非対格動詞の主語は，D構造で動詞句内の目的語位置に現われると考えられている（序章，および Perlmutter 1978, Burzio 1986 等を参照）。したがって，他動詞の主語位置と非能格動詞の主語位置は，ともに統率されないので総称のPROが生じるが，非対格動詞の主語は，もともと目的語位置に生じ，その位置は動詞に統率されるので，他動詞の目的語位置と同様に，総称のPROが生じないことになる，と影山は説明している。[7][8]

3．「総称のPRO」が指し示す範囲

　上で観察した次の例を再度見てみよう。

(11)　a．[PRO大麻を買う] ことは，禁じられている。(人間一般)
　　　　　(＝5a)
　　　b．[PRO塾に通う] ことがはやっている。(学童や受験生一
　　　　　般) (＝7a)
　　　c．[10代にはPRO家出する] ことがよくある。(10代の子供
　　　　　一般) (＝10a)

第 6 章　総称 PRO の生起　　　　　　　　　159

(11a–c) を見ると,「総称の PRO」が指し示す人が, (11a) から (11c) へ行くにつれて, 次第にその集合が小さくなり, 限定的になっていることが分かる。(11a) では, 従来から言われてきたように, PRO は, 人間一般を意味している。しかし, (11b, c) の影山 (1993 : 58) の例では, PRO は, 人間一般ではなく, (11b) では学童や受験生一般を意味し, (11c) では 10 代の子供一般を意味している。

　このように, 総称の PRO が指し示す範囲が限定的になるのは, 次のような例では一層顕著である。

(12)　a．［PRO 塾に通う］ことがはやっている。(学童や受験生一般) (＝7 a/11b：影山)
　　　b．［私の学校では PRO 塾に通う］ことが一般的になっている。(話し手の学校の生徒一般)
　　　c．［私のクラスでは PRO 塾に通う］ことが当たり前になっている。(話し手のクラスの生徒一般)
　　　d．［我が家では PRO 毎日夜 10 時に夜食を食べる］ことが習慣になっている。(話し手の家族のメンバー一般)

(12a) の PRO が, 学童や受験生一般を意味するのに対し, (12b, c, d) では,「私の学校では」,「私のクラスでは」,「我が家では」という副詞句があるために, PRO が指し示す集合はさらに限定され, (12b) では, 話し手の学校の生徒一般, (12c) では, 話し手のクラスの生徒一般, (12d) では, 話し手の家族のメンバー一般を意味することになる。

　従来, PRO は,「人間一般」を意味して「総称の PRO」と呼ばれたが, このように, その指し示す集合が次第に限定され小さくなると, 限定の範囲がどこまでであれば,「総称」と呼ばれ, PRO として示されるのかという問題が生じる。しかし影山 (1993) は, このような点については述べていない。そして, (6)–(10) のような例から判断すると, 影山は, PRO の指し示す対象がたとえ限定的になっても, その対象が誰であるか特定されていなければ「総称」であると考え, PRO を用いているように思われる。私たちは, この点はさらなる考察が必要であると考えるが, 本章ではこの点には立ち入らず, 以下, 影山 (1993) の議論に従うことにする。そして, PRO の指し示す集合を極度に限定しない例を用いて, 議論を進める

ことにする。

4. PRO か pro か？

　PRO は英語では，不定詞節や動名詞節など，非定形節，つまりテンス（時制）を持たない節の「空範疇主語」（つまり，音形を持たない，いわゆる「意味上の主語」）に仮定される要素である。日本語でもこれまで，次例のように，「〜始める」，「〜続ける」，「〜終える」，「〜上げる」などの補文には PRO が仮定されてきた。

(13)　a．［太郎$_i$ が［PRO$_i$ 走り］始めた／続けた］。
　　　b．［花子$_i$ が［PRO$_i$ 論文を書き］終えた／上げた］。

(13a, b)では，テンスを持つのは，「始める」，「続ける」，「終える」，「上げる」という主節動詞であり（そのため，「始め<u>た</u>」のような過去形になっている），補文の動詞「走り」，「書き」は連用形で，テンスを持たない。よって，補文の主語に PRO を仮定することが動機づけられる（影山（1993：140-141），三原（1994：71-77）等を参照）。

　さて，英語では，定形節の主語は（日記など，特殊な場合を除き）一般に明示されなければならないが，イタリア語やスペイン語，ギリシャ語のような言語では，定形節の主語が代名詞の場合，その主語が表面に現われない(14a)のような文が用いられる。生成文法では，このような音形のない代名詞主語に対して，(14b)のように，PRO とは異なる pro を仮定する（PRO と区別するために，PRO を'big PRO'，pro を'small pro'とか'little pro'と呼んだりする）。

(14)　a．Ha parlato.（イタリア語）
　　　　　has spoken
　　　　　'He has spoken.'
　　　b．［pro Ha parlato］.

日本語でもこれに対応して，定形節の音形を持たない代名詞主語に pro が仮定され，例えば(15a)の基底構造は(15b)のように表記される。[9]

(15)　a．太郎は，その本を読<u>んだ</u>と言<u>った</u>。

　　　　　b．太郎は［pro その本を読ん<u>だ</u>］と言<u>った</u>。

　そうするとここで，（5）-(10)の「こと」節や「の」節には，非定形節に仮定される PRO が用いられているが，これらの節は本当に非定形節でテンスを持たないのかという疑問が生じる。（5）-(10)では，これらの節の動詞がすべて「ル」形であるため，定形か非定形かが分かりにくい。しかし次に示すように，「こと」節や「の」節は過去を示す「タ」形もとるため，定形節となる場合がある（明示されていない主語を，便宜上，＿で示す）。

(16)　a．［昔は，＿あわやひえを食べ<u>た</u>］ことが，教科書に載っている。
　　　 b．［昔は，＿ローソクの明かりで勉強し<u>た</u>］のを知っていますか。

したがって，(16a, b)の「こと」節，「の」節の明示されていない総称の主語は，PRO ではなく，定形節に仮定される pro であり，その結果，（5）-(10)でも PRO は pro ではないかという疑問が生じる。実際，三原(1994：71-72) は，「こと」節や「の」節が定形節をとることから，次の文を提示し，(5a)とは対照的に pro を仮定している。

(17)　日本では，［pro マリファナを吸う］ことは，禁じられている。

　しかし，Kuroda (1983) は，「こと」節や「の」節が定形か非定形かは問題ではないと言う。英語(やイタリア語)で主語を統率する要素は I(nfl)であるが，厳密にはその I に含まれるTenseではなく，AGR (eement) である（註1，3を参照）。しかし，日本語には主語と動詞の間に一致(agreement) がなく，AGR がないため，仮に定形節であっても，主語は統率されず，そのため(4)の PRO の定理から，総称の PRO を主語位置に仮定することが動機づけられると Kuroda (1983) は主張する（註3を参照）。[10][11]
　私たちは以下で，Kuroda (1983) の主張に従い，(5)-(10)で省略されている要素は，総称を表わす PRO であると仮定して議論を進める。ここに，2節の影山(1993) の主張を以下のようにまとめておこう。

(18) 総称の PRO に課される非能格性制約：総称の PRO は，他動詞と非能格動詞の主語位置には生じるが，他動詞の目的語位置と非対格動詞の主語位置には生じることができない。

5．さらなるデータの検討

本節では，(18)の非能格性制約を検討する。そして，この制約は多くの例を説明できるが，さらにデータを調べてみると，総称の PRO が非対格動詞の主語位置にも生じる場合があることを明らかにする。

まず，次の非対格動詞の例を見てみよう（(19e, f)の PRO の位置は，影山 (1993) の表記に従えば，動詞の直前であろうが，主語は「結核で」，「50 歳代で」よりは前に位置すると考えられるので，その位置に示す（註4 参照））。

(19) a．［大学入試で1回や2回 PRO 落ちる／すべる］のは普通です。
　　 b．［pro$_i$ 転んでも pro$_i$ 転んでも，PRO$_i$ 起き上がる］のが人生。[12]
　　 c．［この坂は PRO 転ぶ］ことがあるので，注意が必要だ。
　　 d．［この池では PRO 溺れる］ことがあるので，泳いではいけません。
　　 e．［昔は PRO 結核で死亡する］ことがよくありましたが，現代ではもうそんなことは考えられません。(cf. 8b)
　　 f．［PRO 50 歳代でぼける］こともあります。
　　 g．［pro$_i$ おもちを一気に食べると，PRO$_i$ 窒息する］ことがあります。
　　 h．［この坂では PRO スリップする／エンストする］ことがあるので，運転には注意が必要だ。
　　 i．以前は，［エベレストで PRO 遭難する］ことがよくあった。
　　 j．最近は，［経済不況やリストラで PRO 首になる］ことがよくある。
　　 k．［pro$_i$ リストラで仕事もなくなり，pro$_i$ 家族から愛想をつ

かされて，突然，PRO_i 蒸発してしまう］ことが，最近多いそうですよ．(cf. 10b)

(19a-k)の下線を引いた動詞「落ちる」，「すべる」，「転ぶ」，「溺れる」，「死亡する」，「ぼける」，「窒息する」，「スリップする」，「エンストする」，「遭難する」，「首になる」，「蒸発する」は，いずれも主語指示物の非意図的事象を表わす非対格動詞である．そして，明示されていない主語は，いずれも総称の PRO の解釈を持つ．例えば(19a)の主語は，受験生一般であるし，(19b-g)では一般の人，(19h)では車全般，(19i)では登山家，(19j)では雇用者，(19k)では，男性の大人であると解釈される．そして，これらの例はまったく適格である．[13]

「こと」節や「の」節は連体形をとるため，これまで見たように，動詞の場合は，「ル」形や「タ」形をとるが，(20a-d)に示すように，形容動詞の場合は，「ナ」形をとる．また，問題の構文には，(20e)に示すように，形容詞の連体形（アクセントの違いを無視すれば，終止形と同じ）も現われる．

(20) a．[PRO 短身な］のは，ジョッキーになる条件の１つです．
b．[PRO 軽重な］ことは，ジョッキーになる条件の１つです．
c．[PRO 他人に親切な］ことは，人生でとても大切なことです．
d．[PRO まわりで起きていることに無関心な］のは，あまり感心できることではありません．
e．[PRO いらだちやすい］ことは，ノイローゼの１つの兆候です．

(20a-e)の「の」節や「こと」節で明示されていない主語は，いずれも総称の PRO の解釈を持ち，人間一般を意味する．ここで，「短身だ」，「軽重だ」，「親切だ」，「無関心だ」，「いらだちやすい」は，人の恒常的状態を表わす形容動詞である．Perlmutter (1978), Perlmutter and Postal (1984) 等によれば，形容詞およびそれに相当する状態動詞は，非対格動詞（述語）として分類されている（序章および影山 (1996：21) も参照）．そのため，(20a-e)の「の」節，「こと」節の形容動詞・形容詞は非対格

動詞(述語)であるということになるが,PROが非対格動詞の主語位置には現われないと規定する非能格性制約(18)は,これらの文をすべて不適格と予測してしまう。

以上,(19a-k),(20a-e)の適格性から,総称のPROは非対格動詞の主語位置にも現われ,非能格性制約(18)は,これらの例を捉えることができないことが分かった。[14]

6. 意味的・機能的代案

文は,形式上,主語の名詞句と,動詞,目的語,副詞句等から成る動詞句の2つの部分に分かれる。しかし,情報構造の観点からは,文は,「~について」と「~を述べる」という2つの部分に分かれ,前者が主題(または話題),後者が題述(または評言)である。[15] 一般に,文の主語はその文の主題に対応し,動詞句は題述を構成する。主題は一般に,聞き手がすでに知っていたり,文脈等から予測できる情報,すなわち旧情報(または重要度の低い情報)であるが,題述は,聞き手がその発話の時点ではまだ知らなかったり,文脈等からは予測できない情報,すなわち新情報(または重要度の高い情報)である。そのため,主題は,省略されても聞き手が復元できる(recoverable)ので,省略されやすく,題述は,省略されると聞き手が復元できないことが多いので,省略されにくい。

この点をもとに次の例を見てみよう(省略要素を φ として示す)。

(21) a. 太郎に電話したら,<u>彼は</u>留守だった。(主語)
b. 太郎に電話したら,φ 留守だった。(主語)
(22) a. 知らない人から,私にぜひ会いたいと言ってきたので,<u>私は</u>会ってやることにした。(主語)
b. 知らない人から,私にぜひ会いたいと言ってきたので,φ 会ってやることにした。(主語)

(21b),(22b)では,(21a),(22a)の主節の<u>主語</u>「彼は」,「私は」が省略されているが,これらの文はまったく自然で適格である。(21b),(22b)は,話し手が太郎に電話をしたとき,太郎がどのような状態にあったか,知らない人が話し手に会いたいと言ってきたので,話し手がどうしたかを述べようとしており,省略された主語の「彼は」,「私は」は,その文の主

題である。そのため，省略されても文脈から予測され，復元できるので，(21b)，(22b)は適格である。

一方，目的語が省略された次の文を見てみよう。

(23) a． 太郎が駅へ行くと，花子が彼を呼び止めた。(目的語)
　　 b． ??太郎が駅へ行くと，花子が φ 呼び止めた。(目的語)
(24) a． 私が銀座の交差点を歩いていたら，交通整理員が私をどなりつけた。(目的語)
　　 b． ??私が銀座の交差点を歩いていたら，交通整理員が φ どなりつけた。(目的語)

(23b)，(24b)では，(23a)，(24a)の主節の目的語「彼を」，「私を」が省略されているが，これらの文は，その目的語を明示しない限り，かなり不自然で不適格である。(23b)，(24b)は，太郎が駅へ行くと，何が起きたか，話し手が銀座の交差点を歩いていたら，何が起きたかを述べようとしているため，「花子が彼を呼び止めた」，「交通整理員が私をどなりつけた」全体が新情報である。そして，この新情報の中でも，省略された目的語は，主語より新情報の程度が高い（より新しい情報）と解釈される。このように，目的語は，文全体が新情報である場合でも，その中で特に新情報の程度が高い情報，つまり焦点（focus）要素として解釈されやすい。そのため，そのような新情報の度合いが高い焦点要素が省略されると，先行文脈にその省略要素の指すものが示されていても，その要素が再び明示されない限り，不自然さを感じることになる。よって，(23b)，(24b)は不適格となる。[16)]

以上の点から，次のことが一般に言える。

(25) 主語は主題であることが一般で，省略されても復元できることが多いので省略されやすいが，目的語は焦点であることが多く，省略されると復元できないことが多いので省略されにくい。

さて，総称のPROは，一般の人や物事を指し示し，それらが明示されていない場合を表わすが，省略される要素は，その指示対象が何であるか聞き手に理解され得るものでなければならない。私たちは，一般の人について，人がどうであるかを述べることが多く，その場合，一般の人は主語

となり，主題として機能する。よって，その主題は明示されず，総称のPROとなり得る。しかし，一般の人や物事が目的語位置に生じると，その位置は題述の一部であり，多くの場合，焦点要素として機能するので，明示されなければその指示対象が何であるか理解できず，不適格となりやすい。この点から，1節で観察した次の対比が説明される。

(5) a．[PRO 大麻を買う] ことは，禁じられている。
　　 b．*[子供が PRO 買う] ことは，禁じられている。
(6) a．[PRO 子供を育てる] のは難しい。
　　 b．*[親が PRO 育てる] のは難しい。

(5a), (6a)の「こと」節，「の」節の中で，総称のPROは主語位置にあり，主題として機能しているので，PROが指し示すものが明示されていなくても，主語は一般の人を指していることが容易に理解できる。よって，これらの文は適格となる((16a, b), (17)も同様に説明される)。一方，(5b), (6b)の「こと」節，「の」節の中では，総称のPROが目的語位置にあり，これらの目的語位置は焦点要素として機能する。そのため，PROが指し示すものが明示されなければ，その指示対象が何であるか理解することができない。よって，これらの文は不適格となる。

　それでは次に，非能格／非対格動詞を含む影山 (1993) の例 (7), (9) (以下に再録) を見てみよう。

(7) a．[PRO 塾に通う] ことがはやっている。(非能格)
　　 b．*[原子炉から PRO 漏れる] ことは，人類の破滅につながる。(非対格)
(9) a．[夜中に PRO 騒ぐ] ことは禁止されている。(非能格)
　　 b．*[夜中に PRO 現われる] ことがよくある。(非対格)

(7a, b)の「こと」節の動詞「通う」，「漏れる」は，どちらも自動詞であるが，その主語PROが焦点であるかどうかに関して，両者には重要な違いがある。(7a)は，人がどこに通うことがはやっているかを述べようとしており，「こと」節の中は「塾に」が焦点であり，PROは焦点ではない。一方(7b)は，原子炉から何が漏れることが人類の破滅につながるかを述べようとしているため，明示されていない主語PROが焦点である。

したがって，両者の適格性の違いから，総称の PRO は，文の非焦点位置には生じるが，焦点位置には生じないことが分かる。(7b)では，焦点となる要素が明示されていないため，先行文脈がない限り，その指示対象が何であるかを理解できないので，この文は不適格であると考えられる。次に(9a)は，人が夜中に<u>どうすることが</u><u>禁止</u>されているか，あるいは，人が<u>いつ</u><u>騒ぐ</u>ことが禁止されているかを述べようとしており，前者では「騒ぐ」，後者では「夜中に」が焦点である。いずれの解釈においても，「こと」節の中の主語は焦点ではない。よって，その主語が明示されなくても，その指示対象が一般の人であることが理解でき，この文は適格になると考えられる。一方(9b)は，夜中に<u>何が</u>現われることがよくあるかを述べようとしている（一般に，存在や出現を表わす文（さらに英語の there 構文など）は，何が存在したり，何が出現したりするかを新情報として提示するため，存在物，出現物が最も重要な情報（焦点要素）になることを想起されたい）。それにもかかわらず，その焦点要素の主語を明示していないので，この文は不適格になると考えられる。[17]

　以上から，次の仮説を立てることができる。

(26)　総称の PRO の生起に課される機能的制約：総称の PRO は，文の非焦点位置に生じ，その指示対象が容易に理解できるものでなければならない。

この仮説をもとに，(19a-k)（以下に再録）を見てみよう。

(19)　a．［大学入試で 1 回や 2 回 PRO <u>落ちる／すべる</u>］のは普通です。
　　　b．［pro_i 転んでも pro_i 転んでも，PRO_i <u>起き上がる</u>］のが人生。
　　　c．［この坂は PRO <u>転ぶ</u>］ことがあるので，注意が必要だ。
　　　d．［この池では PRO <u>溺れる</u>］ことがあるので，泳いではいけません。
　　　e．［昔は PRO 結核で<u>死亡する</u>］ことがよくありましたが，現代ではもうそんなことは考えられません。(cf. 8b)
　　　f．［PRO 50 歳代で<u>ぼける</u>］こともあります。

g．［pro$_i$ おもちを一気に食べると，PRO$_i$ 窒息する］ことがあります。

h．［この坂ではPRO スリップする／エンストする］ことがあるので，運転には注意が必要だ。

i．以前は，［エベレストでPRO 遭難する］ことがよくあった。

j．最近は，［経済不況やリストラでPRO 首になる］ことがよくある。

k．［pro$_i$ リストラで仕事もなくなり，pro$_i$ 家族から愛想をつかされて，突然，PRO$_i$ 蒸発してしまう］ことが，最近多いそうですよ。(cf. 10b)

(19a)は，大学入試でどうなるのが普通であるかを述べようとしている。したがって，「（１回や２回）落ちる／すべる」が文の焦点になっており，主語のPRO は焦点ではない。そして，「大学入試」という表現から，主語は一般の受験生であることが理解できる。よってこの文は，(26)の制約を満たし適格となる。同様に(19b)は，どうするのが人生であるかを述べようとしており，動詞の「転んでも転んでも起き上がる」が焦点であり，主語のPRO やpro は焦点ではない。また(19c, d)は，この坂や池でどうなることがあるかを述べようとしているので，「転ぶ」と「溺れる」が焦点，(19e)は，結核で昔はどうなることがよくあったかを述べようとしているので，「死亡する」が焦点である。また(19f)は，50 歳代でどうなることがあるかを述べようとしているので，「ぼける」が焦点，(19g)は，おもちを一気に食べるとどうなることがあるかを述べようとしているので，「窒息する」が焦点である。さらに(19h)は，この坂でどうなることがあるかを述べようとしているので，「スリップする／エンストする」が焦点であり，(19i)は，エベレストで以前はどうなることがよくあったかを述べようとしているので，「遭難する」が焦点である。これらの文では，主語は焦点ではなく，明示されなくてもその指示対象が容易に理解できるので，(26)の制約を満たして適格となる。(19j, k)でも，「こと」節の中の動詞の部分が焦点として機能しており，同様のことが言えるので，(26)の制約が満たされて適格となる。

同様のことが，適格文(20a-e)（以下に再録）についても言える。

(20) a．[PRO 短身な]のは，ジョッキーになる条件の1つです。
　　 b．[PRO 軽重な]ことは，ジョッキーになる条件の1つです。
　　 c．[PRO 他人に親切な]ことは，人生でとても大切なことです。
　　 d．[PRO まわりで起きていることに無関心な]のは，あまり感心できることではありません。
　　 e．[PRO いらだちやすい]ことは，ノイローゼの1つの兆候です。

(20a, b)は，人がどのような状態にあることがジョッキーになるための条件であるかを述べ，(20c)は，人が他人にどうあることが人生で大切なことかを述べようとしている。したがって，「短身であること」，「軽重であること」，「他人に親切であること」が，これらの文の焦点になっており，主語は焦点ではない。同様に(20d, e)は，人がまわりで起きていることに対してどうあることが感心できることではなく，人がどういう状態にあることがノイローゼの兆候であるかを述べようとしている。したがって，「無関心であること」，「いらだちやすいこと」が，これらの文の焦点になっており，主語は焦点ではない。よってこれらの文では，主語が明示されなくても，その指示対象が容易に理解でき，(26)の制約が満たされて，(20a-e)が適格となる。

次に，影山（1993）が提示した(8a, b)（以下に再録）を見てみよう。

(8) a．[江戸時代は50歳代で PRO 死ぬ]のが普通だった。
　　b．*[江戸時代は50歳代で PRO 死亡する]のが普通だった。

これらの文は，江戸時代には人が何歳ぐらいで死ぬのが普通だったかを述べようとしており，「50歳代で」が焦点要素である。よって，明示されていない主語は焦点ではなく，その指示対象が一般の50歳代の人を指すことが容易に理解できるので，(8a, b)はともに(26)の制約を満たして適格となる。ただ，それにもかかわらず(8b)が不適格なのは，「死亡する」が非対格動詞だからではなく，「死亡する」（や「死去する」）が，「死ぬ」とは異なり，次の適格性から分かるように，もともと総称の主語をとりにく

い動詞であるためだと考えられる。[18]

(27) a ． 江戸時代には，人は50歳代で死ぬのが普通だった。
b ．??江戸時代には，人は50歳代で死亡するのが普通だった。
c ．*江戸時代には，人は50歳代で死去するのが普通だった。

さらに，「死亡する」は，通例，その死因と共起しやすいが，(8b)ではその死因が述べられていないことも，この文の不適格性の理由のひとつであると思われる。そのため，「死亡する」でも(19e)（以下に再録）のように，病名の「結核で」というような表現と共起させれば適格となる。

(19) e ．［昔はPRO結核で死亡する］ことがよくありましたが，現代ではもうそんなことは考えられません。

さらに，影山の提示した(10a, b)（以下に再録）を見てみよう。

(10) a ．［10代にはPRO家出する］ことがよくある。
b ．*［10代にはPRO蒸発する］ことがよくある。

これらの文は，10代の少年少女がどうすることがよくあるかを述べようとしている。したがって，「家出する」，「蒸発する」が焦点となり，主語は明示されなくても，「10代には」とあるため，10代の少年少女であることが容易に推測される。よって，これらの文は(26)の制約を満たして適格となる。ただ，それにもかかわらず(10b)が不適格なのは，「蒸発する」が非対格動詞だからではなく，「蒸発」という現象は，一般に少年少女に対して用いられるものではなく，成人や老人に対して用いられるものであり，「10代には」と「蒸発する」とが調和しないためであると考えられる。その証拠に，(19k)（以下に再録）のように，「蒸発する」を成人に対して用いたり，(10b)を次の(28b)のようにすると適格になる。

(28) a ．［pro_i リストラで仕事もなくなり，pro_i 家族から愛想をつかされて，突然，PRO_i 蒸発してしまう］ことが，最近多いそうですよ。(＝19k)
b ．［10代でPRO蒸発する］なんて，いくら日本がストレスが多いからと言っても，考えられません。

第6章　総称 PRO の生起　　　　　　　　　　171

　　最後に，目的語が明示されていないにもかかわらず，総称の解釈を受けて適格となる次の例（註14 の(ib), (iia-h)）を見てみよう（(30a-h) では，目的語の省略を PRO_{obj} として示し，主語も省略されている場合が多いが，その点は PRO 等としては示さない）。

(29)　［子供が無断で，親のカードを使って PRO 買う］ことは，禁じられている。

(30)　a．PRO_{obj} だますぐらいなら，だまされる方がいいですよ。
　　　b．人生で大切なことは，人から PRO_{obj} 教えてもらうことではなく，自分から PRO_{obj} 学ぶことです。
　　　c．PRO_{obj} 言うは易く，PRO_{obj} 行なうは難し。
　　　d．PRO_{obj} 聞くは一時の恥，PRO_{obj} 聞かぬは一生の恥。
　　　e．PRO_{obj} 習うより，PRO_{obj} 慣れろ。
　　　f．研究者として大切なことは，PRO_{obj} 読むことではなく，PRO_{obj} 書くことです。
　　　g．働かざる者，PRO_{obj} 食うべからず。
　　　h．［PRO_{obj} 食べても PRO_{obj} 食べてもお腹がすく］のが，若者の特徴です。

目的語位置は，本節冒頭で観察したように，文の焦点として機能しやすい。しかし，(29)は，(5b)（＝「*［子供が PRO 買う］ことは，禁じられている」）とは異なり，「無断で，親のカードを使って」があるため，子供がどのような形で買物をすることが禁じられているかを述べようとしている。つまり，「どのような形で」にあたる「無断で，親のカードを使って」の部分が焦点となり，「何を」買うかの目的語は「脱焦点化」されている。よって，目的語が明示されなくても，それが不特定の一般の品物を指していることが容易に理解できるので，この文は(26)の制約を満たして適格となる。

　このような目的語の脱焦点化は，文脈を与えて，動詞を対比的に用いると起こりやすくなる。(30a)では，動詞の「だます」と「だまされる」が対比的に用いられ，文の焦点が目的語から動詞に移っている。そのため，目的語位置に総称の PRO が現われても，焦点要素ではないので，PRO が一般の人を指していることが容易に理解できる。よって，(30a)は適格

となる。同様に(30b)では「人から教えてもらう」と「自分から学ぶ」が対比され，(30c)では「言う」と「行なう」，(30d)では「聞く」と「聞かぬ」，(30e)では「習う」と「慣れる」，(30f)では「読む」と「書く」がそれぞれ対比され，これらの要素が文の焦点となっている。そのため，目的語は脱焦点化され，その指示対象が明示されなくても，それが「聞く，習う，〜に慣れる，読む，書く」という動作の一般ターゲットを表わしていることが容易に理解されるので，これらの文が適格となる。また(30g)では，主語の「働かざる者」が「働く者」と対比的に用いられ，そのような人がどうしてはいけないかを述べている。通例，否定は焦点要素として機能するため，この文では「食うべからず」が焦点として機能する。よって，目的語が焦点ではなくなり，その指示対象が明示されなくても，それが食べるもの一般を指していることが容易に理解できるので，この文は適格となる。また(30h)では，「食べても食べても」と動詞が繰り返されることにより，動詞が強調され，焦点として機能している。よって(30g)と同様に，目的語に総称のPROが現われることができる。[19]

7．まとめ

　本章では，総称のPROが，非能格動詞（や他動詞）の主語位置には生じるが，非対格動詞の主語位置（や他動詞の目的語位置）には生じないとする(18)の非能格性制約について考察した。そして，総称のPROが，非対格動詞の主語位置にも生じる例を指摘し，総称のPROの生起を統語論的にのみ説明することには問題があることを示した。さらに，総称のPROの生起に関して機能論的立場から考察し，「主語は主題であることが一般で，省略されても復元できることが多いので省略されやすいが，目的語は焦点であることが多く，省略されると復元できないことが多いので省略されにくい」（=25）ということが一般的に言えることを示した。そして，総称のPROが生じ得るかどうかは，その位置が文の焦点となっているかどうかに依存していることを示し，次の仮説を提案した。

　(26)　総称のPROの生起に課される機能的制約：総称のPROは，文の非焦点位置に生じ，その指示対象が容易に理解できるものでなければならない。

以上の考察から，総称の PRO の生起は，非能格動詞か非対格動詞か，あるいは主語か目的語かというような文法上の問題ではなく，文の焦点がどこにあるか，そして，明示されていない要素が何であるかを理解できるかどうかという，機能上の問題であると結論づけられる。

■第7章

主語をマークする「ハ・ガ」の省略
「自分より先に子供死ぬのは淋しい」はなぜ不適格文か

1. はじめに

日本語の会話文では，次に示すように，文の主語や目的語が助詞を伴わずに現われることが多い（久野（1973：223）参照）（助詞の部分を＿で示す）。

(1) a. 子供達＿，向こうで本＿読んでるよ。
    b. 僕＿，そのりんご＿食べちゃった。
    c. 山田君＿，3キロメートルも泳いだよ。

(1a, b)では，他動詞「読む」，「食べる」の主語と目的語が，(1c)では，自動詞「泳ぐ」の主語が，それぞれ助詞を伴わずに用いられている。そしてこれらの文は，会話文としてまったく自然な日本語である。

さて，(1a-c)では，主語や目的語につく助詞が，すべて主節（主文）で省略されているが，影山（1993：56）は次の例を示し，従属節では，他動詞の場合，目的語をマークする「ヲ」は省略されるが，主語をマークする「ガ」は省略されないと述べている（従属節を [ ] でマークする）。[1]

(2) a. [子供達が本＿読む] の見たことない。（目的語）
    b. この近くに [タバコ＿売ってる] 店ありませんか？（目的語）
(3) *[子供達＿本を読む] の見たことない。（主語）[2]

影山（1993：56）はさらに次の例を提示し，自動詞の場合，非対格動詞の主語につく「ガ」は省略できるが，非能格動詞の主語につく「ガ」は省略できないと述べている。

(4) 非対格動詞:
a. [顔にご飯粒＿ 付いている] の知ってる？
b. [交通事故＿ 起こる] ところ見たことある？
c. あの子供, [何度でお湯＿ 沸く] か知らない。
d. [田中さん＿ 亡くなった] の知らなかった。
e. テレビのニュースで [タンカー＿ 沈没する] ところ見たよ。
f. 昨日, [火山＿ 爆発する] の見たよ。

(5) 非能格動詞:
a. ?*[子供達＿ 騒ぐ] の見たことない。
b. ?*[患者＿ あばれた] の知ってますか？
c. ?*[田中君＿ 仕事する] の見たことない。
d. *テレビで [中核派＿ デモする] の見たよ。
e. *[教え子＿ 活躍する] のを見るのは楽しい。

(4a-f)の動詞「(ご飯粒が)付く」,「起こる」,「沸く」,「亡くなる」,「沈没する」,「爆発する」は, すべて主語指示物の非意図的事象を表わす非対格動詞である。影山 (1993) は, 「ガ」が省略されたこれらの例がすべて適格なのは, この理由によるとしている。また, (5a-e)の動詞「騒ぐ」,「あばれる」,「仕事する」,「デモする」,「活躍する」は, いずれも主語指示物の意図的行為を表わす非能格動詞であり, そのために「ガ」が省略されたこれらの例がすべて不適格になる, と影山 (1993) は述べている。[3]

ここで, 影山が問題としている文の適格性判断について一言述べておく必要がある。影山は(4a-f)と(5a-e)の適格度の違いを「完全に適格」と「?*」(ほぼ不適格) または「*」(不適格) と表わしているが, 我々には, それほど明確な差があるとは思われない。例えば, 我々にとっては, (5a)は,「子供達」が特定の子供 (例えば, 話し手の子供) を指しているのなら適格文であるし, (5c)は, 話し手が, 田中が仕事中, 漫画を読んでいるのを目撃して発話した文と解釈すれば適格文である。(5d, e)もやや不自然とは判断されるが,「*」で表わすほど不適格な文ではない。また, 影山が完全に適格と判断している(4c)は, 我々にとってはやや不自然である。したがって, (4a-f)と(5a-e)で表わされている適格度対比についての

影山の判断には，個人差があると考えざるを得ない。しかし本章では，(4)と(5)についての影山の判断が一般的な判断であると想定して，我々の議論を進めることにする。

　影山（1993：57）は，(2)-(5)の事実から，他動詞の目的語と非対格動詞の主語は，それらに伴う「ヲ」および「ガ」の省略を許すという点で平行性が見られ，他動詞の主語と非能格動詞の主語は，「ガ」の省略を許さないという点で平行性が見られるとしている。この点は，非対格動詞の主語がD構造（基底構造）で目的語位置にあり，非対格動詞の主語と他動詞の目的語が共通しているとする「非対格性の仮説」（Unaccusative Hypothesis）（序章，および Perlmutter 1978, Burzio 1986 等を参照）を支持することになる。そして，影山（1993）はさらに踏み込んで，助詞の省略を音韻現象と見なせば，[4] 上記の平行性は，D構造だけでなくS構造（表層構造）においても日本語は非対格性を備えている——つまり，S構造においても非対格動詞の主語と他動詞の目的語が同じ目的語位置にある——ことを示唆するものであると主張している。[5]

　私たちは本章で，(3)-(5)のような，従属節における格助詞「ガ」の省略（および，主節の主語をマークする「ハ・ガ」の省略）について考察する。具体的には，さらに多くのデータを観察することによって，まず次節で，(3)とは異なり，他動詞の主語につく「ガ」が省略される場合があり，(5)とは異なり，非能格動詞の主語につく「ガ」が省略される場合があり，さらに(4)とは異なり，非対格動詞の主語につく「ガ」が省略されると不自然になる場合があることを指摘する。そしてこれらの事実から，格助詞「ガ」の省略が非対格性に基づく現象であると考えることには問題があることを示す。次に3節，4節で，竹林（2004）の格助詞「ガ」の省略に関する分析を概観し，この分析が示唆に富むものではあるが，それでも処理しきれない例があることを指摘する。そして5節で，最初に「指示対象未知・指示対象既知」という概念と「新情報・旧情報」，「重要度が高い情報・重要度が低い情報」という概念との間に根本的な違いがあることを指摘する。そして次に，Lee（2002）の機能的視点からの「ガ」の省略現象の分析を考察し，Chafe（1994）の「活性（active），半活性（semiactive），非活性（inactive）」情報に基づいた Lee（2002）の一般化に問題があることを指摘する。そして最後に，6節と7節で，主文の主

語をマークする「ハ・ガ」の省略条件と，従属節の主語をマークする「ガ」の省略条件を我々の機能的観点から考察し，同じ規則が適用していることを明らかにする。

2. さらなるデータの検討

影山 (1993) は前節で概観したように，従属節において，他動詞の主語と非能格動詞の主語をマークする「ガ」は省略できず，非対格動詞の主語をマークする「ガ」は省略できると主張している。この主張は「ガ」の省略に関する多くの例を説明できるが，さらにデータを検討してみると，(i) 他動詞の主語をマークする「ガ」が省略され，(ii) 非能格動詞の主語をマークする「ガ」も省略され，さらに (iii) 非対格動詞の主語をマークする「ガ」が省略できない場合があることが分かる。本節では，これらの点を順に見ていこう。

まず，(i) の他動詞の主語に関して次の例を見てみよう。[6]

（6） a． 社長，[今年いっぱいで山田さんが会社を辞める]って本当ですか？
　　　b． 社長，[今年いっぱいで山田さん＿会社を辞める]って本当ですか？

（7） a． ねー，[住宅公団にローンを申請しないで山田さんが家を新築した]の知ってる？
　　　b． ねー，[住宅公団にローンを申請しないで山田さん＿家を新築した]の知ってる？

(6b), (7b) では，(6a), (7a) の従属節の主語「山田さんが」の「ガ」が省略されているが，これらの文は，日本語の会話文としてまったく自然で，適格と判断される。

次に，(ii) の非能格動詞の主語に関して，次の竹林 (2004) の例を見てみよう。

（8） a． [向こうで子供達＿騒いでる]の知ってる？　(cf. 5a)
　　　b． [昨日もまた例の患者さん＿あばれた]こと，ドクターに伝えました？　(cf. 5b)

c． [田中君＿仕事してる] の，どの会社？ （cf. 5c）
d． この間テレビで，[どこかの学生さんたち＿デモしてる] の見なかった？ （cf. 5d）
e． この間，試合に行って，[彼＿活躍する] とこ見てきたよ。（cf. 5e）

これらの例文は，影山（1993）が「非能格動詞の主語をマークする「ガ」は省略することができない」という主張を正当化するためにあげた例文（5 a-e）とまったく同じ非能格動詞「騒ぐ，あばれる，仕事する，デモする，活躍する」を用い，これらの文が表わす内容も，（5a-e）が表わす内容と極めて類似している。それにもかかわらず，（8a-e）は適格文である。竹林（2004）は，こられの文の適格性に基づいて，「ガ」省略についての影山（1993）の非対格性制約は維持することができないと主張している。竹林自身の「ガ」省略条件については，次節で述べる。[7]

最後に，（iii）の非対格動詞の主語に関して次の例を見てみよう。（9），（10）は竹林（2004）の例文である。

(9) a． このポットの一番のセールス・ポイントは，[ものの数分でお湯が沸く] ことです。
 b． ??このポットの一番のセールス・ポイントは，[ものの数分でお湯＿沸く] ことです。
(10) a． [ソウルに沢山の教会がある] のは世界的に有名だよ。
 b． ??[ソウルに沢山の教会＿ある] のは世界的に有名だよ。
(11) a． [阪神タイガースに赤星がいる] ことも知らないの？
 b． *[阪神タイガースに赤星＿いる] ことも知らないの？
(12) a． [自分より先に子供が先立つ／死ぬ] のは，とても淋しい。
 b． *[自分より先に子供＿先立つ／死ぬ] のは，とても淋しい。
(13) a． [熱でダイヤモンドが溶ける] なんて考えられない。
 b． *[熱でダイヤモンド＿溶ける] なんて考えられない。

（9）-（13）の従属節の動詞「沸く」，「ある」，「いる」，「先立つ／死ぬ」，「溶ける」は，いずれも主語指示物の非意図的事象や存在を表わす典型的

な非対格動詞である。(b)文では，(a)文の従属節の主語「お湯が」，「沢山の教会が」，「赤星が」，「子供が」，「ダイヤモンドが」の「ガ」が省略されており，これらの文は日本語として極めて不自然で，不適格文と判断される。[8]

以上，(6)-(13)の事実から，従属節において，他動詞の主語と非能格動詞の主語をマークする「ガ」は省略できず，非対格動詞の主語をマークする「ガ」は省略できる，という一般化を行なうことには問題があることが分かる。そしてこの点から，「ガ」の省略の適格性を左右している決定的要因は，非対格性ではないと考えられる。

3．竹林（2004）の分析

竹林（2004：187-201）は，1節で概観した影山（1993）の分析の問題点を指摘し，従属節における格助詞「ガ」の省略は，「ガ」を含む節が，その文全体の中で「重要な意味合い」を持つかどうかに依存する現象であると主張している。まず，すでに前節であげた次の竹林（2004：190）の例を見てみよう（以下では，従属節をマークする［　］を付さない）。

(9)　a．このポットの一番のセールス・ポイントは，ものの数分でお湯が沸くことです。
　　　b．??このポットの一番のセールス・ポイントは，ものの数分でお湯＿沸くことです。
(10)　a．ソウルに沢山の教会があるのは世界的に有名だよ。
　　　b．??ソウルに沢山の教会＿あるのは世界的に有名だよ。

(9b)，(10b)では，(9a)，(10a)の主語「お湯が」，「沢山の教会が」の「ガ」が省略されており，これらの文は，日本語として不自然な不適格文である。竹林（2004）は，これらの文の不適格性が，(9a)，(10a)の「ガ」を含む節が，文全体の中で重要な意味合いを付与されているためであると説明する。すなわち，「ものの数分でお湯が沸くこと」，「ソウルに沢山の教会があること」が，各々「このポットの一番のセールス・ポイント」であり「世界的に有名」な事柄とされ，重要な意味合いが付与されていると主張している。

一方，竹林は，影山（1993）の(4a-f)（以下に「ガ」の付いた形で再

第7章 主語をマークする「ハ・ガ」の省略

録）が適格なのは，「ガ」を含む節が，文全体の中で重要な意味合いを付与されていないためである，と主張する。

(4′) a．顔にご飯粒が付いているの知ってる？
　　　b．交通事故が起こるところ見たことある？
　　　c．あの子供，何度でお湯が沸くか知らない。
　　　d．田中さんが亡くなったの知らなかった。
　　　e．テレビのニュースでタンカーが沈没するところ見たよ。
　　　f．昨日，火山が爆発するの見たよ。

竹林は，(4′a-f)では，「ガ」を含む節が，いずれも認識・知覚（「知る」，「見る」）の対象に過ぎず，「驚き」や「評価」等の対象ではないために，重要な意味合いを持たないと主張する。つまり，これらの文の主節の動詞「知ってる？」，「見たことある？」，「知らない／知らなかった」，「見たよ」から分かるように，「ガ」を含む節は，知っていたり，見たりしたことの内容を単に表わすだけで，「驚き」等の重要な意味合いを帯びていないと竹林は言う。

　さて，私たちは1節で，(5a-e)（影山の例文，以下に再録）でも，主節の動詞の多くが，(4a-f)と同様に，「見たことない」，「見たよ」，「知ってますか？」であるにもかかわらず，これらの文は不適格であることを見た。

(5) a．?*[子供達＿＿騒ぐ]の見たことない。
　　　b．?*[患者＿＿あばれた]の知ってますか？
　　　c．?*[田中君＿＿仕事する]の見たことない。
　　　d．*テレビで[中核派＿＿デモする]の見たよ。
　　　e．*[教え子＿＿活躍する]のを見るのは楽しい。

竹林は，これらの文の不適格性を次のように説明する。まず，(5a)で表現されているのは，「見たことがない」という知覚上の事実そのものではなく，「子供達は騒ぐことがなくて静かだ」という評価であり，そのため，「ガ」を含む節は，「見たことない」と評価される対象として重要な意味合いを持っていると言う。また(5b)は，患者があばれたことを単に知っているかどうかを聞き手に尋ねているのではなく，患者があばれたというこ

とが驚きの対象になっており，そのために，「ガ」を含む節は重要な意味合いを持っていると言う。さらに(5c)は，田中君が仕事をするのを見たことがないという知覚上の事実そのものを述べているのではなく，田中君は仕事をしない人間だということを表現しており，その点で「ガ」を含む節は，「見たことない」と評価される対象として重要な意味合いを持っていると述べている。また(5d)は，中核派がデモをしていることへの驚き・不安を表現した文であり，「ガ」を含む節（「中核派がデモするの」）は驚き・不安の対象であるため，重要な意味合いを持っていると述べている。最後に(5e)では，「ガ」を含む節（「教え子が活躍するの」）が，「（それを）見るのは楽しい」という評価の対象になっており，重要な意味合いを持っていると言う。

　上記のような説明に基づき，竹林（2004：195）は，次の仮説を提出している。

(14) 「ガ」省略の制約：「ガ」を含む節（clause）が（文中で）重要な意味合いを付与されている場合，その「ガ」を省略することはできない。

竹林はさらに，前節で示した(8a-e)（以下に再録）を影山（1993）の分析の反例として挙げ，これらの例の適格性も(14)の仮説により説明できると主張する。

(8)　a．向こうで子供達＿騒いでるの知ってる？
　　　b．昨日もまた例の患者さん＿あばれたこと，ドクターに伝えました？
　　　c．田中君＿仕事してるの，どの会社？
　　　d．この間テレビで，どこかの学生さんたち＿デモしてるの見なかった？
　　　e．この間，試合に行って，彼＿活躍するとこ見てきたよ。

竹林は，(8a)は，(5a)と異なり，向こうで子供達が騒いでいるのを聞き手が知っているかどうかを尋ねているだけであり，そのため，「ガ」を含む節は重要な意味合いが付与されていないと言う。また(8b)の「ガ」を含む節（「例の患者さんがあばれた」）は，驚きを伴わず，単にその事実を

ドクターに伝えたかどうかの対象なので，重要な意味合いが付与されていないと言う。また(8c)は，田中君が仕事を持っていることは既に分かっていて，その職場がどこかということを問題にしているので，「ガ」を含む節は，重要な意味合いを持っていないと言う。さらに(8d, e)でも，「ガ」を含む節が，見たかどうかという知覚の対象になっているだけで，重要な意味合いが付与されていないと言う。よって(8a-e)は，(14)の仮説によりいずれも適格であることが説明される，と竹林は主張している。

4．さらなるデータの検討

前節で概観した竹林（2004）の分析は，貴重な例文を多く提示しており，示唆に富む重要な分析であると考えられる。しかし，この分析をさまざまな例に適用してみると，いくつかの問題が生じるように思われる。まず，理論上の問題として，「ガ」を含む節がその文中で「重要な意味合い」を持つかどうかという判断が難しいように思われる。例えば，竹林（2004：191-193）は次の3つの文に関し，(15a, b)では，「ガ」を含む従属節が重要な意味合いを持っていないのに対し，(15c)では，それが重要な意味合いを持っていると述べている。

 (15) a．顔にご飯粒＿付いているの知ってる？（＝4a)
    b．向こうで子供達＿騒いでるの知ってる？（＝8a)
    c．?*患者＿あばれたの知ってますか？（＝5b)

しかし，(15a-c)の主節の動詞は，いずれも「知ってる？／知ってますか？」で，ほとんど変わりがない。それにもかかわらず，「顔にご飯粒が付いている」や「向こうで子供達が騒いでいる」は，単に知っているかどうかの対象であり，一方，「患者があばれた」ことは驚きの対象である，と躊躇せずに判断を下すのは難しいと考えられる。悪くすれば，適格文であれば，「ガ」を含む節が重要な意味合いを持たず，不適格文であれば，「ガ」を含む節が重要な意味合いを持つと主張することになり，議論が循環論に陥る危険性もあるのではないかと思われる。

竹林（2004：191, 194）は，次の例においても同様に，主節の動詞は「見たよ」で同じであるにもかかわらず，(16a)では，「ガ」を含む節が知覚の対象として機能するのみで，重要な意味合いを持たないが，(16b)で

は，「ガ」を含む節が，驚き・不安の対象であり，重要な意味合いを持つと言う。

(16) a．テレビのニュースでタンカー＿沈没するところ見たよ。(＝4e)
b．*テレビで中核派＿デモするの見たよ。(＝5d)

しかし，どのような基準で，タンカーが沈没することは，驚き・不安の対象ではなく，中核派がデモをするのは，驚き・不安の対象であると言えるだろうか。

竹林の分析には，さらに経験的問題もあると考えられる。すなわち，「ガ」を含む節が驚きや不安の対象であることを明示し，それ故，重要な意味合いを持つと考えられる場合でも，「ガ」の省略が適格となる場合がある。次の例を見てみよう。

(17) a．えー，顔にご飯粒＿付いてるなんて知らなかった。恥ずかしい！ (cf. 4a)
b．昨日，火山＿爆発するとこ見て，たまげてしまったよ。(cf. 4f)

(17a, b)では，問題となる文が，話し手の驚きや恥じらいを表わす表現「えー」,「恥ずかしい！」,「たまげてしまった」とともに用いられている。そのため，顔にご飯粒が付いていたり，火山が爆発したことが，話し手の恥じらいや驚きの対象と解釈され，重要な意味合いを持っていることになる。それにもかかわらず，これらの文はまったく自然な適格文であるため，(17a, b)の適格性は竹林の分析にとって問題になると考えられる。

以上の考察から，竹林の分析は，「重要な意味合い」という概念が恣意的であると考えられ，そのため，与えられた例文の適格性を明確に予測することが難しいと考えられる。また仮に，「重要な意味合い」を，「ガ」を含む節が「驚き・不安・評価」等の対象であるか，あるいは単に「認識・知覚」の対象であるかという点で区別すれば，(17a, b)のような問題となる文が生じる。よって竹林の分析も，示唆に富むものではあるが，「ガ」省略の適格性を的確に捉えるには至っていないと結論づけられる。

5. Lee (2002) の分析

　本節では，Lee (2002) の分析を概略し，その問題点を指摘する。Lee の分析は，「ガ」の省略現象を久野 (1973：第 26 章) の「新情報（重要度の高い情報）」，「旧情報（重要度の低い情報）」の概念と，Chafe (1994) の「活性情報 (active information)：意識に登っている情報」，「半活性情報 (semiactive information)：半ば意識に登っている情報」，「非活性情報 (inactive information)：意識に登っていない情報」という機能的概念に基づいて分析しているので，5.1 節でまず，「新情報，旧情報」，「重要度の高い情報，重要度の低い情報」の概念の説明を行ない，5.2 節で，Lee の分析の概説と，Chafe の「活性情報，半活性情報，非活性情報」の概念を説明し，5.3 節で，Lee の分析の問題点を指摘することにする。

5.1. 「指示対象未知・既知」と「新・旧情報」／「重要度の高い情報・重要度の低い情報」

　よく知られているように，係助詞の「ハ」には，「主題」と「対照」を表わす用法があり，格助詞の「ガ」には，「総記」と「中立叙述」を表わす用法がある (Kuroda (1965)，久野 (1973：第 2 章) 参照)[9]。

(18)　a．浜名湖は，鰻の養殖で有名です。(主題)
　　　b．太郎は来ますが，花子は来ません。(対照)
(19)　a．太郎がこのクラスで一番背が高い。(総記)
　　　b．おや，黒い雲が出てきたぞ。(中立叙述)

(18a) は，浜名湖について，その湖がどのような湖であるかを述べており，「ハ」でマークされた「浜名湖」は，この文の「主題」である。一方，(18b) の「ハ」でマークされた「太郎」と「花子」は，両者が対比的に用いられており，「対照」を表わしている。次に，(19a) の「ガ」でマークされた「太郎」は，「他の誰でもなく，X がこのクラスで一番背が高い」の X に当たる要素であり，「総記」(＝他の人や物ではなく，X (のみ) が…) を表わす。一方，(19b) は，聞き手が何の予備知識もない状態での発話であり，「ガ」でマークされた「黒い雲」は，「中立叙述」を表わしている。
　さて，主題を表わす「ハ」によってマークされる名詞句は，(i) すでに

会話に登場した人物や事柄，つまり，現在の会話の登場人物・事物リストに登録済みのものを指す名詞句，(ii)会話に登場していなくても，話し手，聞き手，会話の場所に密接に結びついているもので，その指示対象が明らかなもの（例：私，君，君の奥さん，家(うち)，家内，太陽，月），(iii)話し手，聞き手の間で了解済みの概念を表わす名詞句（例：人間，動物，国家，民主主義）に限られる（久野（1973：30）参照）。このような名詞句の特徴は，<u>聞き手</u>がその指示対象が何であるかを決定できることである。このような名詞句を，「指示対象既知」名詞句と呼んで，下で述べる「旧情報」名詞句と区別することにする。次の(a)文が適格文であるのは，主語の「太郎」が，「ハ」が要求する「指示対象既知」名詞句であるからであり，(b)文が不適格文なのは，主語の「誰か」が「ハ」の要求に反して，「指示対象未知」名詞句であるからである。

(20) a． <u>太郎</u>は　　　　頭がいい。
　　　　指示対象既知名詞句
　　 b． *<u>誰か</u>は　　　　頭がいい。
　　　　指示対象未知名詞句

主題の「ハ」でマークされる名詞句に課される上記の制約を，次のように要約しておこう。

(21) 主題の「ハ」でマークされる名詞句に課される制約：主題の「ハ」でマークされる名詞句は，「指示対象既知」名詞句でなければならない。

それでは，「ガ」によってマークされる主文の主語の名詞句は，どのような情報を表わすのであろうか。まず，次の文を見てみよう。

(22) a． <u>太郎</u>が　　　　このクラスで一番背が高い。(＝19a)
　　　　指示対象既知名詞句
　　 b． <u>誰か</u>が　　　　来たよ。
　　　　指示対象未知名詞句

(22a)も(22b)も適格文であるということは，主語が「指示対象既知」名詞句であるか「指示対象未知」名詞句であるかは，主文の主語が「ガ」で

第 7 章　主語をマークする「ハ・ガ」の省略　　187

マークできるか否かの要因ではないことを示している。
　Kuno (1972：232) は，総記の「X ガ Y」文と中立叙述の「X ガ Y」文の X と Y が表わす情報を次のように表わした。

(23)　a．総記の「X ガ」
　　　　　太郎が　　　　　　このクラスで一番背が高い。(＝19a)
　　　　　新情報　　　　　　旧情報
　　　　　重要度が高い情報　重要度が低い情報
　　　b．中立叙述の「X ガ」
　　　　　おや，黒い雲が　　出てきたぞ。(＝19b)
　　　　　新情報　　　　　　新情報
　　　　　重要度が高い情報　重要度が高い情報

上の分析で用いられている「新情報」，「旧情報」，「重要度が高い情報」，「重要度が低い情報」という概念をここで説明する。

(24)　新情報：先行文脈から予測できない情報
　　　旧情報：先行文脈から予測できる情報
　　　―――――――――――――――――――――――
　　　〈与えられた文が明示されているか暗黙の質問に対する答えである，と想定した場合〉
　　　重要度が高い情報：質問の中の疑問詞(例：誰，何，どれ，どこ，いつ，なぜ) に対応する要素が表わす情報
　　　重要度が低い情報：質問の中の疑問詞に対応しない要素が表わす情報

(23a) は，「誰がこのクラスで一番背が高いか」という質問の答えという解釈を受けてはじめて適格文となる。「太郎 (が)」は，このような文脈から予測できない情報を表わすから，「新情報」ということになる。また，それは，この明示された，あるいは，暗黙のうちの質問の中の疑問詞「誰」に対応するから，「重要度が高い情報」を表わすということになる。他方，(23a) の「このクラスで一番背が高い」は，「誰がこのクラスで一番背が高いか」という質問から予測できる情報を表わすので，「旧情報」であり，質問の疑問詞に対応しない情報を表わすから，「重要度が低い情

報」である，ということになる。「新情報・旧情報」という概念と，「重要度が高い情報・重要度が低い情報」という概念は，必ず一対一の対応を示すわけではなく，「旧情報」でも「重要度が高い情報」であることがあり，「新情報」でも「重要度が低い情報」であることもあるが（Kuno 1983, 久野 1983：118-120 を参照），本章では，この区別が重要な役割を果たす例文が登場しないので，議論の簡略化のため，「新情報＝重要度の高い情報」，「旧情報＝重要度の低い情報」という想定のもとに議論を進める。

　(23b)は中立叙述文であり，文全体が新しい情報を表わす。したがって，「黒い雲」も「出てきた」も新しい情報を表わす。また，この文は，「何が起きたか」という暗黙の質問に対する解答であると想定することができる。「黒い雲が出てきた」は，この質問の「何」に対応するから，「黒い雲」も「出てきた」も重要な情報を表わすということになる。

　(23a)の総記の「Xガ」と(23b)の中立叙述の「Xガ」の共通点は，両者が，「新情報（先行文脈から予測できない情報）」，「重要度が高い情報」を表わすということである。したがって，情報伝達の観点からの「ガ」の機能は，次のように規定することができる。

　(25)　主文主語をマークする「ガ」の機能：主文主語をマークする「ガ」は，主文主語が「新情報／重要度が高い情報」を表わすことを示す機能を果たす。(Kuno 1972, 久野 1973)
　　　［補記］上の規定での「新情報」とは，先行文脈から予測できない情報という意味であって，「指示対象未知」という意味ではない。

　主題の「ハ」が(20)で示したように「指示対象未知」の名詞句ではあり得ず，「指示対象既知」の名詞句でなければならない，という場合の「未知・既知」の概念と，「ガ」でマークされた主文主語が，(25)で規定したように，「旧情報」ではなくて「新情報」を表わすという場合の「新・旧」の概念が，まったく異なるものであることは，いくら強調しても強調しすぎることはない。なぜなら，指示対象既知の情報でも新情報を表わすことがあるし，指示対象未知の情報でも旧情報を表わすことがあるからである。次の例を見てみよう。

(26)　a_1.　（巡査に）
　　　　　　市役所は　　どこにありますか。
　　　　　　指示対象既知
　　　　　　新情報　　　　新情報
　　　a_2.　*ϕ　　　　　どこにありますか。
　　　b_1.　（巡査の答え）
　　　　　　ああ，市役所は　そこの角を右に曲がったところです。
　　　　　　　　　指示対象既知
　　　　　　　　　旧情報　　　新情報
　　　b_2.　ああ，ϕ　　　そこの角を右に曲がったところです。

(27)　a．留守中に，誰かが　　来ましたか。
　　　　　　　　　　指示対象未知
　　　　　　　　　　新情報　　　新情報
　　　b_1.　誰かが　　来たようですが，誰だったか分かりません。
　　　　　　指示対象未知
　　　　　　旧情報　　　旧情報
　　　b_2.　ϕ　　　　来たようですが，誰だったか分かりません。

　(26a_1)の「市役所」は指示対象既知の名詞句であるが，この文の中で新情報を表わす。省略は新情報には適用し得ないから，(26a_2)は不適格である。(27b_1)の「誰か」は指示対象未知の名詞句であるが，この文の中で，旧情報を表わす。したがって省略が可能で，(27b_2)が適格文となる。

　久野（1973：第26章）は，主語をマークする助詞の省略に関して，次の仮説を提出した。

(28)　主文の主語をマークする「ガ」は，会話文でも省略することができない。主文に助詞を伴わないで現われる主語は，全て「ハ」の省略の例である。

この仮説は，次に例示するデータに基づいて立てられたものであった。

(29)　a．僕はこの本買った。
　　　b．僕がこの本買った。

　　　　c．僕＿この本買った。
(30)　a．*おや，雨は降ってきた。
　　　　b．おや，雨が降ってきた。
　　　　c．*おや，雨＿降ってきた。
(31)　a．*おや，太郎は来た。
　　　　b．おや，太郎が来た。
　　　　c．*おや，太郎＿来た。
(32)　a．*僕のほうは花子ちゃんより大きい。
　　　　b．僕のほうが花子ちゃんより大きい。
　　　　c．*僕のほう＿花子ちゃんより大きい。

(29)の主語は「ハ」でも「ガ」でもマークできる。この主語は，(29c)の適格性が示しているように，助詞なしで現われることもできる。他方，(30)-(32)の主語は「ガ」でマークすることはできるが，「ハ」でマークすることはできない。これらの(c)文の不適格性は，主語をマークする「ガ」が省略され得ないことを示している。したがって，(29c)は，(29b)の「ガ」が省略されてできた文ではなくて，(29a)の「ハ」が省略されてできた文である，という結論になる。ところが，5.2節で示すLee (2002)の例文は，久野 (1973) の仮説(28)が間違いであったことを明らかにした。

　主語をマークする「ガ」の省略に関するLee (2002) の分析を検討するまえに，「新旧情報」と「重要度の高低」という概念がそれぞれ二項対立の概念ではなく，連続体をなす概念であることを強調しておかなければならない。まず最初に次の2つの対話を比較してみよう。

(33)　Speaker A： Did you buy a watch in Switzerland?
　　　Speaker B： a．Yes, I bought one in Switzerland.
　　　　　　　　　 b．Yes, I bought one φ. ［φ＝in Switzerland］
　　　　　　　　　 c．Yes, I did φ. ［φ＝buy one in Switzerland］
(34)　Speaker A： Did you buy this watch in Switzerland?
　　　Speaker B： a．Yes, I bought it in Switzerland.

　　　　b．*Yes, I bought it ϕ.　［ϕ＝in Switzerland］
　　　　c．Yes, I did ϕ.　［ϕ＝buy it in Switzerland］

In Switzerland は，(33Ba)でも(34Ba)でも義務的要素ではない副詞的前置詞句である。そして，それは，(33A)，(34A)の質問に含まれているので，予測できる旧情報を表わす。その証拠に，in Switzerland を含んだ動詞句全体を省略することによって派生する(33Bc)，(34Bc)は，ともに(33A)，(34A)に対する適格な答えである。それにもかかわらず，in Switzerland のみの省略が(33Bb)では許され，(34Bb)では許されないのはなぜであろうか。この問いに答えるためには，次の仮説が必要となる。

(35)　省略順序の制約：省略は，より古い（より重要度の低い）情報を表わす要素から，より新しい（より重要な）情報を表わす要素へと順に行なう。すなわち，より新しい（より重要な）情報を表わす要素を省略して，より古い（より重要度の低い）情報を表わす要素を残すことはできない。(久野 1978：15-16)

(33A)は，「スイスで買ったのは時計だったか他のものだったか」という，a watch に焦点を当てた質問（すなわち，What did you buy in Switzerland に相当する質問）と解釈することが容易である。

(36)　a．Did you buy　　a watch　　　　　in Switzerland?（＝33A)
　　　　　　　　　　　　新情報性が高い情報　新情報性が低い情報
　　　　　　　　　　　　重要度が高い情報　　重要度が低い情報
　　　b．Yes, I bought　one　　　　　　　in Switzerland.
　　　　　　　　　　　　新情報性が高い情報　新情報性が低い情報
　　　　　　　　　　　　重要度が高い情報　　重要度が低い情報
　　　c．Yes, I bought　one　　　　　　　ϕ.　　（＝33Bb)

(33Bb)は，新情報性，重要度がより高い情報 a watch (one) を残して，新情報性，重要度がより低い情報 in Switzerland を省略することによって派生した文であるから，(35)の「省略順序の制約」の違反にならない。

他方,(34A)は,「この時計を買ったのはスイスでだったか」という「スイスで」に焦点を当てた質問(すなわち,Where did you buy this watch? に相当する質問)と解釈することは容易であるが,「スイスで買ったのはこの時計だったか」と「この時計」に焦点を当てた質問と解釈することは容易でない。もしそれが可能であったとしても,返答(37b)で「この時計」が強調を受け得ない"it"で置き換えられているので,"it"(=the watch)が質問の焦点であるという解釈は不可能となる。

(37) a. Did you buy　　　this watch　　　　in Switzerland?(=34A)
　　　　　　　　　　　　新情報性が低い情報　新情報性が高い情報
　　　　　　　　　　　　重要度が低い情報　　重要度が高い情報
　　　b. Yes, I bought　it　　　　　　　　in Switzerland.
　　　　　　　　　　　　新情報性が低い情報　新情報性が高い情報
　　　　　　　　　　　　重要度が低い情報　　重要度が高い情報
　　　c. *Yes, I bought　it　　　　　　　　φ.　　(=34Bb)

(34Bb)が不適格なのは,新情報性,重要度がより高い in Switzerland を省略して,新情報性,重要度がより低い it あるいは (bought it) を省略しないで残すことによって,「省略順序の制約」の違反を起こしているからである。

さて,次に(38A)の質問に対する答えで,どのような省略が可能であるかを考えてみよう。ここで問題とするのは,(1)possible,(2)go there,(3)on foot という3つの要素が表わす情報の新旧度,重要度である。質問に対する答え(38Bb-e)のそれぞれの下に示す表記,たとえば,「理由:X>Y」は,「答えが適格,あるいは不適格である理由は,X の新情報性,重要度が Y の新情報性,重要度より高いからである」という意味である。

(38) Speaker A:　　Is it $\underline{possible}_1$ to $\underline{go\ there}_2$ $\underline{on\ foot}_3$?
　　　Speaker B:　　a. Yes, it is possible to go there on foot.
　　　　　　　　　　b. *Yes, it is possible to go there ϕ_3.　(ϕ_3= on foot)
　　　　　　　　　　　理由:on foot>possible, または on foot>go there

c ． Yes, it is possible ϕ_2 ϕ_3.
   （ϕ_2＝go there, ϕ_3＝on foot）
   理由：possible ≧ go there, on foot
d ． *Yes, ϕ_1 ϕ_2 on foot (but the train is more convenient). （ϕ_1＝possible, ϕ_2＝go there）
   理由：possible＞on foot または go there＞on foot
e ． Yes, possible ϕ_2 ϕ_3 (but not very wise).
   （ϕ_2＝go there, ϕ_3＝on foot）
   理由：possible ≧ go there, on foot

(38Bb)の不適格性が「省略順序の制約」の違反に起因すると仮定すれば，この不適格性は，省略された on foot が，省略されなかった possible か go there より新情報性，重要度が高い情報を表わしていることに起因しているに違いない。(38Bc)が適格であるということは，省略された go there も on foot も，省略されなかった possible より新情報性，重要度が高い情報を表わすものではないことを示している。(38Be)も同様である。(38Bd)が不適格であるということは，省略された possible と go there のどちらかが，あるいは両方が，省略されなかった on foot より新情報性，重要度が高いことを示す。以上の情報の新旧度，重要度の高低の関係をすべて満たすものは，次の高低度関係しかない。

(39)   It is possible to go there on foot.
           possible＞on foot＞go there

これで，情報の新情報性，重要度は，「高い／低い」という二項対立的な概念ではなくて，「新情報性・重要度がより高い，新情報性・重要度がより低い」という，連続体を形成する概念であることが証明できたわけである。

5.2. 主語をマークする「ガ」の省略に関する Lee (2002) の分析

　Lee (2002) は，「ガ」が中立叙述を表わす場合，(23b)の「おや，黒い

雲が出てきたぞ」のように，文全体がまったく新しい情報を表わす場合だけでなく，次の例のように，「ガ」でマークされた主語が，述部より新情報性・重要度が低い場合があることを指摘し，この条件を満たす「ガ」は省略することができると主張している。

(40) a．太郎がやっと出てきた。
　　 b．太郎　やっと出てきた。
(41) a．鯨がまたジャンプした。
　　 b．鯨　またジャンプした。
(42) (話し手と聞き手がバス停でバスを待っていて)
　　 a．バスが来た！
　　 b．バス　来た！

(40a)では，「やっと」があることから，話し手(と聞き手)は，太郎が出てくるのを待っていたことが分かる。(41a)でも，「また」があることから，話し手(と聞き手)は，鯨がすでにジャンプしたのを見ていて，またジャンプするのを待っている。(42a)では，話し手と聞き手は，バスが来ることを予期している。したがって，これらの文の主語「太郎」，「鯨」，「バス」は，(23b)の主語「黒い雲」とは異なり，話し手と聞き手の意識にすでに登っている。そのため聞き手は，これらの主語を半ば予測できるので，これらの文の主語と述部では，述部の方が主語よりも情報が新しく，重要度が高い。よって，(40a)の情報構造は，次のようになる。

(43)　<u>太郎が</u>　　　　　　<u>やっと出てきた。</u>(＝40a)
　　　重要度がより低い情報　**重要度がより高い情報**
　　　より古い情報　　　　**より新しい情報**
　　　(半ば予測できる情報)

Leeによれば，(43)の「ガ」が省略され得るのは，この文の主語が，述部より古い，重要度のより低い情報を表わしているからである，ということになる。他方，次の(a)文の「ガ」は省略することができない。

(44) a．あ，怪しい男が出て来た。(中立叙述)
　　 b．*あ，怪しい男　出て来た。

第7章　主語をマークする「ハ・ガ」の省略　　　195

　(44a)は，まったく予期されなかった出来事が起きたことを述べる文で，主語も述部も同じレベルの重要度，同じレベルの新情報を表わしている。よってLeeは，(44b)では，「主語が述部より古い，重要度のより低い情報を表わす」という条件が満たされていないため，「ガ」の省略が許されないと説明する。

　ただ，Lee (2002) はこのように，「ガ」省略に関して「(半ば予測できる) 旧情報／重要度が低い情報」，「(予測できない) 新情報／重要度が高い情報」という概念の重要性を認識しつつも，分析の方向を変え，Chafe (1994) の「非活性 (inactive) 情報：聞き手の意識に登っていない情報」，「半活性 (semiactive) 情報：半ば聞き手の意識に登っている情報」，「活性 (active) 情報：聞き手の意識に登っている情報」という概念を用いて「ガ」省略を説明しようとする。この枠組みでは，(45)-(49)の問題となる主語が表わす情報は，(a)に示したようになる ((46)-(49)はLeeの例文である)。

(45)　雨が降ってるかどうか見てくれない？
　　　a．うん，雨が降ってる。
　　　　　　活性情報 (active)
　　　b．うん，雨__降ってる。
　　　c．うん，____降ってる。
(46)　(話し手と聞き手がバス停でバスを待っている。)
　　　a．バスが来た！
　　　　　　半活性情報 (semiactive)
　　　b．バス__来た！
　　　c．＊____来た！
(47)　a．太郎がやっと出てきた。
　　　　　　半活性情報 (semiactive)
　　　b．太郎__やっと出てきた。
　　　c．＊____やっと出てきた。
(48)　誰がフランス語を話せますか。
　　　a．山田君がフランス語を話せます。
　　　　　　非活性情報 (inactive)

　　　　　b．*山田君__話せます。
　　　　　c．*_____話せます。
　　(49)　a．あ，怪しげな男が出てきた。(cf. 44a)
　　　　　　　非活性情報（inactive）
　　　　　b．*あ，怪しげな男__出てきた。
　　　　　c．*あ，_____出てきた。

Lee (2002) は，(48b, c)，(49b, c)の不適格性，(46b)，(47b)の適格性と(46c)，(47c)の不適格性，さらに(45c)の適格性を次の仮説を提出して説明している。

　　(50)　Lee (2002) の「主語＋ガ」の省略に関する仮説：
　　　　　「ガ」でマークされた主語の情報が，
　　　　　a．非活性（inactive）なら，「ガ」も「主語＋ガ」も省略されない。
　　　　　b．半活性（semiactive）なら，「ガ」の省略が可能である。
　　　　　c．予測できるもので，それ故に活性（active）なら，「主語＋ガ」の省略が可能である。

(48a)，(49a)の主語「山田君」，「怪しげな男」はともに非活性情報である。したがって，(50a)により，「ガ」の省略も，「山田君が」，「怪しげな男が」の省略も許されない。(46a)，(47a)の主語「バス」，「太郎」は半活性情報を表わす。したがって，(50b)により，「ガ」の省略が許される。また，(45a)の主語「雨」は活性情報を表わす。したがって，(50c)により，「雨が」の省略（と「ガ」の省略）が許される，ということになる。

5.3．Lee (2002) の分析の問題点

　上に要約したLeeの分析は極めて興味深く，日本語の「ガ」の情報伝達機能についての理解を一段と高めるものであるが，(50)の仮説には2つ重要な問題があると考えられる。第1の問題は，Chafeの「非活性，半活性，活性情報」という概念が，「半活性」を除いて，「指示対象未知，指示対象既知」の概念に近いものであって，名詞句の指示対象が話し手，聞き手の意識に登っていないか登っているかだけが問題であって，文の特定の

位置（ここでは主語の位置）に現われるか否かが問題となっているのではない，ということである。したがって，この概念は，久野（1973）の「（先行文脈から予測できない）新情報・重要度が高い情報」と「（先行文脈から予測できる）旧情報・重要度が低い情報」の概念とはまったく異なるものである。もちろん，半活性，活性の情報は，「半旧情報，旧情報」である場合が多いが，半活性，活性情報が新情報である場合もある。「ガ」の省略が「非活性，半活性，活性」の概念ではなく，「新情報・重要度が高い情報，旧情報・重要度が低い情報」の概念を必要とすることは，次の例から明らかである。

(51)　A：　君の家族の中で，誰が一番背が高い？
　　　　　　　活性情報
　　　B$_1$：　三郎が一番背が高い。
　　　　　　　半活性情報
　　　　　　　新情報・重要度が高い情報
　　　B$_2$：　*三郎＿一番背が高い。

(51B$_1$)の「三郎」は，(51A)で活性化されている「君の家族」のメンバーであるから，Chafe によれば，半活性情報を表わす。したがって(50b)により「ガ」の省略が許されるはずであるが，(51B$_2$)はまったく不適格な文である。この文が不適格なのは，明らかに「三郎が」が質問の「誰が」に対応する要素であるからであって，この名詞句が表わす情報が「半活性」であるか否かには関係がない。

　同じことが，Lee の仮説(50c)についても言える。まず，次の例文を参照されたい。

(52)　A：　花子と太郎と次郎のうちで，誰が一番背が高いか。
　　　B$_1$：　次郎が一番背が高い。
　　　　　　　活性情報
　　　　　　　新情報・重要度が高い情報
　　　B$_2$：　*次郎＿一番背が高い。
　　　B$_3$：　*＿＿＿一番背が高い。

(52B$_1$)の「次郎（が）」はすでに(52A)で話題に登っているから，活性情

報を表わす。(52B₃)が不適格なのは，この名詞句が主語の位置に現われることが予測できないからであるに違いない。この点を Lee の仮説(50c)は，「予測できるもので，それ故に活性 (active) なら，「主語＋ガ」の省略が可能である」と述べることによってカバーしているが，この仮説は，「予測できるものなら，『主語＋ガ』の省略が可能である」と言っても同じ機能を果たすものであるから，「活性 (active)」という規定は，何も有用な機能を果たしていないように思われる。また，Lee の仮説は，「X ガ」の X が活性情報であるとき，「ガ」が省略できるか否かについて何も述べていないが，(50b)で X が半活性情報なら「ガ」の省略が可能である，と述べているのであるから，活性情報なら，なおさら省略が容易である，ということを示唆している。しかし，(52B₂)の不適格性が示すように，この「ガ」の省略は許されない。

　Lee の仮説(50)の第 2 の問題は，主語が非活性情報を表わすものであっても，「ガ」の省略が可能なケースが数多くある，ということである。次の例を参照されたい。

(53)　a．お母さん，誰か変な人＿，板塀のすきまから隣りの家の庭，覗いてる。
　　　b．留守中に変な電話＿かかってきたよ。
　　　c．留守中に，しわがれ声の男の人＿，お前に電話かけてきたよ。
　　　d．新顔のガス会社の人＿，お母さんの留守中に，メーター調べに来たよ。

(53a-d)の文の主語は，明らかに聞き手の意識に登っていない情報，すなわち非活性情報を表わすが，これらの文はすべて自然で，適格な文である。したがって，「ガ」の省略が非活性情報を表わす主語のあとでは許されないという制約は，妥当ではないと結論せざるを得ない。

6．主文の主語をマークする「ハ」と「ガ」の省略条件

　従属節の主語をマークする「ガ」がどのような条件で省略できるかを考察する前に，まず，主文の主語をマークする「ハ」の省略条件を考えてみよう。次の例は，この省略が，発話のモードに大きく支配されていること

第7章 主語をマークする「ハ・ガ」の省略

を示す。

(54) 札幌は人口どれぐらいの都市ですか。
　　 ａ． 札幌は人口200万近くの都市です。
　　 ｂ．*札幌＿人口200万近くの都市です。
　　 ｃ． 札幌＿確か人口200万ぐらいだったかな。
(55) 3かける9はいくつ？
　　 ａ． 3かける9は27だ。
　　 ｂ．??3かける9＿27だ。
　　 ｃ． 3かける9＿27だよ。
(56) ａ． 人間は考える葦である。
　　 ｂ．*人間＿考える葦である。
　　 ｃ． もっと頭を使えよ！人間＿考える葦だぞ！
(57) ａ． 米国はベトナム戦争に負けた。
　　 ｂ．*米国＿ベトナム戦争に負けた。
(58) （電話で）北海道は寒いでしょうね。
　　 ａ． 北海道は北国です。
　　 ｂ．*北海道＿北国です。
　　 ｃ． 北海道＿さむーい！
(59) 久しぶりですね。お父さん＿お元気ですか。
　　 ａ． おかげさまで父は元気です。
　　 ｂ．??おかげさまで父＿元気です。
　　 ｃ． おかげさまで父＿元気にしています。

「ハ」が省略されている文の適格性を観察してみると，ある既成の事実や知識をそのまま客観的に，冷静に述べる場合には，「ハ」の省略ができず，ある事柄や事実を，話し手の驚きや不確かさ，意外感など，私的感情をまじえて，話し手自身の「生の」感覚として提出する場合には，「ハ」の省略ができる，という規則が働いているように思われる。すなわち，話し手が文の表わす内容を「公的」に，自己を投影せずに表現する場合には「ハ」が省略できず，話し手が文の表わす内容を「私的」に，自己の感情，感覚を投影して表現する場合には「ハ」の省略ができると考えられる。(54b)は，札幌の人口についての既成の事実を，話し手の知識として客観

的に述べる文なので,「ハ」の省略が許されず,不適格である。他方,(54c)は,まだ話し手の知識として十分には確立していない内容を,話し手が不確かさをもって「私的」に表現しているので,「ハ」の省略が許され適格となる。同様,(55b)-(58b)も,すでに確立した既成の事実や知識を話し手が客観的に,冷静に述べる文なので,「ハ」の省略が許されず不適格となる。これに対し(55c)は,「27だ」のあとに終助詞「よ」を付加することによって,話し手が聞き手に「教えてあげている」という自らの感情を投影しており,「ハ」の省略が許される。また(56c)では,終助詞「ぞ」を伴い,話し手が「人間が考える葦である」という言明を強く言い切り,聞き手への叱責を私的感情として述べているため,「ハ」の省略が許される。さらに(58c)は,北海道が寒いことを,話し手の「生の」感覚として表現しているので,「ハ」の省略が許され,適格文となる。(59b)の「元気です」と言う表現は恒常的状態を表わす表現であるため,この文が話し手の知識を表わす文と解釈され,「ハ」の省略が許されない。他方,(59c)が適格文なのは,「元気にしています」が,父親の現在進行中の状態を表わす表現なので,知識化されていない話し手の生の「実感」を表わしていると解釈できるからではないか,と考えられる。

(55b)と(55c),(56b)と(56c),(59b)と(59c)に見られる対比と同じような対比が,次の文にも見られる。

(60) a. 山田さんって,どんな方ですか。
 ??/?山田さん＿親切な人です。
 b. (話し手が山田が老人に席を譲るのを見て第三者に)
 山田さん＿親切な人ですねー。

(60a)は,話し手の山田についての知識を,私的感情をまじえず「公的」に述べる文なので,「ハ」を省略すると不自然な文ができる。他方(60b)は,山田が老人に席を譲るのを見て,話し手が感じたままの「生の」感覚を表わす文なので,「ハ」の省略が許され適格文となる。

上の観察を下に試案としてまとめておこう。

(61) 主文主語をマークする「ハ」の省略条件（試案）：
 主文の主語をマークする「ハ」は,ある既成の事実や知識をその

まま客観的に，私的感情をまじえず冷静に述べる場合には，省略できず，ある事柄や事実を，話し手の驚きや不確かさ，意外感など，私的感情をまじえて，話し手自身の「生の」感覚として提出する場合にのみ，省略することができる。

　また，次に示すように，対照を表わす「Xハ」の「ハ」は省くことができない。

(62)　太郎君，花子さん，お元気ですか。
　　　ａ．太郎は元気ですが，花子はちょっと体をこわしています。
　　　ｂ．*太郎＿元気ですが，花子＿ちょっと体をこわしています。
(63)　家には，まだ花子と夏子が私たちといっしょに住んでいます。
　　　ａ．花子は広告会社に勤めています。夏子は，大学院に行っています。
　　　ｂ．*花子＿広告会社に勤めています。*夏子＿大学院に行っています。

２つの出来事，状態を比較対照するためには，それぞれの出来事，状態が一定の事実，知識として「公的」に，客観的に述べられる必要がある。そのため，(62b)，(63b)では，それぞれ２つの出来事，状態が，話し手の生の「実感」としては解釈できないために，これらの文が不適格になっていると考えられる。対照を表わす「ハ」が省略できないことには，もう１つの原因があるように思われるが，それについては，「総記」の「ガ」が省略できないことと平行して説明することにする。

　次に，主文主語の「ガ」の省略条件を考察してみよう。

(64)　ａ．おや，あそこで太郎君　が／*は　こちらを向いて手を振ってる。
　　　ｂ．おや，あそこで太郎君＿こちらを向いて手を振ってる。
(65)　ａ．おや，あそこで小さい男の子　が／*は　泣いてる。
　　　ｂ．おや，あそこで小さい男の子＿泣いてる。
(66)　ａ．おや，閉めたはずのドア　が／*は　開いてる。
　　　ｂ．おや，閉めたはずのドア＿開いてる。
(67)　ａ．お母さん，誰か変な人　が／*は　板塀のすきまから隣りの

家の庭，覗いてる。
b． お母さん，誰か変な人＿，板塀のすきまから隣りの家の庭，覗いてる。（＝53a）
(68) a． おや，粉雪　が／*は　降り始めた。
b． おや，粉雪＿降り始めた。
(69) a． 2003年に第2イラク戦争　が／*は　始まった。
b． *2003年に第2イラク戦争＿始まった。
(70) a． 3日前に，大学のときの同級生　が／*は　死んだ。
b． *3日前に，大学のときの同級生＿死んだ。

(64)-(70)の主語は，いずれも「中立叙述」の「Xガ」である。(64)-(68)の(b)が適格文で，(69b)，(70b)が不適格文であるということは，中立叙述の「Xガ」の「ガ」の省略が，基本的に，目に見えるシーンを話し手が感情（驚き，意外感などの感情）を込めて述べる，臨場感がある文に限られていることを示唆しているように思われる。この条件を次のようにまとめておく。

(71) 主文主語をマークする「ガ」の省略条件（試案）：
主文主語をマークする「ガ」の省略は，文全体が目に見えるシーンを私的感情（驚き，意外感などの感情）を込めて述べる，臨場感がある文に限られる。文が表わす情報が知識化，抽象化されていればいるほど，「ガ」の省略が困難となる。

(71)の条件は，基本的に，主題の「ハ」の省略条件と同じものであると考えられる。(69b)，(70b)が不適格なのは，これらの文が，現在進行中でない過去の出来事を記述し，話し手の私的感覚とは無関係で，「目に見えるシーンを私的感情を込めて述べる，臨場感がある文」ではないからであると考えられる。

過去の出来事を表わす「Xガ」文の「ガ」が省略不可能というわけではない。次の文を参照されたい。

(72) a． 昨日，太郎君　が／*は　来た。
b． ??昨日，太郎君＿来た。
c． 昨日，太郎君＿来たよ。

(73) a. 今朝大きな地震　が／*は　あった。
　　　b. *今朝大きな地震＿あった。
　　　c. 今朝大きな地震＿あったよ。

(72b)は極めて不自然な文であるが，(72c)はまったく自然な適格文である。これは，「来た」だけだと，過去の事実を知識としてそのまま客観的に提示するだけであるが，「来た」のあとに「よ」を付加することによって，話し手がこの出来事を私的に体験し，話し手がそのことを聞き手に教えてあげるという意味合いが生じて，話し手の「生の」感情表現として解釈されるためだと思われる（(55c)参照）。(73c)が適格文であることも，同じ理由によるものと思われる。

　ここで，「総記」の「ガ」が省略できない理由を考えてみよう。

(74) A： 花子と太郎と次郎のうちで，誰が一番背が高いか。
　　　B_1： 次郎が　　　　　　　　　一番背が高い。
　　　　　　新情報・重要度が高い情報　　**旧情報・重要度が低い情報**
　　　B_2： *次郎＿一番背が高い。

($74B_2$)が不適格である１つの理由は，それが目に見えるシーンを叙述する臨場感のある文ではないことである。しかし，それだけの理由にしては，この文の不適格性が顕著すぎるように思われる。やはり，久野(1973)で想定し，Lee(2002)も，「活性，半活性，非活性」情報に基づく分析を結論として提示するまでは想定していた，情報の新旧度，重要度の高低が，($74B_2$)の不適格性の一因になっているように思われる。この文が不適格である重要な一因は，主語「次郎」が，明らかに述部「一番背が高い」より新しい情報，重要度が高い情報を表わしているのに，新しい情報のマーカーである「ガ」が省略されているからに違いない。

　このように考えると，「ガ」の省略には，次のような制約が働いているように思われる。この制約は，本節の最初に提示した「ハ」の省略条件と，(71)の「ガ」の省略条件についての試案に取って代わるものである。７節で，同じ制約が従属節の主語をマークする「ガ」にも適用することを示すので，制約の適用範囲を限定する「主文の主語」という表現を，単に「主語」としていることに注意されたい。

(75) 主語をマークする「ハ・ガ」の省略条件：主語をマークする「ハ・ガ」は，次の条件1，条件2をともに満たすときにのみ省略できる。
[条件1] 主語をマークする「ハ・ガ」の省略は，文全体が目に見えるシーンなどを私的感情（驚き，意外感などの感情）を込めて述べる，臨場感がある文に限られる。文が表わす情報が知識化，抽象化されていればいるほど，「ハ・ガ」の省略が困難となる。
[条件2] 主語をマークする「ハ・ガ」の省略は，主語が表わす情報の新情報性・重要度が，述部が表わす情報の新情報性・重要度より高くないときにのみ可能である。換言すれば，主語をマークする「ハ・ガ」は，主語が述部より古い情報・重要度が低い情報を表わすか，その新情報性・重要度が述部のそれと同じときにのみ，省略を許される。
[注記] 目に見えるシーンを感情（驚き，意外，不満などの感情）を込めて述べる臨場感のある文は，全文新情報の文であるから，自動的に上の制約を満たす。

(64)-(68)は，目に見えるシーンを感情を込めて述べる臨場感のある文である。これらの文は，全文新情報を表わす文なので，主語と述部は，同じレベルの新情報性，重要度を持つ。したがって，主語をマークする「ガ」の省略は，(75)の［条件1］，［条件2］をともに満たす。一方，(69)，(70)は，過去の出来事についての臨場感のない記述である。これらの文は，「何が始まったか」，「誰が死んだか」に対する答えという解釈を受けることは容易であるが，「第2イラク戦争がどうなったか」，「大学のときの同級生がどうしたか」に対する答えという解釈は受けにくい。したがって，これらの文の主語は，述部より重要度の高い情報を表わし，「ガ」の省略が許されないことになる。(72b)，(73b)も，現在目に見えるシーンを感情を込めて述べる文ではなく，過去の出来事を述べる文なので，臨場感がなく，文全体がまったく予期しなかった出来事を表わすという解釈を受けにくい。したがって，これらの文は，［条件1］を満たさない。また，これらの文は，「誰が来たか」，「何が起きたか」を述べる文として解

釈され,「太郎がどうしたか」,「地震がどうしたか」を述べる文としては解釈されにくい。そのため,主語の「太郎君が」,「大きな地震が」の方が,述部の「来た」,「あった」より重要度の高い情報を表わすと解釈される。したがって,これらの文の主語をマークする「ガ」の省略は,(75)の制約の［条件1］,［条件2］の両方に違反するので,(72b),(73b)が不適格になるということになる。

　これに対し,(72b),(73b)の文に終助詞「よ」を付加すると,第一に,話し手が「太郎が来た」こと,「地震があった」ことを私的に体験したという意味合いが加わり,これらの文の臨場感が増える。さらに,「よ」の付加によって,これらの文は,「太郎が来たか来なかったか」,「地震が起きたか起きなかったか」という暗黙の質問に対する返事という解釈を容易に受け得ることになる。つまり,これらの暗黙の質問は,「太郎がどうしたか」,「地震がどうしたか」とも言い換えられる質問なので,それに対応する「来たよ」,「あったよ」は,少なくとも主語が表わす情報と同じ程度の重要度の情報,あるいは,主語よりも重要度が高い情報を表わすものと解釈される。したがって,(72c),(73c)の「ガ」の省略は,制約(75)の［条件1］,［条件2］をともに満たしており,適格となる。

　(75)の制約は,「対照」の「ハ」が省略できないことも自動的に説明する。

(76)　A．　太郎君,花子さん,お元気ですか。
　　　B_1．　太郎は　　　　　　　　　元気ですが,…
　　　　　　新情報・重要度が高い情報　　旧情報・重要度が低い情報
　　　B_2．＊太郎＿元気ですが,花子＿ちょっと体をこわしています。

比較対照の「ハ」の使用は,2つ（以上）の出来事や状態を一定の事実や知識として,「公的」に,私的感情をまじえないで述べることを必要とする。したがって,(76B_1)は,(75)の［条件1］を満たさない。また,(76B_1)の主語「太郎」は,予測できない新情報を表わす。なぜなら,この答えの「太郎」の部分が騒音で聞き取れなかったら,それが誰であるか予測することができないからである。したがって,「太郎は」は,述部「元気ですが」より新しい,より重要な情報を表わしているので,「ハ」の省略は,［条件2］にも違反する。(76B_2)が不適格なのは,この2つの理由に

よる。

(74)で,「総記」の「ガ」を省略すると不適格文ができることを示したが,「総記」の「ガ」の省略と思われるもので,適格性がそれほど低くない文がある。次の例を参照されたい。

(77)　A：この写真の中で誰が一番ハンサムだと思う？
　　　 B：a．　　この人　が／*は　一番ハンサム。
　　　　　 b．✓／? この人＿一番ハンサム。

(74B)が,太郎,次郎,花子3人の身長に関する既成の事実を比較し,「公的」な解答を出している文であるのに対して,(77B)は,写真に写っている人たちの顔を見て,話し手の個人的意見を「生の」形で表現する極めて臨場感の高い文である。このような文では,省略された助詞が,「ハ」ではなく「ガ」であることは確かであるが,それが「総記」の「ガ」か,中立叙述の「ガ」か決めにくい。(77B)は(77A)の答えなのだから,「総記」の「ガ」のはずであるが,話し手が写真を見て私的な印象を述べている文と解釈すれば,主語も述部も新情報を表わす文であり,例えば,空を見て「ああ,空が青い」というときの「中立叙述」の全文新情報文(久野1973：32)に準ずる文と考えられないこともない。いずれにしても,普通「総記」の「ガ」と考えられているものが,上記のような臨場感が高い文で省略できるということは,面白い現象である。

(75)の制約は,次の対話で,「ハ」が省略できることも説明することができる。

(78)　A：お嬢さんは,どうしていらっしゃいますか？
　　　 B：夏子＿今出張でアメリカに行っています。

(78B)は臨場感がある発話ではない。しかし,それは,「*人間＿考える葦である」(＝56b)とは異なり,知識の客観的陳述ではない。どちらかと言えば,知識というよりは,話し手の私的な状況を伝達する文である。この文の「夏子」が主語の位置に現われることは,話し手Ａの質問から予測できることであり,「夏子」が表わす情報は,述部が表わす情報より古い,重度度の低い情報ということになる。「ハ」の省略が許されるのは,この

理由によるものと考えられる。
　同様のことが，次の自己紹介文についても言える。

(79)　(話し手が講演会のあとで，講演者のところに行って，自己紹介する。)
　　　a．?私はジョン・スミスと申します。
　　　b．　私＿山田太郎と申します。

(79a)は，日本語が母語でない話し手が話す日本語である。日本語が母語の話し手は，「ハ」を省いて(79b)のように言う。これは，自己紹介の状況で，「山田太郎と申します」の主語が「私」であることは，もっとも予測される情報なので，「ハ」の省略が許されるどころか，半ば義務的になることを示している。「ハ」の省略は，この自己紹介文に私的な遠慮がちな発話という色合いも加える。

7．従属節の主語をマークする「ガ」の省略条件

　従属節の主語をマークする「ガ」の省略にも，主文の主語をマークする「ハ・ガ」の省略と同じ条件が適用しているように思われる。次の影山(1993)の非対格文をもう一度見てみよう。

(4)　非対格動詞：
　　　a．［顔にご飯粒＿　付いている］の知ってる？
　　　b．［交通事故＿　起こる］ところ見たことある？
　　　c．あの子供，［何度でお湯＿　沸く］か知らない。
　　　d．［田中さん＿　亡くなった］の知らなかった。
　　　e．テレビのニュースで［タンカー＿　沈没する］ところ見たよ。
　　　f．昨日，［火山＿　爆発する］の見たよ。

上例中，(4a, b, e, f)の従属文は，目に見えるシーンを感情を込めて述べる臨場感のある文である。したがってこれらの文は，「主語が表わす情報の新情報性・重要度が，述部が表わす情報のそれより高くてはいけない」という制約に違反しない。(4c)は臨場感が薄い文であるが，話し手が問題の湯気を出しているヤカンの前で問題の子供に質問し，その子供が答

えられないのに驚いているようなシーンを頭に描けば，臨場感が出てくる。「何度でお湯が沸く」は，「何度でお湯がどういう状態になるか」という質問に対する答えであって，「何度で何が沸くか」という質問の答えではない。したがって，「お湯」が「沸く」より重要度の低い情報を表わすので，「ガ」の省略が許されるものと考えられる。

　1節で指摘したように，影山（1993）が適格と判断する(4c)は，それでもなお我々にとってやや不自然に感じられる。その理由は，「お湯が何度で沸くか知らない」というのが普通の語順であり，この語順なら，「お湯」が「何度で沸くか」より重要度が低い情報を表わしていることが明瞭なのに，どうして，「何度で」というもっとも重要な情報を表わす要素を「お湯が」の左に移して，述部の情報の重要度を下げなければならなかったかということに対する理由づけがないことに由来する不自然さではないかと考えられる。

　次に，影山（1993）が不適格文と判断している非能格動詞文(5a-e)，竹林（2004）が適格と判断している非能格動詞文をもう一度考察してみよう。

(5)　非能格動詞（影山）：
　　　a．?*[子供達＿　騒ぐ]の見たことない。
　　　b．?*[患者＿　あばれた]の知ってますか？
　　　c．?*[田中君＿　仕事する]の見たことない。
　　　d．*テレビで[中核派＿　デモする]の見たよ。
　　　e．*[教え子＿　活躍する]のを見るのは楽しい。
(8)　竹林（2004）
　　　a．[向こうで子供達＿騒いでる]の知ってる？
　　　b．[昨日もまた例の患者さん＿あばれた]こと，ドクターに伝えました？
　　　c．[田中君＿仕事してる]の，どの会社？
　　　d．この間テレビで，[どこかの学生さんたち＿デモしてる]の見なかった？
　　　e．この間，試合に行って，[彼＿活躍する]とこ見てきたよ。

(8a)の「向こうで子供たち（が）騒いでいる」は，現行のシーンを実際

に目で見て描写する，臨場感の高い文である。(75)の注記で示したように，この条件を満たす文は，主語と述部の情報の新旧についての［条件2］を自動的に満たすから，「ガ」の省略が許される。他方，(5a)の「子供達（が）騒ぐ」は，臨場感が薄い。しかし，「（あの）子供達が何をするのを見たことない？」に対する答えと解釈すれば，「騒ぐ」が，「（あの）子供達」より重要度の高い情報を表わすことになるから，「ガ」の省略が許されるはずであり，実際，このように「子供達」を「あの／我々の／近所の子供達」などという，指示対象既知の名詞句と解釈すれば，(5a)は適格文だと思われる。他方，「子供達」を指示対象未知の名詞句と解釈すれば，(5a)は，「誰が騒ぐのを見たことない？」に対する答えである，という解釈が強くなり，「子供達」のほうが「騒ぐ」より新しい，重要度の高い情報を表わすことになるので，「ガ」が省略できないことになる。(5b-e)と(8b-e)の対比も同様に説明できる。

　(6b)と(7b)（以下に再録）の適格性も，従属文の述部が表わす情報が，主語が表わす情報より重要度が高いことに起因させることができる。

(6)　b．社長，［今年いっぱいで山田さん__会社を辞める］って本当ですか？

(7)　b．ねー，［住宅公団にローンを申請しないで山田さん__家を新築した］の知ってる？

これらの文の従属節は，第一に，身のまわりの人についての意外なニュースとして，高くはないが，ある程度の臨場感を持った文であると考えられる。第二に，これらの従属節は，「今年いっぱいで誰が会社を辞めるか」，「住宅公団にローンを申請しないで誰が家を新築したか」の答えであると解釈すれば不適格文となるが，「今年いっぱいで山田さんがどうするか」，「住宅公団にローンを申請しないで，山田さんがどうしたか」に対する答えと解釈すれば，適格文である。後者の解釈で，述部が主語より重要度の高い情報を表わしていることは言うまでもない。そして，この後者の解釈の方がより一般的であり，「ガ」の省略が適格となっている。

　次の文の従属文は，臨場感が極めて高い。

(80)　お母さん，2ヶ月か3ヶ月前に，鳥打ち帽子をかぶった人相のよ

くない人＿，家の前を行ったり来たりしていたの，覚えてる？

この文の完全な適格性は，従属文の主語をマークする「ガ」の省略が，主語が指示対象既知名詞句，あるいは，Chafe の「活性／半活性」名詞句の場合に限られる，という一般化の強い反例となる．我々の分析によれば，この文の従属節は，話し手が実際に目で見た過去の出来事を描写する全文新情報の文であるので，主語も述部も同じレベルの新情報，同じレベルの重要度の文であるため，「主語が表わす情報が述部の表わす情報より，新情報性，重要度が高いときには，「ガ」の省略が許されない」という制約の違反を犯していないから適格文である，ということになる．

次に，非対格動詞の主語をマークする「ガ」でも省略できないものとして，3節で考察した我々の例文を見てみよう．竹林 (2004) の例文 (9)，(10) は，その後で考察する．

(11) b. *[阪神タイガースに赤星＿いる] ことも知らないの？
(12) b. *[自分より先に子供＿先立つ／死ぬ] のは，とても淋しい．
(13) b. *[熱でダイヤモンド＿溶ける] なんて考えられない．

これらの文の従属文は，臨場感がない．(11b) が不適格なのは，「阪神タイガースに赤星がいるかいないか」が問題となっているのではなくて，「阪神タイガースに誰がいるか」が問題となっているから，「赤星」のほうが「いる」よりも重要度の高い情報を表わしているからである．(12b) が不適格なのは，従属節が，抽象的，客観的な一般的事実の陳述を行なっているためではないかと考えられる．しかし，実際に子供を失った親が，

(81) [自分よりも先に私の子供＿死んでしまっ] て，もうどうしていいか分かりません．

と言えば，抽象性，客観性，「公的」陳述性が減り，感情的で，「私的」陳述性が増えて，適格，あるいはほぼ適格な文ができる．さらに (81) では，従属節の主語が「私の子供」となっているために，話し手の子供がどうしたかを述べる文として解釈されやすい．そのため，主語の方が述部より重要度の低い情報であり，(75) の [条件2] も満たされている．(13b) も話し手が単に頭で考えて言っている文だと解釈すれば不適格であるが，話し

手が，実際にダイヤモンドが溶けるのを目撃して言っている文だと解釈すれば，完全に適格な文となる。この解釈では，(13b)の従属節は全文新情報の臨場感のある文となり，(75)の［条件１］，［条件２］をともに満たすからである。

最後に竹林（2004）の次の文を考えてみよう。

(9)　b．??このポットの一番のセールス・ポイントは，ものの数分でお湯__沸くことです。
(10)　b．??ソウルに沢山の教会__あるのは世界的に有名だよ。

(9b)の不適格性は，この文が問題のポットの客観的特性を私的感情をまじえないで述べる文であるため，「ガ」の省略に由来する私的発話性，感情的発話性とスタイルの点で相いれないからだと思われる。同様，(10b)の不適格性も，文全体が表わす周知の事実と，「ガ」の示唆する私的，感情的情報との矛盾によるものと考えられる。

8．まとめ

本章では，主語をマークする「ハ・ガ」の省略（特に，従属節の主語をマークする「ガ」の省略）について考察した。まず，影山（1993）で提出された分析――従属節で，他動詞の主語と非能格動詞の主語をマークする「ガ」は省略できず，非対格動詞の主語をマークする「ガ」は省略できる――は多くの例を説明できるものの，それでもなお捉えられない例があることを示した。次に，竹林（2004）の分析も，「ガ」を含む従属節の表わす情報の重要度に着目した点で優れた洞察力を示しているものの，従属節全体が「重要な意味合い」を持つかどうかという点にのみ着目し，その主語が表わす情報の重要度と述部が表わす情報の重要度の大小に着目しなかった，という点で妥当でないことを示した。さらに，Lee（2002）の「主語＋ガ」の省略に関する分析を概観し，この分析が極めて興味深く，日本語の「ガ」の情報伝達機能の理解を深めるものであるが，「活性／半活性／非活性」情報に基づくこの分析にも重要な問題があることを明らかにした。

本章ではさらに，主語をマークする「ハ・ガ」の省略は，発話のモードと情報の新旧度・重要度に依存する現象であることを示し，次の仮説を提

出した。

 (75) 主語をマークする「ハ・ガ」の省略条件：主語をマークする「ハ・ガ」は，次の［条件1］，［条件2］をともに満たすときにのみ省略できる。
  ［条件1］主語をマークする「ハ・ガ」の省略は，文全体が目に見えるシーンなどを私的感情（驚き，意外感などの感情）を込めて述べる，臨場感がある文に限られる。文が表わす情報が知識化，抽象化されていればいるほど，「ハ・ガ」の省略が困難となる。
  ［条件2］主語をマークする「ハ・ガ」の省略は，主語が表わす情報の新情報性・重要度が，述部が表わす情報の新情報性・重要度より高くないときにのみ可能である。換言すれば，主語をマークする「ハ・ガ」は，主語が述部より古い情報・重要度が低い情報を表わすか，その新情報性・重要度が述部のそれと同じときにのみ，省略を許される。
  ［注記］目に見えるシーンを感情（驚き，意外，不満などの感情）を込めて述べる臨場感のある文は，全文新情報の文であるから，自動的に上の制約を満たす。

そして，この制約により，影山（1993）や竹林（2004），Lee（2002）にとって問題となる文だけでなく，多くの文の適格性，不適格性が捉えられることを示した。

 「ハ・ガ」の省略は複雑であるだけでなく，その適格性判断も微妙な場合が多い。(75)で提示した我々の分析は，多くの例を的確に説明できるものの，まだ試案の段階であり，今後さらに多くの例を検討し，検証を重ねなければならない。

■第8章

使役受身文

「水が蒸発させられた」はなぜ不適格文か

1. はじめに

最初に次の3つの文を見てみよう。

(1) a. その子は，嫌いな人参を食べた。(他動詞文)
    b. 母親は，その子に嫌いな人参を食べさせた。(使役文)
    c. その子は，母親に嫌いな人参を食べさせられた。(使役受身文)

(1a)は，主語の「その子」が何をしたかを述べた他動詞文であり，(1b)は，(1a)でその子がした事柄を母親が引き起こしたことを述べた使役文である。そして(1c)は，話し手が，(1b)の「その子」を主語にして，「その子」の立場から(1b)の内容を記述した使役受身文である。

さて，影山(1993)は，自動詞が使役受身文で用いられると，非能格動詞の使役受身文は適格となるが，非対格動詞の使役受身文は不適格になると主張している。次の例を見てみよう。

(2) a. 子供がジャンプした。(非能格動詞)
    b. 太郎が子供をジャンプさせた。(使役文)
    c. 子供がジャンプさせられた。(使役受身文)(影山1993：61)
(3) a. 水が蒸発した。(非対格動詞)
    b. 太郎が水を蒸発させた。(使役文)
    c. *水が蒸発させられた。(使役受身文)(影山1993：61)

(2a)の自動詞「ジャンプする」は，主語指示物の意図的行為を表わす非

能格動詞であり，(2b)がその使役文である。(2c)は，(2b)の被使役主「子供」が主語となる使役受身文であり，この文は適格である。一方，(3a)の自動詞「蒸発する」は，主語指示物の非意図的事象を表わす非対格動詞であり，(3b)がその使役文である。(3c)は，(3b)の被使役主「水」が主語となる使役受身文であるが，この文は，(2c)と異なり不適格である。[1]

　私たちは本章で，使役受身文に対するこの影山(1993)の主張をまず検討する。そして，この主張は多くの例を説明できるが，さらにデータを検討してみると，非対格動詞でも使役受身文に用いられて適格となる例が数多くあり，使役受身文の適格性は，動詞の非対格性に依存する現象ではないことを示す。私たちは次に，使役受身文がどのような条件のもとで適格となるかを考察し，意味的・機能的制約を提案する。そしてこの制約により，使役受身文の適格性が正しく捉えられることを示す。

　本論に入る前に，使役形と受身形の形態素について簡単に触れておきたい。使役形は，動詞の語幹に「させる」(sase-ru)，または「さす」(sas-u)の形態素をつけて表わす。この場合，日本語の活用の一般原則として，子音が連続すると後ろの子音が落ちる。そのため，動詞が上一段活用，下一段活用なら，その動詞の語幹が母音で終わるので，(4a, b)のように，使役形態素の「させる」(sase-ru)，「さす」(sas-u)がそのままつくが，動詞が五段活用なら，その動詞の語幹が子音で終わるので，(5a, b)のように，使役形態素の語頭のsが落ち，-ase-ru，-as-uがつく。

(4)　a．見る (mi-ru) →見させる (mi+sase-ru)／見さす (mi+sas-u)
　　　b．食べる (tabe-ru) →食べさせる (tabe+sase-ru)／食べさす (tabe+sas-u)
(5)　a．読む (yom-u) →読ませる (yom+ase-ru)／読ます (yom-as-u)
　　　b．書く (kak-u) →書かせる (kak-ase-ru)／書かす (kak-as-u)

　一方，受身形は，動詞の語幹に「られる」(rare-ru)をつけて表わす。そしてこの場合も，動詞の語幹が母音で終われば，そのままrare-ruがつ

くが，動詞の語幹が子音で終われば，語頭のrが落ちて，-are-ru がつく。そのため，使役形に受身形態素がつくと，例えば次のようになる。

(6) a. 食べさせる（tabe-sase-ru）→食べさせられる（tabe-sase-rare-ru）
    b. 食べさす（tabe-sas-u）→食べさされる（tabe-sas-are-ru）
(7) a. 書かせる（kak-ase-ru）→書かせられる（kak-ase-rare-ru）
    b. 書かす（kak-as-u）→書かされる（kak-as-are-ru）

使役形態素に「させる」と「さす」の2つがあるため，使役受身形も(6a, b), (7a, b)に示されるように2つがある。しかし，(6)のような下一段活用動詞（および上一段活用動詞）の使役受身形は，使役形態素の「させる」に受身形態素「られる」をつけた「食べさせられる」の方が，使役形態素の「さす」に受身形態素の「られる」(-are-ru) をつけた「食べさされる」より一般的に用いられる。他方，(7)のような五段活用動詞の使役受身形は，使役形態素の「さす」に受身形態素の「られる」(-are-ru) をつけた「書かされる」の方が，使役形態素の「させる」に受身形態素の「られる」をつけた「書かせられる」より一般的に用いられる。

2．影山（1993）の分析

影山（1993）はまず，井上（1976）等に従い，他動詞の使役文を使役受身文に変える場合，補文の主語は使役受身文の主語にできるが，補文の目的語は主語にできないことを観察し，次の例をあげている（(8a)の「生徒」は，補文の主語ではなく，主文の目的語であり，補文の主語に「生徒」と同一指標を持つ PRO を想定する構造も可能であるが，ここでは，(8a)の構造として(8b)を仮定する)。

(8) a. 先生は，生徒に高価な本を買わせた。(他動詞使役文)
    b. [先生は [生徒が高価な本を買う] (さ) せた]
          補文主語　補文目的語
(9) a. 生徒は，先生に高価な本を買わされた。(使役受身文)
    b. *高価な本が先生に（よって）生徒に買わされた。(使役受身

文)

(8a)の使役文の補文主語「生徒」が主語になった使役受身文(9a)は，適格であるが，補文の目的語「高価な本」が主語になった使役受身文(9b)は，不適格である。

影山 (1993) は，(8a)の構造を次のように仮定している。

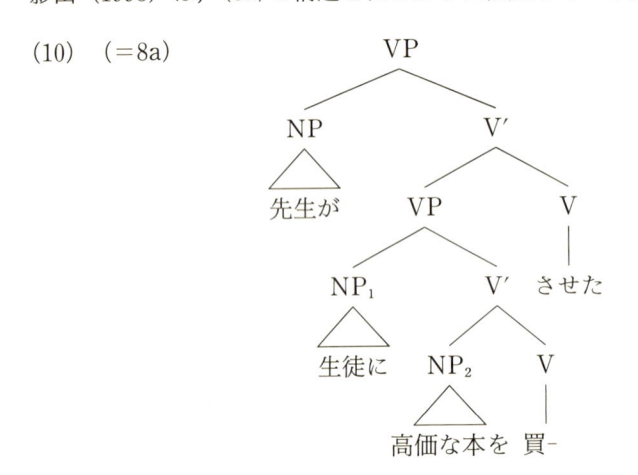

(10) (＝8a)

```
              VP
           /      \
         NP        V'
         /\       /  \
      先生が     VP    V
              /   \    |
            NP₁   V'  させた
            /\   /  \
         生徒に NP₂  V
                /\   |
            高価な本を 買-
```

そして影山 (1993：61) は，(10)において，目的語の「高価な本」は補文の中の動詞句の下に深く埋め込まれているので，このような位置にある名詞句は，使役受身文の主語になれないと述べている。

さて，非能格動詞の主語は，他動詞の主語と同様に，もとから主語位置にあるのに対して，非対格動詞の主語は，基底では目的語位置にあると主張されている (序章，および Perlmutter 1978, Perlmutter and Postal 1984, Burzio 1986 等参照)。そのため，非能格動詞の主語は，(10)の構造で言えば，NP_1の位置を占め，非対格動詞の主語は，NP_2の位置を占めていることになる。影山 (1993) はこの点から，(9a, b)で観察したのと同様に，非能格動詞は，その主語がNP_1の位置を占めるので，使役受身文になり，一方，非対格動詞は，その主語がNP_2の位置を占めるので，使役受身文にならないと主張している。そして次の例を提示し，この主張を補強している。

(11) 非能格動詞
　　　ａ．二人を離婚させる　→　二人は離婚させられた
　　　ｂ．太郎を就職させる　→　太郎は就職させられた
　　　ｃ．課長を出張させる　→　課長は出張させられた
　　　ｄ．子供をジャンプさせた　→　子供がジャンプさせられた
　　　　　（＝2c）
　　　ｅ．車を止まらせる　→　車が止まらされた
　　　ｆ．子供を働かせた　→　子供が働かされた
　　　ｇ．娘を嫁がせる　→　娘が嫁がされた
(12) 非対格動詞
　　　ａ．水を蒸発させた　→　*水が蒸発させられた（＝3c）
　　　ｂ．口語では助詞を脱落させることが多い　→　*助詞が脱落させられることが多い
　　　ｃ．患者を死亡させてしまった　→　*患者は死亡させられてしまった
　　　ｄ．新曲をヒットさせた　→　*新曲がヒットさせられた
　　　ｅ．野菜を腐らせた　→　*野菜が腐らされた
　　　ｆ．花を咲かせる　→　*花が咲かされた
　　　ｇ．窓ガラスを曇らせる　→　*窓ガラスが曇らされた

　(11a-g)の動詞「離婚する」,「就職する」,「出張する」,「ジャンプする」,「(車が)止まる」,「働く」,「嫁ぐ」は,いずれも主語指示物の意図的行為を表わす非能格動詞であり,そのため,これらの使役受身文はすべて適格であると影山(1993)は述べている。[2] 一方,(12a-g)の動詞「(水が)蒸発する」,「(助詞が)脱落する」,「死亡する」,「(新曲が)ヒットする」,「(野菜が)腐る」,「(花が)咲く」,「(窓ガラスが)曇る」は,いずれも主語指示物の非意図的事象を表わす非対格動詞である。そのため,これらの動詞が用いられた使役受身文(12a-g)は不適格であると影山は述べている。

　影山(1993, 1996)は,(12c)の「死亡する」は,主語指示物の非意図的事象を表わすので,非対格動詞であるが,同様の意味を表わす「死ぬ」や,さらに「(雨が)降る」などは,「お前,死ね!」や「雨,雨,降れ,

降れ…」のように命令文が可能であるため，非能格動詞であると主張している。[3] そのため，これらの動詞は，(11a-g)の非能格動詞と同様に使役受身文になると述べ，次の文を提示している（影山1993：62）。

(13) a. 戦争の時は，国のために大勢の人が無理やり死なされた。
b. 人工降雨で多量の雨が降らされた。

以上の影山 (1993) の議論は，次の制約としてまとめることができる。

(14) 使役受身文に課される非能格性制約：他動詞の主語と非能格動詞の主語は，使役受身文の主語になれるが，他動詞の目的語と非対格動詞の主語（基底では目的語）は，使役受身文の主語になれない。

従来，非対格動詞の主語は，基底（D構造）では目的語位置を占めているが，表層（S構造）では主語位置へ移動し，主格を付与されると考えられてきた（Burzio 1986参照）。Miyagawa (1989) 等は，この点は日本語でも同様であると主張している。しかし影山 (1993) は，非対格動詞の主語が表層で目的語位置から主語位置へ移動できるのなら（つまり，(10) の構造で NP_2 から NP_1 へ移動できるのなら），他動詞や非能格動詞の主語と同じように，その位置からさらに使役受身文の主語になれるはずであるから，非対格動詞の主語は，表層においても目的語位置（動詞の姉妹位置）に留まり，そしてその位置で主格が付与されると主張している（第6章，第7章参照）。

3. さらなるデータの検討

(14)の「使役受身文に課される非能格性制約」（以後，「非能格性制約」と略記する）は多くの使役受身文の適格性を捉えられ，興味深く重要な仮説であると考えられるが，さらにデータを検討してみると，非対格動詞でも使役受身文に用いられる例が数多くあることが分かる。次の例を見られたい。

(15) a. あの鶏たちは，ブロイラーチキンにするために，あんなに太らされて，可哀想だね。

第8章　使役受身文　　　　　　　　　219

b．エイズ菌に感染させられた実験動物たちは，数日のうちに死んでしまった。
c．被爆させられて苦しい人生を歩むことになった人々が，抗議の文書を政府に提出した。
d．私は危うく，窒息させられるところだった。
e．団地の駐車場で，住民の車が何台もパンクさせられ，人々は犯人探しにやっきになっている。
f．山田君は，会社のために一生懸命働いていたのに，突然，降格させられてしまった。
g．花子は，お化け屋敷で気絶させられた。
h．戦時中は，食べる物も着る物もなく，多くの子供たちが餓死させられた。
i．木村先生は，助教授のままでたくさん研究をしたかったのに，学科の方針で，忙しい教授に昇進させられてしまった。
j．私は，一度は絶望させられはしたが，やがて心の底から不思議な力が沸いてきた。
k．盛り上がっていた後夜祭が，大学側から一方的に終了させられて／終わらされて，学生たちは不満でいっぱいだった。
l．私はスケートをしていて，後ろから走ってきた人に転ばされた。
m．先生に呼ばれたので，後ろの席から教卓まで行こうとしたら，途中の席に座っている人に突然足を出され，つまずかされた。
n．学校の先生や警察から子供のことで何度も呼び出され，息子にはずっと困らされっぱなしですよ／困らせられっぱなしですよ。

これらの例はいずれも，適格，あるいはほぼ適格と判断される自然な日本語である。しかし，これらの例で用いられている動詞「太る」，「感染する」，「被爆する」，「窒息する」，「パンクする」，「降格する」，「気絶する」，「餓死する」，「昇進する」，「絶望する」，「終了する／終わる」，「転ぶ」，「つまずく」，「困る」は，いずれも主語指示物の非意図的事象を表わす非

対格動詞である。したがって，(14)の非能格性制約は，(15a-n)の文をすべて不適格であると予測してしまう。

ここで，(15a)，(15l-n)の「太らされ」，「転ばされ」，「つまずかされ」，「困らされ」は，使役形の受身ではなく（つまり，「太る」(hutor-u) に使役形態素「さす」(-as-u) がついて，「太らす」(futor-as-u) となり，それが受身になったものではなく），「太らす」，「転ばす」，「つまずかす」，「困らす」という「他動詞」（つまり，使役の過程と結果出来事が，その動詞自体の中に含まれている単純形動詞で，「語彙的使役動詞」(lexical causative)) の受身であり，(14)の非能格性制約の反例にはならないと思われるかもしれないので，一言述べておきたい。実はこの点は，影山 (1993) であげられている使役受身の例(11f, g)，(12e-g)の「働かされ」，「嫁がされ」，「腐らされ」，「咲かされ」，「曇らされ」についてもあてはまり，これらがそれぞれ「働かす」，「嫁がす」，「腐らす」，「咲かす」，「曇らす」という「他動詞」の受身であると思われるかもしれない。しかし，例えば，「太らす」，「転ばす」，「つまずかす」，「困らす」，「働かす」，「腐らす」等に対応する自動詞「太る」，「転ぶ」，「つまずく」，「困る」，「働く」，「腐る」等は，いずれも対応する他動詞を形態上，持っていない。自動詞は，例えば次の表から分かるように，対応する他動詞を持つものと，ここで問題となっているような，対応する他動詞を持たないものとがある。

(16)

	自動詞	他動詞	「さす」使役	「させる」使役
自他対応あり	倒れる	倒す	倒れさす	倒れさせる
	寝る	寝かす	寝さす	寝させる
	立つ	立てる	立たす	立たせる
	開く	開ける	開かす	開かせる
	閉まる	閉める	閉まらす	閉まらせる
自他対応なし	太る	—	太らす	太らせる
	転ぶ	—	転ばす	転ばせる
	困る	—	困らす	困らせる
	働く	—	働かす	働かせる
	腐る	—	腐らす	腐らせる

「太る」,「転ぶ」,「困る」,「働く」,「腐る」のような自動詞は,(16)の表から分かるように,対応する他動詞を持たない。音韻形態上からは,「太る」に対して「*フテル」,「困る」に対して「*コメル」,「腐る」に対して「*クセル」のような他動詞が日本語の語彙の中にもしあったら,それらが他動詞として用いられるが,それらがないために,自動詞に使役の形態素「さす」をつけて他動詞の代用をしているわけである(寺村 1982：295-296 参照)。したがって,(15a),(15l-n)の動詞は,(11f, g),(12e-g)の動詞とまったく同様,使役形の受身である。

(14)の非能格性制約にとってさらなる問題は,感情を表わす動詞である。「びっくりする」,「がっかりする」,「苛立つ」,「驚く」,「意気消沈する」など,多くの感情を表わす動詞は,主語指示物の非意図的事象を表わすので非対格動詞である。しかし,これらの動詞は,次に示すように,使役受身形としてまったく自然に用いられる。

(17) a. 突然,彼が深夜に訪ねてきて,私はびっくりさせられた。
　　　b. 私は,彼らの無関心な態度にがっかりさせられた。
　　　c. 陳情に詰めかけた人たちは,役所の対応の悪さに苛立たされる思いをつのらせた。
　　　d. 社員たちは,社長の突然の辞意に驚かされた。
　　　e. 私は,子供たちの行動に意気消沈させられた。

したがって,(17a-e)のような文の適格性が,非能格性制約(14)にとって問題となる。

さらに興味深い点は,影山(1993)で不適格としてあげてあるような非対格動詞の使役受身文の例でも,文脈を与えると適格になるという点である。次の対比を見てみよう。

(18) a. *花が咲かされた。(影山 1993：61)(＝12f)
　　　b. 　人工照明で花が早く咲かされても,そんな花はあまり長持ちしませんよ。
(19) a. *患者は死亡させられてしまった。(影山 1993：61)(＝12c)
　　　b. 　心臓移植に最後の望みをかけたその患者は,無惨にも,

医師の執刀のミスにより，死亡させられてしまった。
(20) a． ＊桜の木の苗木が成長させられた。
　　 b． √/? いちごは，太陽の恵みで自然に育つのが一番おいしいのに，最近はクリスマスに間に合うよう，早く成長させられて，何か残念な気がする。
(21) a． ＊野菜が腐らされた。（影山 1993：61）（＝12e）
　　 b． (?)/? 私が入院している間，畑の野菜は近所の人が世話してくれると言ったのに，退院して帰ってみたら，丹精込めて作っていた野菜は，畑に放られ，腐らされてしまっていた。

　(18)-(21)の（a）文はすべて不適格であるが，同じ非対格動詞が用いられた（b）文は，若干の不自然さはあるものの，（a）文より適格性がはるかに高く，ほぼ適格であると判断される。非能格性制約は，動詞の種類のみに依存しているため，使役受身文の適格性が，このように文脈にも依存するという点は，この制約では捉えることができない。

　以上，本節では，非対格動詞でも使役受身文に用いられる場合が多くあることを観察し，また，単独では不適格な非対格動詞の使役受身文でも，文脈を与えると適格性が上がる例があることを観察した。それでは，使役受身文はいったい，どのような条件のもとで適格となるのだろうか。次節では，この問題を使役文や使役受身文の表わす意味や機能の観点から考察する。

4．使役受身文の意味的・機能的分析
4.1．強制使役と許容使役
　まず，次の3つの文を見てみよう。
(22) a． 選手たちはグランドを走った。［客観的事実の描写］
　　 b． コーチは，選手たちにグランドを走らせた。［使役文］
　　 c． 選手たちは，コーチにグランドを走らされた。［使役受身文］

　(22a)は，選手たちがグランドを走ったという事実を客観的に描写するの

みであるが，(22b)は，その選手たちの行為がコーチによって引き起こされたものであることを述べる使役文である。このような使役文は，よく知られているように，2つの解釈を持つ。ひとつは，コーチが選手たちに強制して（選手たちは走りたくないのに）走らせたという「強制使役」の解釈であり，もうひとつは，選手たちが走りたがっていたので，コーチがそれを許容して選手たちが走ったという「許容使役」の解釈である (Kuno 1973, 柴谷 1978, 寺村 1982, Miyagawa 1989 他参照)。さて，(22c)は，(22b)の「選手たち」を主語にした使役受身文であるが，興味深いことに，この文には，強制使役の解釈しかなく，許容使役の解釈は存在しない。すなわち，(22c)は，選手たちがコーチに強制されて走ったという意味しかなく，選手たちが走りたかったので，コーチに許容してもらって走ったという意味はない。

上記の観察は，次の(b)文の適格性の違いからも裏づけられる。

(23) a. コーチは，休みたい選手たちにグランドを何周も走らせた。[強制使役]
    b. 休みたい選手たちは，コーチにグランドを何周も走らされた。[強制使役]
(24) a. コーチは，走りたい選手たちにグランドを走らせた。[許容使役]
    b. *走りたい選手たちは，コーチにグランドを走らされた。[×強制使役]
(25) a. 私は，息子をアメリカの大学へ無理やり留学させた。[強制使役]
    b. 息子は，アメリカの大学へ無理やり留学させられた。[強制使役]
(26) a. 私は，息子をアメリカの大学へ希望通り留学させた。[許容使役]
    b. *息子は，アメリカの大学へ希望通り留学させられた。[×強制使役]

(23a), (25a)の使役文は，「休みたい選手たち」，「無理やり」という表現があるために，強制使役の解釈のみを持っており，それらの使役受身文

(23b), (25b)は適格である。一方, (24a), (26a)の使役文は, 「走りたい選手たち」, 「希望通り」という表現があるために, 許容使役の解釈のみを持っており, それらの使役受身文(24b), (26b)は不適格である。したがって, 使役文が強制使役と許容使役の2つの解釈を持つ場合でも, その使役受身文は, 強制使役の解釈しか持たないことが明らかである。[4]

それではなぜ, 使役受身文には許容使役の解釈がないのだろうか。それは, 使役受身文が, 対応する能動文(すなわち使役文)を持つ「直接受身文」であり, 直接受身文では, 「ニ」格名詞句(対応する能動文の主語)が, 当該の事象に直接的に関与し, その事象を自ら引き起こしているためである。[5] この点を明らかにするために, 次の例を見てみよう。

(27) a． コーチが選手たちを褒めた。[能動文]
　　　b． 選手たちがコーチに褒められた。[直接受身文]
(28) a． コーチが選手たちにグランドを走らせた。[使役能動文]
　　　b． 選手たちがコーチにグランドを走らされた。[使役直接受身文]

(27a, b)で「コーチ」は, 選手たちが褒められるという事象に直接的に関与し, 自らがその事象を引き起こしている。このように, 通例の能動形他動詞文を直接受身文にした場合,「ニ」格名詞句指示物(対応する能動文の主語指示物)は, 当該の事象を引き起こす「張本人」である。[6] さて, (28a)の使役文は, 上で見たように, 強制使役と許容使役の解釈を持つが, 強制使役の場合は, コーチが選手たちを強制して, 彼らが走るという事象を自ら引き起こしている。つまり, コーチは, 選手たちが走るという事象に直接的に関与している。一方, 許容使役の場合は, コーチは, 選手たちが走りたいのを許容, 放任しただけで, 自らが選手たちの走る行為を引き起こしたわけではない。その点で, コーチは, 選手たちが走るという事象に直接的には関与していない。そうすると, (27b)で見たように, 直接受身文では, 「ニ」格名詞句指示物が, 当該の事象を自ら引き起こしているため, (28b)の使役直接受身文でも, 「ニ」格名詞句の「コーチ」は, 選手たちが走るという事象を自ら引き起こしていなければならず, そのために, (28b)では強制使役の解釈しかないのである。

本章で考察している使役受身文は, 使役直接受身文(つまり, 対応する

能動文がある使役受身文）であるが，日本語では，受身文に直接受身文だけでなく，間接受身文があるように，使役受身文にも使役間接受身文がある。そのため，ここで直接受身文と間接受身文の主語に関する違いを指摘しておきたい。次の例を見てみよう。

(29) a．選手たちがコーチに褒められた。[直接受身文]（＝27b）
　　 b．選手たちがコーチにグランドを走らされた。[使役直接受身文]（＝28b）
(30) a．太郎が秘書に書類を捨てられた。[間接受身文]
　　　 (cf. *秘書が太郎を／に書類を捨てた。)
　　 b．私は，その新人歌手に新曲をヒットさせられた。[使役間接受身文]
　　　 (cf. *その新人歌手は，私を／に新曲をヒットさせた。)

(29a)の直接受身文の主語「選手たち」は，コーチの褒める行為を受ける直接対象（direct target）であり，(29b)の直接受身文の主語「選手たち」も，コーチが引き起こす使役行為を受ける直接対象である。つまり，直接受身文の主語指示物は，「ニ」格名詞句指示物だけでなく，当該の事象に関与している。一方，(30a)の間接受身文の主語「太郎」は，秘書が書類を捨てるという行為自体には何ら関与していない。また，(30b)の間接受身文の主語「私」も，その新人歌手が新曲をヒットさせたという事象には何ら関与していない。（ただ，(30a, b)の主語「太郎」，「私」は，秘書が書類を捨てたり，新人歌手が新曲をヒットさせたことにより，それぞれ何らかの迷惑を受けている主体であるのみである。）その点で，直接受身文の主語は，当該の事象に関与しているが，間接受身文の主語は，当該の事象には何ら関与していないという違いがある。

　以上の考察から，使役文が強制使役の解釈を持ち，使役主が被使役主に強制をして当該の事象を自ら引き起こしている場合は，使役受身文が適格となるが，使役文が許容使役の解釈を持ち，使役主が被使役主の行なおうとする行為を許容，放任してその行為が起こる場合は，使役主が自らその行為を引き起こしてはいないので，使役受身文が不適格となることが分かった。そしてこの点から，これまでの節で観察した次のような例がなぜ適格であるかも分かる。

(1) c． その子は，母親に嫌いな人参を食べさせられた。
(9) a． 生徒は，先生に高価な本を買わされた。
(15) a． あの鶏たちは，ブロイラーチキンにするために，あんなに太らされて，可哀想だね。
　　 b． エイズ菌に感染させられた実験動物たちは，数日のうちに死んでしまった。
　　 e． 団地の駐車場で，住民の車が何台もパンクさせられ，人々は犯人探しにやっきになっている。
　　 f． 山田君は，会社のために一生懸命働いていたのに，突然，降格させられてしまった。
　　 i． 木村先生は，助教授のままでたくさん研究をしたかったのに，学科の方針で，忙しい教授に昇進させられてしまった。
　　 k． 盛り上がっていた後夜祭が，大学側から一方的に終了させられて／終わらされて，学生たちは不満でいっぱいだった。

(1c)では，「(その子が)嫌いな人参」という表現から分かるように，母親がその子に強制をして人参を食べさせたことが明らかである。また(9a)でも，「高価な本」という表現が，先生が生徒にその本を買うよう強制したことを示唆している。よって，これらの使役受身文は適格となる。これに対し，(1c)，(9a)を次のようにして，その子が人参を食べたことや生徒が本を買ったことを，母親や先生がそれぞれ強制したのではなく，許容，放任したことを明示すれば，不適格となる。

(31) a．＊その子は，母親に大好きな人参を食べさせられた。
　　 b．＊生徒は，先生に以前から欲しいと思っていた本を買わされた。

次に(15a)では，「ブロイラーチキンにするために」という表現から分かるように，養鶏業者などの使役主が，鶏を強制的に太らせていることが明らかである。また(15b)でも，研究者などの使役主が，実験動物をエイズ菌に強制的に感染させていることが明らかである。さらに(15e)でも，犯人が自ら住民の車をパンクさせ，自らその事象を引き起こしている。その点で，犯人は住民の車のパンクを「強制的」に引き起こしていると言え

る。また(15f, i)では、山田君が降格を望んでおらず、木村先生が教授昇進を望んでいないことが示されているので、山田君の降格や木村先生の教授昇進が、2人の意図に反して強制的になされたことが明らかである。(15k)でも、「一方的に」という表現から分かるように、大学側が後夜祭の終了を強制的に引き起こしていることが分かる。よって、これらの使役受身文は適格となる。

　影山(1993)が提示する次の文の適格性も同様に説明することができる((11)の各文では、対応する使役文は省き、使役受身文のみをあげる)。

(11)　a．二人は離婚させられた。
　　　b．太郎は就職させられた。
　　　c．課長は出張させられた。
　　　d．子供がジャンプさせられた。
　　　e．車が止まらされた。
　　　f．子供が働かされた。
　　　g．娘が嫁がされた。
(13)　a．戦争の時は、国のために大勢の人が無理やり死なされた。
　　　b．人工降雨で多量の雨が降らされた。

(11a-g)では使役主が明示されていないが、当該の事象が主語指示物の意図に反し、強制的に引き起こされたことが示唆されている。例えば(11a)では、主語指示物の「二人」が、離婚を望んではいなかったのに、誰かから離婚を余儀なくされ、その結果、離婚したと解釈される。また(11b)でも、太郎自身は例えばまだ大学に残ってゆったりしたかったのに、誰かから就職するよう強制され、結局、就職するはめになったと解釈される。そのため、これらの使役受身文は適格となる。これに対し、(11a, b)を次のようにして、二人の離婚や太郎の就職が誰かからの強制によるものではない点を明示すれば、不適格となる。

(32)　a．*二人は合意のもとで離婚させられた。
　　　b．*太郎は望み通り就職させられた。

　次に(13a)では、「国のために」、「無理やり」という表現から分かるように、人々の死が強制的に引き起こされている。また(13b)でも、「人工

降雨で」という表現から分かるように，気象担当者などの使役主が，人工降雨の装置を用いて，自ら雨を降らせていることが示されている。その点で，雨が降ることが「強制的」に引き起こされていると言える。よって，これらの文は適格と判断される。

これまでに提示した多くの使役受身文では，その主語指示物が，受身文で記述されている事象により，被害・迷惑を被っていると解釈される。例えば，次の例を見てみよう。

(23) b．休みたい選手たちは，コーチにグランドを何周も走らされた。
(25) b．息子は，アメリカの大学へ無理やり留学させられた。
(1) c．その子は，母親に嫌いな人参を食べさせられた。
(9) a．生徒は，先生に高価な本を買わされた。

(23b)では，選手たちがコーチにグランドを何周も走らされたことにより，選手たちが被害・迷惑を被っているという点が如実に示されている。また(25b)でも，「息子」が無理やり留学させられたことにより，その息子は被害・迷惑を被っていると解釈される。そしてこの点は，(1c)，(9a)でも同様である。

実際，社会習慣上，喜ばしいと考えられる事象で，その当人にとって利益となるような(33a-c)のような事象でも，そのような事象が使役受身文に埋め込まれると，被害・迷惑の意味が生じる。

(33) a．私は，学会賞を受賞した。[利益事象]
　　 b．私は，親から莫大な遺産を受け継いだ。[利益事象]
　　 c．私は，助教授から教授に昇進した。[利益事象]
(34) a．私は，学会賞を受賞させられた。[被害・迷惑]
　　 b．私は，親から莫大な遺産を受け継がされた。[被害・迷惑]
　　 c．私は，助教授から教授に昇進させられた。[被害・迷惑]

(33a-c)が記述する事象は，すべて主語の話し手にとって喜ばしい，利益となる事象であるが，これらの事象が(34a-c)の使役受身文に埋め込まれると，主語の話し手がこれらの事象により被害・迷惑を被っていることが示される。

このような点から，使役（直接）受身文は，対応する能動文のない間接受身文，つまり被害受身文のように，構文独自が主語指示物の被害・迷惑を表わす構文であると思われるかもしれない。しかし，上記のような例で主語指示物が被害・迷惑を被っていると解釈されるのは，主語指示物が使役主に<u>強制されて</u>当該の事象を行なうためであって，使役（直接）受身文が構文として独自に持つ意味ではない。人は，自分が嫌がっていたり，望んでいないことを誰かに強制されてさせられると，通例，被害や迷惑を感じる。これまで，使役受身文は，使役主が被使役主に強制をして当該の事象を自ら引き起こしている場合に適格となることを見てきたが，そのような例の多くで被害・迷惑の意味が生じるのは，主語指示物が，自らの意志に反し，使役主に強制されることから生じるものである。したがって，使役（直接）受身文は，対応する能動文のない間接受身文とは違い，構文独自が被害・迷惑を表わすものではない。
　上記の点は，使役（直接）受身文でも，次のように主語指示物が当該の事象により何ら被害や迷惑を被ってはいない例があることから裏づけられる。

(35)　a．私は，その少女のけなげな態度に<u>感心させられた</u>。
　　　　　（cf. その少女のけなげな態度が，私を感心させた。）
　　　b．私は，悪の道に進みかけていたところを，母のすがるような言葉に<u>改心させられた</u>／<u>思いとどまらされた</u>。
　　　　　（cf. 母のすがるような言葉が，悪の道に進みかけていた私を改心させた／思いとどまらせた。）
　　　c．私は，思いもしなかった子供からのプレゼントに<u>喜ばされ</u>，とても嬉しい気持ちになった。
　　　　　（cf. 思いもしなかった子供からのプレゼントが私を喜ばせた。）
　　　d．ブランド品ばかり買いあさる観光客の姿に，私は真の豊かさとは何かを<u>考えさせられた</u>。（cf. 庵・高梨・中西・山田 2001：133）
　　　　　（cf. ブランド品ばかり買いあさる観光客の姿が，私に真の豊かさとは何かを考えさせた。）

e．私は，手足が不自由でも強く生きて行っている人々の姿に，自分のこれまでの考えを反省させられた。
(cf. 手足が不自由でも強く生きて行っている人々の姿が，私に自分のこれまでの考えを反省させた。)

これらの文は，主語指示物（「私」）が当該の使役事象を受ける直接対象(direct target)であり，対応する能動文を持つ使役直接受身文である。そして，主語指示物は，その使役事象により被害・迷惑を被るどころか，逆に利益を受けていると解釈される。よって，使役（直接）受身文は，構文として被害・迷惑の意味を表わすのではなく，そのような意味が生じる場合は，主語指示物に対する使役主の強制から生じるものであると結論づけられる。

さて，興味深いことに，(35a-e)では，強制の意味がまったくないのにもかかわらず，これらの文はすべて適格である。例えば(35a)では，その少女のけなげな態度が話し手を感心させたのであるが，その少女や少女の態度が話し手に何かを強制したわけではない。したがって，本節での考察では，なぜこれらの文が適格なのかをまだ説明できない。この問題を次節で考察し，本節での観察と統合して，使役受身文に課される制約を提出したい。

4.2. 使役事象成立の直接的要因（direct trigger）

使役文で記述される事象に使役主がどのように関与しているかに関して，前節では，「強制」の場合と「許容・放任」の場合があることを観察した。そして，使役主は，前者ではその事象に直接的に関与しているのに対し，後者では，その事象に直接的には関与していないことを見た。使役主が当該の事象にどのように関わっているかのさらなるケースとして，使役主が人間ではなく，無生物である次のような例を考えてみよう。

(36) a．彼らの無関心な態度が私たちをがっかりさせた。
b．社長の突然の辞意が社員たちを驚かせた。
c．子供たちの行動が関係者を意気消沈させた。
d．子供からの思いがけないプレゼントは，親をこの上なく喜ばせるものだ。

第8章　使役受身文　　　　　　　　　　　　　　　　　　　　　231

これらの文の使役主は，「彼らの無関心な態度」，「社長の突然の辞意」，「子供たちの行動」，「子供からの思いがけないプレゼント」であり，すべて無生物である。そして，これらの使役主は，話し手たちががっかりしたり，社員たちが驚いたり，関係者が意気消沈したり，親が喜んだりするという事象を引き起こす「直接的要因」(direct trigger)である。言い換えれば，これらの直接的要因がなければ，(36a-d)で記述されている事象は起こり得なかったわけである。

　(36a-d)のような使役文は，すでにこれまで見たように，次のように使役受身文になる。

　(17)　a．突然，彼が深夜に訪ねてきて，私はびっくりさせられた。
　　　　b．私は，彼らの無関心な態度にがっかりさせられた。
　　　　c．陳情に詰めかけた人たちは，役所の対応の悪さに苛立たされる思いをつのらせた。
　　　　d．社員たちは，社長の突然の辞意に驚かされた。
　　　　e．私は，子供たちの行動に意気消沈させられた。
　(15)　h．戦時中は，食べる物も着る物もなく，多くの子供たちが餓死させられた。
　(35)　a．私は，その少女のけなげな態度に感心させられた。
　　　　b．私は，悪の道に進みかけていたところを，母のすがるような言葉に改心させられた／思いとどまらされた。
　　　　c．私は，思いもしなかった子供からのプレゼントに喜ばされ，とても嬉しい気持ちになった。
　　　　d．ブランド品ばかり買いあさる観光客の姿に，私は真の豊かさとは何かを考えさせられた。
　　　　e．私は，手足が不自由でも強く生きて行っている人々の姿に，自分のこれまでの考えを反省させられた。

(17a)では，彼の突然の来訪が話し手をびっくりさせた直接的要因であり，(17b)でも，彼らの無関心な態度が話し手をがっかりさせた直接的要因である。(17c-e)でも同様のことが言え，(15h)でも，食べる物や着る物がなかったことが，子供たちが餓死した直接的要因である。また(35a)では，その少女のけなげな態度が話し手を感心させた直接的要因であり，

同様のことが(35b-e)にも言える。

次の使役受身文では，使役主が人間であるが，その使役主が被使役主に問題となる事象を強制して引き起こしているのではなく，その使役主（およびその行動）が直接的要因となってその事象が引き起こされている。

(15)　l．私はスケートをしていて，後ろから走ってきた人に転ばされた。
　　　m．先生に呼ばれたので，後ろの席から教卓まで行こうとしたら，途中の席に座っている人に突然足を出され，つまずかされた。
　　　n．学校の先生や警察から子供のことで何度も呼び出され，息子にはずっと困らされっぱなしですよ／困らせられっぱなしですよ。

(15l)では，後ろから走ってきた人が，話し手が転ぶ直接的要因になっており，(15m)では，途中の席に座っていた人が足を出したことが，話し手がつまずく直接的要因になっており，(15n)では，息子の行動が話し手を困らせる直接的要因になっている。

次の使役受身文では，使役主が明示されていない。そして，その明示されていない使役主は，無生物ではなく，人間である可能性もあるが，その使役主が直接的要因となって当該の事象が引き起こされている。

(15)　c．被爆させられて苦しい人生を歩むことになった人々が，抗議の文書を政府に提出した。
　　　d．私は危うく，窒息させられるところだった。
　　　g．花子は，お化け屋敷で気絶させられた。
　　　j．私は，一度は絶望させられはしたが，やがて心の底から不思議な力が沸いてきた。

被爆，窒息，気絶，絶望のような事象を受ける人は，誰かにその事象を強制されて，自らの意志で行なえるものではない。そのため，これらの事象は，使役主（人間であれ無生物であれ）が直接的要因となって引き起こされる事象である。

前節と本節で，使役受身文は，使役主が被使役主に強制して当該の事象

を引き起こす場合と，使役主が当該の事象を引き起こす直接的要因になっている場合に適格となることを見た。前者の「強制」の場合は，使役主が当該の事象に関与し，自らその事象を引き起こしているので，後者の場合と同様に，使役主はその事象を引き起こす直接的要因になっていると言える。一方，使役主が被使役主を「許容・放任」して当該の事象が起こる場合は，仮に使役主がそうしなかったとしても，被使役主は自らの希望や思いに沿って当該の事象を遂行し得るであろう。その点で，使役主は当該の事象を引き起こす直接的要因ではない。以上の点から次の制約を立てることができる。

> (37) 使役受身文に課される意味的・機能的制約：使役受身文は，使役主が，当該の使役事象を引き起こす直接的要因（direct trigger）になっており，被使役主（主語指示物）がその使役事象の直接的対象（direct target）になっている場合にのみ，適格となる。

使役受身文には，次のように，主語指示物（被使役主）と使役主がともに人間ではなく，無生物の場合もあるが，(37)の制約は，このような文の適格性も説明できる。

> (38) a． 今年も大量の杉の花粉が風で飛び散らされ，多くの人が花粉症で苦しみそうだ。
> b． (?)私が丹精込めて作っていた野菜が，今朝の初霜で凍てつかされてしまい，がっかりしている。
> c． (?)/(?)多量の雨が大型の台風16号によって降らされ，各地で大きな被害が出た。

(38a)では，風が，大量の杉の花粉を飛び散らす直接的要因になっており，(38b)では，初霜が，野菜を凍てつかせる直接的要因になっている。また(38c)では，台風16号が，多量の雨を降らせる直接的要因になっている。そして，それぞれの文の主語指示物は，当該の使役事象を受ける直接的対象である。よって，これらの文は(37)の制約を満たし，適格となる。[7]

使役文には，次のように，使役主が当該の事象にまったく関与せず，た

だ，その事象が起こったことに責任を感じていることを示す文がある。

(39) a ．私は，先の戦争で息子を<u>死なせて</u>しまった。（庵・高梨・中西・山田 2001：130）
b ．先生は，奥様を交通事故で<u>死なせた</u>ことで悩んでおられる。
c ．母は，霜で野菜を<u>凍てつかせて</u>しまった。

(39a，b)の主語「私」，「先生」は，戦争で息子が死んだことや，奥様が事故で亡くなったことを引き起こしたわけではまったくない。むしろ，何もしなかったり，何もできなかったことで，そのような出来事を許容してしまった（防げなかった）という意味合いを持ち，主語指示物の責任を表わす文である（庵他 2001：130 参照）。(39c)についても同様のことが言える。そのため，これらの文は，次のように使役受身文にならず，この点は，(37)の意味的・機能的制約が予測するところである。

(40) a ．*息子は先の戦争で死なされてしまった。
b ．*奥様が先生に交通事故で死なされた。
c ．*野菜が母に霜で凍てつかされてしまった。

(37)の制約は，2 節で見た影山（1993）の次の文がなぜ不適格であるかも説明できる（対応する使役文は省き，使役受身文のみあげる）。

(12) a ．*水が蒸発させられた。
b ．*助詞が脱落させられることが多い。
d ．*新曲がヒットさせられた。
g ．*窓ガラスが曇らされた。

これらの文では，使役主が明示されておらず，また想起される使役主が当該の事象にどのように関わっているのかもまったく不明である。例えば(12a)では，水は放っておいても自然に蒸発するため，この文だけでは，どのような使役主がどのような関わり方をして水が蒸発することになったのか，まったく分からない。よって，(37)の制約が満たされず，この文は不適格となる。一方，(12a)のような文でも，使役主を明示して，水の蒸発を強制的に引き起こしたことを示せば，次のように適格性が上がる。

第8章 使役受身文

(41) 琵琶湖の水が，悪の組織の特殊化学装置で蒸発させられ，日本中が大パニックになるというSFを読んだ。

さらに(12b)では，人々が助詞を脱落させるのは，話し言葉で自分の言葉使いにあまり注意を払わない時なので，自分の言葉使いをいわば「放任」することによって生じる。また(12d)でも，歌手やレコード会社は，新曲を意図的，強制的にヒットさせられるわけではなく，時の運でヒットする場合が多い。そのため，(12b, d)のように，使役主がまったく示されず，またその使役主がどのような関わり方をして助詞が脱落したり，新曲がヒットしたのかが示されなければ，(37)の制約を満たさず不適格となる。さらに(12g)では，窓ガラスは，自然現象（霧や温度，湿度など）のために勝手に曇ることがあるため，この文だけでは，(12a)と同様に，どのような使役主がどのような関わり方をして窓ガラスが曇ることになったのか，まったく分からない。よって，(37)の制約が満たされず，この文も不適格となる。これに対し，使役主を明示して，窓ガラスが曇るのを強制的に引き起こしたことを明示すれば，次のように適格性が上がる。

(42) ペルーでの日本大使館襲撃は，本当に数分の出来事だった。まず，スプレーか何かで窓ガラスがあっという間に曇らされ，外が見えなくなったと思ったら，一味が銃を持って中に入って来て，全員を人質にした。

さらに(37)の制約は，3節で観察した次の対比も説明できる。

(18) a． ＊花が咲かされた。（影山1993：61）（＝12f)
　　 b． 人工照明で花が早く咲かされても，そんな花はあまり長持ちしませんよ。
(19) a． ＊患者は死亡させられてしまった。（影山1993：61）（＝12c)
　　 b． 心臓移植に最後の望みをかけたその患者は，無惨にも，医師の執刀のミスにより，死亡させられてしまった。
(20) a． ＊桜の木の苗木が成長させられた。
　　 b． ✓/?いちごは，太陽の恵みで自然に育つのが一番おいしい

のに，最近はクリスマスに間に合うよう，早く<u>成長させられて</u>，何か残念な気がする。

(21) a. *野菜が<u>腐らされた</u>。(影山 1993：61)(＝12e)
b. (?)/*私が入院している間，畑の野菜は近所の人が世話してくれると言ったのに，退院して帰ってみたら，丹精込めて作っていた野菜は，畑に放られ，<u>腐らされて</u>しまっていた。

(18)-(21)の(a)文では，(12a，b，d，g)と同様に，使役主が明示されておらず，また想起される使役主が当該の事象にどのように関わっているのかもまったく不明である。(18a)では，花は季節の移り変わりとともに自然に咲くため，この文だけでは，どのような使役主がどのような関わり方をして花が咲くことになったのか，まったく分からない。よって，(37)の制約が満たされず，この文は不適格となる。また(19a)でも，患者の死亡がどのようにして引き起こされたのか明示されていないので，(37)の制約が満たされず，不適格となる。同様に(20a)，(21a)でも，苗木は放っておいても自然に成長し，野菜は放っておくと腐ってしまうので，これらの文だけでは，どのような使役主がどのような関わり方をして苗木が成長したり，野菜が腐ったのかまったく分からない。よって，(37)の制約が満たされず，これらの文も不適格となる。

一方(18b)では，花が早く咲くようになったのが，人工照明によるものであると明示されている。つまり，人が人工照明を使って花を強制的に早く咲かせているので，この文では，花が早く咲くことの直接的要因が示されており，(37)の制約が満たされ適格となる。また(19b)でも，患者の死亡が医師の執刀のミスであることが明示され，死亡の直接的要因が示されている。さらに(20b)では，いちごが早く成長することが，人為的，強制的に引き起こされていることが示されている。また(21b)でも，近所の人が野菜の世話をせず，畑に放っておいたことが野菜を腐らせた直接的要因であると明示されている。よって，これらの文は(37)の制約を満たして適格となる。

最後に，次の文を見てみよう。

(43) a. コーチは，選手たちにグランドを走らせた。(＝22b)

　　　　b．選手たちは，コーチにグランドを走らされた。（＝22c）
　　　　c．*グランドは，コーチに（よって）選手たちに走らされた。
　(44)　a．コーチは，選手たちに水をたくさん飲ませた。
　　　　b．選手たちは，コーチに水をたくさん飲まされた。
　　　　c．*水がコーチに（よって）選手たちにたくさん飲まされた。
　(45)　a．先生は，生徒に高価な本を買わせた。（＝8a）
　　　　b．生徒は，先生に高価な本を買わされた。（＝9a）
　　　　c．*高価な本が先生に（よって）生徒に買わされた。（＝9b）

　(43a)，(44a)，(45a)の使役文に対して，(43b)，(44b)，(45b)の使役受身文が適格なのは，すでに見たように，使役主の「コーチ」や「先生」が強制的に当該の事象を引き起こしており，使役事象の直接的要因が明示され，(37)の制約が満たされているためである。それでは，(43c)，(44c)，(45c)の使役受身文でも，その使役事象の直接的要因が明示されているのに，なぜこれらの使役受身文は不適格なのだろうか。それは，(37)の制約の後半が規定しているように，使役受身文の主語は，その使役事象の直接的対象（direct target）でなければならないのに，これらの文の主語「グランド」，「水」，「高価な本」は，使役事象の直接的対象ではないためである。例えば(43)では，コーチが走らせるという使役行為を行なう際，その行為を受ける直接的対象は(43b)の主語「選手たち」であって，(43c)の主語「グランド」ではない。「グランド」は，その使役行為が行なわれる場所を示しているにすぎない。同様に(44)でも，「飲む」という行為の直接的対象は「水」であるが，コーチが飲ませるという使役行為を行なう際，その行為を受ける直接的対象は「選手たち」であって，「水」ではない。また(45)でも，買うという行為の直接的対象は「高価な本」であるが，先生が買わせるという使役行為を行なう際，その行為を受ける直接的対象は「生徒」であって，「高価な本」ではない。よって，(43c)，(44c)，(45c)は，(37)の制約を満たさず，不適格である。[8)9)]

　以上の考察から，(37)の「使役受身文に課される意味的・機能的制約」は，これまでに観察した使役受身文の適格性を正しく捉えられることが分かった。そして，使役受身文の適格性を決定づけているのは，単に動詞の種類ではなく，当該の使役事象を引き起こしている使役主が直接的要因に

なっているかどうか，そして，主語指示物がその使役事象の直接的対象になっているかどうかであると結論づけられる。

5．まとめ

本章では，非能格動詞は使役受身文になるが，非対格動詞は使役受身文にならないという(14)の非能格性制約を概観し，非対格動詞でも使役受身文になる例が数多くあることを明らかにして，この主張が妥当ではないことを示した。そして次に，使役受身文は，(ⅰ)使役主が被使役主に強制して当該の事象を引き起こす場合と，(ⅱ)使役主が当該の事象を引き起こす直接的要因になっている場合に適格となることを観察し，(ⅰ)は(ⅱ)の特殊なケースであるため，両者を統合して次の制約を提案した。

(37) 使役受身文に課される意味的・機能的制約：使役受身文は，使役主が，当該の使役事象を引き起こす直接的要因(direct trigger)になっており，被使役主（主語指示物）がその使役事象の直接的対象(direct target)になっている場合にのみ，適格となる。

そして，(37)の制約が，数多くの使役受身文の適格性を正しく捉えられることを示した。

最後に，動詞の種類に基づいて使役受身文の適格性を捉えようとする(14)の非能格性制約と，私たちの制約(37)を比べてみよう。非能格動詞は，人間や動物など，主語指示物の意図的行為を表わす動詞なので，主語指示物は，その行為を他人に強制されると，自らの力でその行為を行なうことができる。そのため，非能格動詞は，多くの場合，使役受身文になる。一方，非対格動詞は，主語指示物の非意図的事象を表わす動詞で，主語指示物が無生物である場合が多い。そのため，主語指示物の無生物は，その事象を人に強制されても，自らの力でその事象を生じさせることはできない。よって，非対格動詞は，この点では使役受身文にはならない。このことから，(14)の非能格性制約は，(37)の制約とは部分的に共通していることになる。

しかし，人は，無生物が自らの力で当該の事象を生じさせることができない場合でも，その事象をその人自身の力で強制的に引き起こそうとする場合がある。このような場合は，通例，その事象を記述するのに他動詞が

用いられるが，非対格動詞が対応する他動詞を持たない場合は，使役形が他動詞の代用をする。そしてこの場合にも使役受身文が適格となるため，(14)の非能格性制約は，この点を捉えていないことになる。

　さらに，使役受身文は，使役主が当該の事象を引き起こすのに，被使役主に強制するのではなく，当該の事象が起こる直接的要因になっている場合も適格となる。非能格性制約では，この点も捉えられていないことになる。このような点から，使役受身文の適格性は，単に動詞の種類に依存する現象ではなく，使役主や被使役主（＝主語指示物）が当該の使役事象にどのように関わっているかに依存する，意味的・機能的現象であると結論づけられる。

終　章

　私たちは，本書の序章で，機能的な構文分析がどのような分析であるかを概観し，第1章から第8章で，次の日本語の8つの現象を機能的構文分析の立場から考察した。

（1）　動詞句前置構文（第1章）
（2）　「ろくな／大した…ない」構文（第2章）
（3）　「VかけのN」構文（第3章）
（4）　「〜ている」構文（第4章）
（5）　「たくさん／いっぱい」の解釈（第5章）
（6）　総称名詞の省略（第6章）
（7）　主語をマークする「ハ・ガ」の省略（第7章）
（8）　使役受身文（第8章）

　序章では，自動詞が非能格動詞と非対格動詞の2種類に区別されることを見たが，これまでの研究で，(1)-(8)の8つの現象の適格性や解釈が，非能格動詞と非対格動詞の区別によって正しく捉えられると主張され，次のような提案がなされてきた。

（9）　動詞句前置構文：動詞句前置構文には，非能格動詞と他動詞のみ現われ，非対格動詞は現われない。
（10）　「ろくな／大した…ない」構文：「ろくな／大した…ない」構文の「ろくな／大した」という表現は，非対格動詞の主語と他動詞の目的語にはつくが，非能格動詞の主語と他動詞の主語にはつかない。

(11) 「V かけの N」構文:「V かけの N」構文の N は，非対格動詞の主語か他動詞の目的語であり，非能格動詞の主語や他動詞の主語は，N として用いられない。

(12) 「～ている」構文:非能格動詞の「～ている」構文は，動作継続のみを表わし，非対格動詞の「～ている」構文は，結果継続のみを表わす。

(13) 「たくさん／いっぱい」の解釈:「たくさん／いっぱい」という表現が動詞の直前にある場合，非対格動詞の主語や他動詞の目的語は修飾できるが，非能格動詞の主語や他動詞の主語は修飾できない。

(14) 総称名詞の省略:総称名詞（PRO）は，非能格動詞と他動詞の主語位置には生じるが，非対格動詞の主語位置と他動詞の目的語位置には生じない。

(15) 格助詞「ガ」の省略:従属節では，非対格動詞の主語につく「ガ」は省略できるが，非能格動詞の主語につく「ガ」は省略できない。

(16) 使役受身文:非能格動詞の主語と他動詞の主語は，使役受身文の主語になれるが，非対格動詞の主語と他動詞の目的語は，使役受身文の主語になれない。

しかし，私たちは第1章から第8章において，上記のような主張では捉えられない例が多くあることを示し，これらの現象の適格性や解釈が，非能格動詞と非対格動詞の区別（および他動詞の主語と目的語の区別）に依存するものではないことを明らかにした。

　私たちはさらに，上記のような現象の適格性や解釈が，単に動詞の種類に依存するものではなく，それぞれの構文が持つ独自の意味機能と，文脈上，談話上の要因等とが相互に関連しあって決定づけられる現象であることを明らかにした。

　より具体的に述べると，第1章では，例えば，次の(17)の動詞句前置構文が不適格なのは，動詞「降る」が非対格動詞であるからではなく，(18)のような諸要因の故であることを示した。

(17) *降りさえ雨がした。

(18) a．「さえ」の意味的ターゲットが「降る」の場合は，雨は降る以外何もせず，「降る」と対比すべき事象がない。よって，「さえ」の解釈が不可能となり，(17)が不適格となる。
　　 b．「さえ」の意味的ターゲットが「雨が降る」の場合は，(17)の派生過程で「作用域外移動の制約」(＝作用域を持つ要素Ａの意味的作用ターゲット(つまりＡの焦点)は，Ａの構文法的作用域の外に移動することはできない)の違反が起きて，(17)が不適格となる。
　　 c．主語に直接後続する「する」(例えば，(17)の「雨がする」)は，意図的動作を表わす本動詞としての「する」の解釈の「妨害」があって，主語がその選択制約を満たさないとき，適格度が落ちる。

次に第2章では，「ろくな／大した…ない」構文の適格性に関して，(19a, b)のような文が不適格なのは，「ろくな」が非能格動詞の主語についたり，「大した」が他動詞の主語についているからではなく，(20)，(21)の制約に違反しているからであることを示した。

(19) a．*ろくなタレントがふざけなかった。
　　 b．*大した学生が物を食べません。
(20) 「ろくな…ない」構文に課される意味的・機能的制約：「ろくな…ない」構文は，その文の含意が私たちの社会常識や文脈と適合し，その文の表わす意味内容(断定)が，私たちの社会習慣から考えて容易に想起され得るものであれば，適格となる。
　　 「ろくな…ない」構文の意味内容〔断定〕：「いい…こと」が不成立で，「程度が低い…こと」のみが成立する。
　　 「ろくな…ない」構文の含意：「いい…こと」が成立するとよい。
　　　　　　　　　　　　　　　　　　　　　　　　(第2章の(44))
(21) 「大した…ない」構文に課される意味的・機能的制約：「大した…ない」構文は，その文の表わす意味内容(断定)が，私たちの社会習慣から考えて容易に想起され得るものであれば，適格となる。
　　　　　　　　　　　　　　　　　　　　　　　　(第2章の(45))

さらに第3章から第5章では，「VかけのN」構文，「〜ている」構文，「たくさん／いっぱい」の解釈を考察し，次の制約を提案した。

(22) 「VかけのN」構文に課される意味的制約：
 a．「VかけのN」構文は，"(主語＋) N＋V" が表わす動作，出来事の成立に導く過程，前兆がすでに始まっていて，
 b．その過程，前兆に注目する社会習慣があり，
 c．Vが表わす動作，出来事の成立が，何らかの要因によって，物理的，あるいは，心理的にサスペンドされていることを表わす場合にのみ，適格となる。　　(第3章の(36))

(23) 「〜ている」構文の動作継続／結果継続の解釈に課される意味的・機能的制約：動詞が，主体のある動作・作用を表わし，その過程・経過を話し手が発話の時点で観察できれば，「〜ている」構文は動作継続の解釈となる。一方，動詞が，主体の動作・作用を表わし，主体がその動作・作用の結果，状態変化を受け，その変化状態を話し手が発話の時点で観察できれば，「〜ている」構文は結果継続の解釈となる。　　(第4章の(50))

(24) 「たくさん／いっぱい」の副詞的／数量詞的用法に課される制約：「たくさん／いっぱい」が副詞的用法になり得るのは，ある一定時間継続され得る，終了点を持たない動作を表わす動詞(句)とともに用いられるときのみである。それ以外の動詞(句)とともに用いられれば，意味的に不自然でない限り数量詞的用法になる。　　(第5章の(31))

次に，第6章では総称名詞の省略を，第7章では主語をマークする「ハ・ガ」の省略を議論し，次の制約を提出した。

(25) 総称のPROの生起に課される機能的制約：総称のPROは，文の非焦点位置に生じ，その指示対象が容易に理解できるものでなければならない。　　(第6章の(26))

(26) 主語をマークする「ハ・ガ」の省略条件：主語をマークする「ハ・ガ」は，次の［条件1］，［条件2］をともに満たすときにのみ省略できる。

［条件１］主語をマークする「ハ・ガ」の省略は，文全体が目に見えるシーンなどを私的感情（驚き，意外感などの感情）を込めて述べる，臨場感がある文に限られる。文が表わす情報が知識化，抽象化されていればいるほど，「ハ・ガ」の省略が困難となる。

［条件２］主語をマークする「ハ・ガ」の省略は，主語が表わす情報の新情報性・重要度が，述部が表わす情報の新情報性・重要度より高くないときにのみ可能である。換言すれば，主語をマークする「ハ・ガ」は，主語が述部より古い情報・重要度が低い情報を表わすか，その新情報性・重要度が述部のそれと同じときにのみ，省略を許される。

［注記］目に見えるシーンを感情（驚き，意外，不満などの感情）を込めて述べる臨場感のある文は，全文新情報の文であるから，自動的に上の制約を満たす。　　　　　　　　　　（第７章の(75)）

最後に第８章では，使役受身文を考察し，次の制約を提出した。

(27)　使役受身文に課される意味的・機能的制約：使役受身文は，使役主が，当該の使役事象を引き起こす直接的要因(direct trigger)になっており，被使役主（主語指示物）がその使役事象の直接的対象(direct target)になっている場合にのみ，適格となる。

(第８章の(37))

言語のさまざまな構文の適格性やその解釈を決定づけている要因は，統語的なものである場合もあるし，意味や機能，談話などの非統語的なものである場合もあるし，あるいは，これら両者が相互に関連しあっている場合もある。その点で，構文研究を行なうには，序章で言及した「形式的構文分析」と「機能的構文分析」の両方が必要であることは，疑いのない事実である。そして，実際，これまでの多くの研究で，さまざまな構文の適格性や解釈を決定づけている統語的要因や非統語的要因が両者の分析によって明らかにされてきた。

ただ，ある言語事象に遭遇して，その言語事象を決定づけている要因を考察する場合，最初はその要因が統語的なものか，非統語的なものか，多

くの場合，明らかではない。したがってこのような場合，その事象を決定づけている要因を一方的に統語的なものであるとか，非統語的なものであると考えるのではなく，さまざまな要因が関わっているかもしれないと考えて，多角的視点から多くの例を考察する必要があると考えられる。最初に考察した典型的と思われる例のみから統語的一般化なり，機能的一般化を図ることは，その一般化がたとえこれまでの形式的分析や機能的分析から支持されるものであっても，それらの一般化が妥当なものかどうか，多くの例で検証する必要があろう。私たちが本書で考察した日本語の8つの構文の適格性やその解釈は，これまで非能格動詞と非対格動詞の区別に依存する統語的要因によって決定づけられていると考えられてきたが，私たちは本書で，さらなるデータを調べて，これらの構文の適格性やその解釈が，意味的，機能的，語用論的要因など，非統語的要因に大きく左右されていることを明らかにした。そして，少なくともこれら8つの構文に関しては，機能的な構文分析の立場からの考察が必要であることを主張した。

註

【序章】

1. (5)の形式的制約は，英語の「バイオリンソナタ・パラドックス」と呼ばれる現象の説明にも適用できる。この現象は，（ⅰ）の文の目的語 this sonata でも前置詞の目的語 this violin でも主語にして，(ⅱa, b)にできるが，(ⅱa)の this violin と(ⅱb)の this sonata をそれぞれ疑問詞とする疑問文を作ると，(ⅲa)は適格であるが，(ⅲb)は不適格になる現象である。

(ⅰ) 　　　　It is easy to play *this sonata* on *this violin*.
(ⅱ) 　ａ．This sonata is easy to play on *this violin*.
　　　　ｂ．This violin is easy to play *this sonata* on.
(ⅲ) 　ａ．Which violin is this sonata easy to play on?
　　　　ｂ．*Which sonata is this violin easy to play on?

(ⅲa, b)の移動要素とその要素がもともと占めていた位置を線で結ぶと，それぞれ次のようになる（Fodor 1978 参照）。

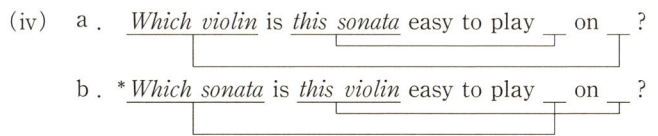

(ⅳ) 　ａ．*Which violin* is *this sonata* easy to play ___ on ___ ?
　　　　ｂ．**Which sonata* is *this violin* easy to play ___ on ___ ?

(ⅳa)では，2つの線が入れ子型であるが，(ⅳb)では，それが交差型である。よって，(5)の形式的制約は，日本語の二重関係節の適格性だけでなく，英語のこのような現象も説明でき，汎用性が高いと言える。

ただ，(5)の制約では処理できない例があることにも留意しなければならない。例えば，次の二重関係節は，2つの線が交差型であるが，適格であると判断される（さらなる例に関しては，Kornfilt, Kuno and Sezer (1979), Takami (1992：Chapter 6) を参照）。

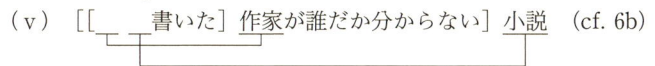

(ⅴ) 　[[___ 書いた] 作家が誰だか分からない] 小説　　(cf. 6b)

2. (10)の機能的制約は，註1の(ⅴ)の例（=「書いた作家が誰だか分からない小説」）の適格性も説明できる。この例では，その小説がどのような小説であるかというと，その書き主が不明である小説であると説明し，関係節がその小

説について述べている。よって，この例は(10)の制約を満たし，適格となる。

3. ここで，「非能格動詞」，「非対格動詞」という名称の由来について簡単に触れておこう。英語や日本語，ドイツ語，フランス語，ラテン語など多くの言語では，主語は，自動詞文であれ他動詞文であれ，主格（nominative）表示を受け，目的語は対格（accusative）表示を受ける（*He* swam./*He* hit *her*.「彼が泳いだ／彼が彼女を叩いた」を参照）。つまり，これらの言語では，自動詞文の主語と他動詞文の主語が，主格という点で共通しており，他動詞文の目的語が別の格（対格）によって区別されるので，このような言語は「対格言語」と呼ばれる。そして，自動詞の主語と他動詞の主語が共通する特性は，「対格性」と呼ばれる。これに対し，オーストラリア原住民諸言語，コーカサス諸言語，バスク語（フランスとスペインの国境），アメリカ・インディアン諸言語，エスキモー語，ポリネシア諸言語などでは，自動詞文の主語と他動詞文の目的語が共通して絶対格（absolutive）表示を受けており，他動詞文の主語が能格（ergative）によって区別される。そのため，これらの言語は「能格言語」と呼ばれる。そして，自動詞の主語と他動詞の目的語が共通する特性は，「能格性」と呼ばれる。

さて，英語の自動詞には，他動詞としても用いられるものがあり，ひとつは，sing, dance, eat のように，主語指示物の意図的行為を表わす動詞であり，もうひとつは，open, break, roll, stop, burn, close, drop, melt, dry のように，主語指示物の非意図的事象を表わす動詞である。次に示すように，前者の動詞は，自動詞の主語と他動詞の主語が，ともに行為者であるという点で共通しており，その点で対格性を示す。一方，後者の動詞は，自動詞の主語と他動詞の目的語が，ともに対象であるという点で共通しており，その点で能格性を示す。

  （ⅰ） 対格性：自動詞の主語と他動詞の主語が共通
    a．[John] sang.
       行為者
    b．[John] sang a song.
       行為者
  （ⅱ） 能格性：自動詞の主語と他動詞の目的語が共通
    a．[The door] opened.
       対象
    b．John opened [the door].
       対象

(ia)の sing のような動詞は，対格性を示すという点で，「対格動詞」と呼ばれるが，Perlmutter (1978), Perlmutter and Postal (1984) は，このような動詞が

能格性を示さないという点で,「非能格動詞」と呼んだ。そして,自他交替をしなくても,sing 等と同様に,主語指示物の意図的行為を表わす動詞(や主語指示物の生理現象を表わす動詞)も非能格動詞として分類した。一方,(iia)の open のような動詞は,能格性を示すという点で,「能格動詞」と呼ばれるが,Perlmutter (1978), Perlmutter and Postal (1984) は,このような動詞が対格性を示さないという点で,「非対格動詞」と呼んだ。そして,自他交替をしなくても,open 等と同様に,主語指示物の非意図的事象を表わす動詞も非対格動詞として分類した。(「非能格動詞」,「非対格動詞」という名称が用いられる理由は他にもあるが,その点については,高見・久野(2002:4-12), Kuno and Takami (2004:2-9) を参照されたい。)

4. ただ,同一の意味を表わしているように思われる動詞が,言語間で異なる分類を与えられていたり,また,あるひとつの動詞が,研究者によって異なる扱いを受けている場合もある。この点に関しては,高見・久野(2002:20) を参照されたい。本書の以下の章では,日本語の動詞を扱う際に,研究者の間で非能格動詞と非対格動詞の分類が異なる場合は,その都度言及して,議論を明確にして進めるようにする。

5. ある文が基底構造から表層構造へと生成されていくという点では,関係文法も広い意味での「生成文法」であるが,本書では,生成文法という用語を Chomsky を中心とする文法理論に限定し,両者を区別しておく。

6. 生成文法の極小主義(ミニマリスト・プログラム)の枠組みでは,非能格動詞の主語は vP の指定部位置を,非対格動詞の主語は vP の目的語位置を占め,両者とも素性照合のため,TP(=IP)の指定部へ移動すると考えられている(Chomsky (1995:315-316, 376), Radford (1997) などを参照)。

7. 日本語の自動詞と他動詞のこのような交替パターンには,他動詞から自動詞への「自動詞化」(例えば,「割る」→「割れる」,「折る」→「折れる」,「煮る」→「煮える」,「切る」→「切れる」),自動詞から他動詞への「他動詞化」(例えば,「乾く」→「乾かす」,「建つ」→「建てる」,「枯れる」→「枯らす」),そして共通の語幹から自動詞・他動詞への「両極化」(例えば,「移る/移す」,「直る/直す」)などがある。この点の詳細に関しては,須賀・早津(編)(1995),影山(1996)などを参照されたい。

8. Miyagawa (1989) は,非対格動詞の主語が S 構造で目的語位置から主語位置へ移動すると仮定しているが,影山(1993),西垣内(1993)等は,非対格

動詞の主語が，S構造でも移動を受けず，目的語位置に留まり，その位置で格が付与されると考えている（第2章，第6-8章を参照）。

【第1章】

1. 本章で扱う日本語動詞句前置構文に関して，Ito and Wexler (2002) の"VP Preposing Construction"のセクションの記述から学ぶところが多かった。

2. (3d) で，前置された動詞句の中に含まれている痕跡 t_i は，同じインデックスを持つ「寿司を」に「c統御」（下の説明を参照）されていない。これは，「痕跡（より正確には，変項（variable））は，同じインデックスを持つ要素にc統御されなければならない」という生成文法の基本原則の1つ（「適正束縛条件」Fiengo 1977）の違反であり，そのために(3d)が不適格になる，というのがHoji, Miyagawa and Tada (1989) の説明である。

なお，「c統御」は次のように規定される。
 （ⅰ） AとBがお互いを支配せず，Aを支配する最初の枝分かれ節点がBをも支配するとき，AはBをc統御する。(Reinhart 1976)
ここで，(3d)の該当する部分の簡単な構造を見てみよう。
 （ⅱ）

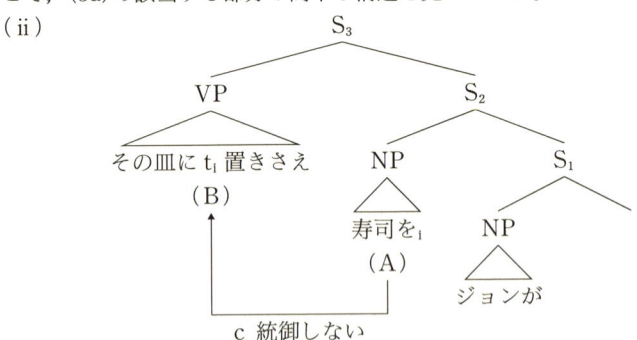

```
                    S₃
                  /    \
                VP      S₂
               /  \    /  \
     その皿にtᵢ置きさえ  NP    S₁
              (B)     △    /  \
                    寿司をᵢ  NP
                     (A)    △
                          ジョンが
```
       c統御しない

「寿司を」(A)を支配する最初の枝分かれ節点は S_2 であり，S_2 は t_i (B)を支配しないので（つまり，t_i は S_2 の下にないので），「寿司を」はその痕跡 t_i をc統御しない。

3. なお，同様の説明が，Saito (1985, 1989) の多重スクランブリング（多重かき混ぜ）の分析にも見られる。Saito は，次の文が不適格なのは，文頭の補文「メアリーが t_i 読んだと」の中の痕跡 t_i が，その先行詞「その本を」にc統御されていないことが原因であると述べている。
 （ⅰ）*[s [s′ メアリーが t_i 読んだと]ⱼ [s その本をᵢ [ジョンが t_j 言った]]]

（こと）

4．「Burzio の一般化」：主語に意味役割を付与できる動詞のみが，目的語に対格を付与することができる。(Burzio 1986)

5．「格フィルター」：音形を持つ名詞句は，格を持たなければならない。(Chomsky 1981)

6．(11c)(＝5b)の例文に関して，人がどこかに「押し入る」という場合，通例，大学のような広い場所ではなく，より狭い「家」や「部屋」に押し入るというのが自然である。そのため，私たちは(11c)の「学生がUBCに押し入る」という表現に若干の不自然さを感じるので，より自然と思われる(11d)をあげておく。

7．次の(ⅰ)も非意図的動作を表わす他動詞の動詞句前置の例であるが，(12a-e)の主語が人間（「太郎，彼，友達」）であるのに対し，(ⅰ)の主語は人間ではない。
　（ⅰ）［早々と芽を出しさえ］その木はした。
しかしこの文も，(12a-e)と同様に，(11a-d)と比べてやや適格度が落ちるように思われるが，(3d)や(6b)に比べれば適格度がはるかに高い。

8．逆に，「…さえしなかった」という否定形は，先行文脈や私たちの社会常識で，当該の行為よりもさらに程度の高い行為は当然行なわなかったことが想定できるような状況でしか用いられない。したがって，(ⅰa)，(ⅱa)は(ⅰb)，(ⅱb)のような文脈で用いられる。
　（ⅰ）　ａ．彼は挨拶さえしなかった。
　　　　　ｂ．彼は（私にお礼を言うどころか）挨拶さえしなかった。
　（ⅱ）　ａ．太郎は顔を洗いさえしなかった。
　　　　　ｂ．太郎は（髪をとかしたり，歯を磨くのはおろか）顔を洗いさえしなかった。

9．「さえ／は／も」などの副／係助詞は，1つの構成要素を形成しない単語，モルフェーム連結をその構文法的ターゲットとすることができない。例えば，次の例を見てみよう。
　（ⅰ）　ａ．花子の学校が生徒がスカーフをすることさえ禁止した。
　　　　　ｂ．太郎が花束を花子にさえ送った。
(ⅰa)は，「花子の学校さえ，生徒がスカーフをすることを禁止した」という解釈

を許さず，(ib)は，「太郎が花束さえ花子に送った」という解釈を許さない。これは，(ia)では，「花子の学校が生徒がスカーフをすること」が1つの構成要素を構成しないからであり，(ib)では，「花束を花子に」が1つの構成要素を構成しないからである。

10． Kishimoto (2001) は，「さえ」が動詞につき，さらにもう1つ「さえ」が文中で用いられる場合，その「さえ」は主語にはつくが，直接目的語や間接目的語にはつかないとして，次の文を提示し，(ii)の仮説を立てている。
（ⅰ） ａ．太郎さえが［この本を読みさえ］した。(主語)
　　　ｂ．*太郎が［この本（を）さえ読みさえ］した。(直接目的語)
　　　ｃ．*太郎は［花子にさえこの本を渡しさえ］した。(間接目的語)
（ⅱ） Ban on Double Focusing：「さえ」が動詞につくと，その動詞の領域(すなわちvP内)にもう1つの「さえ」を用いることはできない。

しかし，本文で考察したように，「さえ」は，話し手が極端なものを取り上げて，他のものと対比できるような場合に用いられる。したがって，動詞に「さえ」がつけば，本文で述べたように，その動詞が表わす事象よりも程度の低い事象が他に存在しなければならない。(ib, c)が不適格と判断されるのは，人が本を読んだり，人が誰かに本を渡す場合，「読む」や「渡す」という行為と比較対照されるような行為が容易には想起されないためであると考えられる。

この観察から，直接目的語や間接目的語に「さえ」がつき，その指示対象が極端なもので，それと比較すべき他の対象が想起され，さらに動詞の表わす行為が他の行為と比較対照されやすいような状況では，(ib, c)のような文でも，適格となることが予測される。この予測は，次の(iiia)，(iva)の適格度が(ib, c)の適格度よりはるかに高いことによって正しい予測であることが実証される。ただ，この場合，1つの文中で「さえ」を2度用いると，文体上の不自然さを伴うため，(iiib)，(ivb)のように，一方の「さえ」を，「さえ」よりは古い形式で同じ意味を表わす「すら」に換えた方がより自然な文となる。
（ⅲ） ａ．(?)花子は，自分の親にさえ，フィアンセを紹介さえしなかった。
　　　ｂ．花子は，自分の親にさえ，フィアンセを紹介すらしなかった。
（ⅳ） ａ．(?)花子は，フィアンセにさえ，キスさえしなかった。
　　　ｂ．花子は，フィアンセにさえ，キスすらしなかった。
よって，「さえ」の使用を支配しているのは，(ii)のような構造上の制約ではなく，本文で述べたような意味上の制約であると考えられる。

【第2章】

1． 否定対極表現のこのような日英語の違いをどのように説明するかに関して

は，例えば，Takahashi (1990)，Kuno (1995) 等を参照。

2. 西垣内 (1993) は，「ろくな」の認可条件を次のように規定している。
(ⅰ) 「ろくな」の認可条件：「ろくな」を含む要素は，語彙統率(lexically governed)されていなければならない。

「語彙統率」，および語彙統率に組み込まれている「θ統率」は，次のように規定される。
(ⅱ) 語彙統率：α が β を θ 統率し，α が N, V, A, P いずれかの語彙範疇であれば，α は β を語彙統率する。
(ⅲ) θ 統率：α が β と姉妹関係にあり，α が N, V, A, P, および I(nfl) のいずれかであれば，α は β を θ 統率する。

(ⅰ)の「ろくな」の認可条件に従えば，直接目的語は，(12)の構造から分かるように，その姉妹が語彙範疇の動詞 (V) なので，その動詞により θ 統率され，かつ語彙統率される。よって，「ろくな」が直接目的語につくことが認可される。一方主語は，その姉妹が I' であり，語彙範疇ではないので，I' は主語を θ 統率も語彙統率もしない。よって，「ろくな」が主語につくことは認可されないことになる。

3. 西垣内 (1993)，Hirakawa (2003) は，「ろくな」が主語と目的語につくかどうかのみを議論し，他の要素（例えば，付加詞内の名詞）につくかどうかに関しては何も述べていない。そのため(14)の非対格性制約は，主語と直接目的語のみに言及した制約となっている。しかし，次に示すように，「ろくな」は，直接目的語以外の要素にもつき得る。
(ⅰ) a．今回の社員旅行では，<u>ろくな所へ</u>行かなかった。
b．<u>ろくな楽器で</u>演奏しないから，音が悪い。
c．<u>ろくな包丁で</u>さしみを作らなかったのか，切り口がギザギザだ。

ただ，これらの文は，註2の(ⅰ)の「ろくな」の認可条件に従えば，「ろくな所」，「ろくな楽器」，「ろくな包丁」が，それらに後続する助詞／後置詞 (P) の「へ」や「で」により語彙統率されるので，適格であると正しく説明される。

4. Hirakawa (2003) は，(15)-(21)の例の適格性を，日本語を外国語とする学習者に判断させ，学習者が主語と目的語の区別や非能格動詞と非対格動詞の区別ができるかどうかを調べている。そして，学習者は全体として，他動詞の主語と目的語は区別するが，非能格動詞と非対格動詞の区別はできなかったという結果を報告している。

5. (22e)は，江連和章氏（個人談話）に負っている。

6．(23a)の動詞「歌う」は，「歌を」という目的語が省略された他動詞であると考えることもできる。その場合は，この文が，(22a-g)と同様に，「ろくな」が他動詞の主語についていることになる。

7．(23a)は，Hirakawa (2003)で不適格としてあげてある(20c)（以下に再録）と類似している。
　　(20)　ｃ．昨日コンサートへ出かけました。*でも，大した歌手が歌いませんでした。
しかし，(20c)は，私たちにとってほぼ適格であり，次のようにすれば，一層適格性があがるように思われる。
　　(ⅰ)　ａ．昨日コンサートへ出かけました。でも，大した歌手は，歌いませんでした。
　　　　　ｂ．昨日コンサートへ出かけました。でも，大した歌手が歌わず，残念でした。
(20c)（や(ia, b)）が不自然だとすれば，それは，人がコンサートに行く場合，通例，どの歌手が歌うか，あらかじめ知って行くため，コンサートに行って初めてどの歌手が歌ったかが分かり，その歌手が大した歌手ではなかったと言うことが，実際には普通起きないためであると考えられる。

8．Hirakawa (2003)で不適格としてあげてある(20d)（以下に再録）は，私たちにとってはほぼ適格であるが，次のようにすればさらに適格性が高くなると思われる。
　　(20)　ｄ．今日の午後，水泳大会があります。*でも，大した選手が泳ぎません。
　　(ⅰ)　ａ．今日の午後，水泳大会があります。でも，大した選手は，泳ぎません。
　　　　　ｂ．今日の午後，水泳大会があります。でも，大した選手が泳がないので，見に行きません。

9．(22d)，(23b)，(23eB)の動詞は，「出さなかった」，「泳がなかった」，「泳がないわ」ではなく，「～ている」形を伴う「出していなかった」，「泳いでいなかった」，「泳いで（い）ないわ」となっている。この点に関して，非能格動詞が「～ている」形を伴うと，非対格動詞になると主張されるかもしれない。そうすると，これらの例は，(14)の非対格性制約にとって問題にはならない。しかし，もしそのように仮定すると，次の文が適格であることになり，矛盾を引き起こすことになる。
　　(ⅰ)　??/*ろくなタレントがふざけていなかった。

さらに，Hirakawa (2003) が提示する次の非能格動詞文は，「～ている」を伴っている。そのため，この文が非対格動詞文であり，それゆえ，適格であると言わざるを得なくなり，Hirakawa (2003) の想定と矛盾することになる。
  (20)　b ．週末，ディズニーランドへ行きました。*大した若者が遊んでいませんでした。
よって，非能格動詞に「～ている」形が伴うと，非対格動詞になるという仮定は，妥当なものではないことになる（この点に関しては，さらに第5章の2節，4節，第7章の註7を参照）。

10．Hirakawa (2003：192 および 90 の fn. 7) は，日本語を第2言語とする学習者にとっては，「大した…ない」の方が「ろくな…ない」より一般的（'more familiar'）であると述べるのみで，両者の構文は，'not very good'という同じ意味を持つ，等しい（'equivalent'）構文であるとしている。しかし，(24)-(26)の(a)と(b)の適格性の違いは，両者が同じ意味を伝達するものではないことを示している。

11．(23c)に対し，Hirakawa (2003) の提示する(20a)（以下に再録）を見てみよう。
  (20)　a ．大きな大会でした。*しかし，大した馬が走りませんでした。
この文が不自然だとすれば，それは，「大きな大会」がどのような大会か分からないのに，第2文で突然，「大した馬」が出て来るためであろう。さらに，「大した馬が」のように，「ガ」が用いられているにもかかわらず，「走りませんでした」と言い切りの形になっていることにも原因があると考えられる。そのため，(20a)を例えば次のようにすると，まったく自然な文になる。
  (i)　a ．大きな競馬のレースでしたが，大した馬は走りませんでした。
　　　　b ．大きな競馬のレースでした。しかし，大した馬が走らず，がっかりしました。

12．Hirakawa (2003) の提示する(20b)（以下に再録）を見てみよう。
  (20)　b ．週末，ディズニーランドへ行きました。*大した若者が遊んでいませんでした。
この文は，次のようにパラフレーズされる。
  (i)　??週末，ディズニーランドへ行きました。特別魅力的な若者が遊んでいませんでした。
(20b)や(i)が不自然なのは，(a)人がディズニーランドへ行くのは，通常，乗り物に乗ったり，テーマパークを訪れたりするためであって，そこで遊んでいる若者が魅力的な若者であるかどうかを判断するためではないことと，(b)一

般的に言って，人は，ディズニーランドで魅力的な若者が遊んでいるというような想定をそもそもしないためであると考えられる。次の文は，(20b)と類似した文であるが，完全に適格な文であると判断できる。
　(ⅱ)　誰か魅力的な男性に会えるかもしれないと思って，集団見合いに行ってみたが，<u>大した男性は一人も参加して</u>いなかった。

13．「総記」とは，例えば，次の例の「太郎が」の「ガ」が表わす意味である。
　(ⅰ)　太郎<u>が</u>このクラスで一番背が高い。
すなわち，(ⅰ)の「ガ」でマークされた「太郎」は，「他の誰でもなく，X がこのクラスで一番背が高い」の X に当たる要素であり，「総記」(＝他の人や物ではなく，X (のみ)が…)を表わす(第7章5節を参照)。ここで，(ⅰ)は，次の疑似分裂文と同じ意味である。
　(ⅱ)　このクラスで一番背が高いのは，太郎だ。

【第 3 章】

1． 本章では，「V かけの N」構文という表現を用いるが，(2c)の例(＝「セーターを編みかけの少女／弁当を食べかけの生徒」)から明らかなように，V の部分が VP (動詞句)(「セーターを編み(かけ)」，「弁当を食べ(かけ)」)になったり，N の部分が NP (名詞句)(例えば「倒れかけの<u>一本の老木</u>」)になったりする場合もある。

2．　Perlmutter (1978)，Perlmutter and Postal (1984) 等の非能格動詞と非対格動詞の分類では，非能格動詞に，(ⅰ)意図的に事象に関わる行為者を主語にとる自動詞(例えば「遊ぶ，歩く，話す」)だけでなく，(ⅱ)非意図的な生理現象を表わし，経験者を主語にとる自動詞(例えば「眠る，泣く，吐く」)も含まれる(序章参照)。しかし Kishimoto (1996) は，非能格動詞と非対格動詞を主語指示物の意図性(言い換えれば，自動詞がその論理構造 (Logical Structure)で DO 演算子を持つかどうか)に基づいて区別しているため，「眠る，泣く，吐く」のような非意図的な生理現象を表わす自動詞は，非対格動詞に分類される。そして Kishimoto は，次のような非能格／非対格動詞のリストをあげている (pp. 264-265)。
　(ⅰ)　非能格動詞：意図的行為を表わす動詞
　　　　　　叫ぶ，走る，踊る，起きる，登る，遊ぶ，動く，泳ぐ，逃げる，働
　　　　　　く，話す，吠える，戦う，飛び込む，立つ，出かける
　(ⅱ)　非対格動詞：上記以外の自動詞

死ぬ，溺れる，生まれる，眠る，窒息する，震える，狂う，麻痺する，混む，燃える，弱る，固まる，泣く，転ぶ，曇る，治る

3．Kishimoto（1996：269）は，実際には(9a)ではなく，Role and Reference Grammar の枠組みに基づいて次の一般化を提出している（詳細は Kishimoto (1996) を参照）。
（ⅰ）「V かけの N」構文は，動詞の論理構造での行為者（Actor）-被動者（Undergoer）階層のうちの最も低い位置にある動作主（Agent）でないマクロロールを持つ項を修飾できる。

ただ，この一般化は，より簡単には本文の(9a)のように言い換えることができる。

4．この点を生成文法（特に統率・束縛理論）の枠組みで述べれば，(11a, b)や(14a, b)が不適格なのは，「投射原理」（Projection Principle）(Chomsky 1981：29)，つまり，動詞が選択する範疇（項）はすべての統語レベルにおいて存在しなければならない，に違反しているためであると説明される。

5．直接目的語制約は，(5a-c)で見たように，「V かけの N」構文の主要部名詞に間接目的語や付加詞など，直接目的語以外の要素は現われないと規定している。しかし，多くの例を考察してみると，次に示すように，直接目的語（や主語）以外でも，主要部名詞になり得る場合があることが分かる。そしてこのような例は，直接目的語制約にとって問題となる。
（ⅰ）a．抽選に当たった人たちがローンの手続きもすませ，引っ越しの手はずもすませていた［入居しかけの新築公団住宅］が，昨夜の地震で半壊した。
　　　　［抽選に当たった人たちが，新築公団住宅に入居する］
　　　b．［加入しかけの生命保険］が，インチキであることが最初の掛け金を払う前に分かった。
　　　　［生命保険に加入する］
　　　c．［逆上がりを教えかけの生徒］が，突然手を離して落ちてしまった。(cf. 5a)
　　　　［生徒に逆上がりを教える］
　　　d．ドアが壊れかけの家［家のドアが壊れる］
　　　e．ローンを払いかけのマンション
　　　　［マンションのローンを払う］
　　　f．［フランス革命を説明しかけの山田先生の授業］は，途中で御家族から電話があり，打ち切りとなった。

　　　　　　［山田先生が授業でフランス革命を説明する］
　　　g．イチゴの苗を植えかけの畑
　　　　　　［畑にイチゴの苗を植える］
　　　h．［妻が料理を作りかけの台所］で突然，火事が起きた。
　　　　　　［妻が台所で料理を作る］
　　　i．［受験生が問題を解きかけの試験場］に，数人が遅れて入ってきた。(cf. 5c)
　　　　　　［受験生が試験場で問題を解く］
　　　j．［銀行が閉まりかけの3時］にギリギリ間に合った。(cf. 5b)
　　　　　　［銀行が3時に閉まる］
　　　k．［おやつを食べかけの昼下がり］に突然，母から電話があった。
　　　　　　［おやつを昼下がりに食べる］
　　　l．2005年も終わりかけの大晦日
　　　　　　［2005年が大晦日で終わる］

6．(19a, b)は，私たちにとっては不適格であるが，これらの文を適格と判断する話し手がいることが予想される。この適格性判断の相違については，7.3節，7.5節で考察する。

7．Toratani (1998) は，本文で述べたように，達成動詞と活動達成動詞が「V かけの N」構文に現われると主張しているが，後者の活動達成動詞の例は示されていない。

8．Kishimoto (1996) は，2節での議論から推測されるように，(33a, b)の対比を非対格動詞と非能格動詞の違いに起因させている。つまり，(33a)の「車が止まる」場合は，車が無生物であり，非意図的事象を表わすために，「止まる」は非対格動詞であると考える。一方，(33b)の「太郎が止まる」場合は，太郎の意図的動作を表わすので，「止まる」が非能格動詞である。よって両者の適格性が異なるというものである。

9．同様の説明が，到達動詞が用いられた次のような適格な例にもあてはまる（適格な例として，さらに(17c, d)，(18b, d)等も同様）。
　（i）　a．倒れかけの木　（＝1b）
　　　　b．［立ちかけのキリン］を写真に撮ったよ。（＝17a）
　　　　c．椅子とりゲームで，［座りかけの人］の椅子をとった。（＝18a）
　　　　d．決まりかけの法案　（＝24d）
　　　　e．やみかけの雨　（＝24e）

  f．壊れかけのラジオ（歌のタイトル）（=24f）

10． Tsujimura (1999) は，Tsujimura and Iida (1999) の主張と同様に，「V かけの N」構文の適格性には「完結性」(telicity) が関与していると述べ，次の対比を提示している (pp. 370-371)。
 （i） a．*歩きかけの人
    b．歩きかけの赤ちゃんには気をつけて下さい。(cf. 17b)
Tsujimura (1999) は，(ib)が Kishimoto (1996) の分析の反例になることを指摘し，(ia)が不適格なのは，人が「歩く」のが非完結的 (atelic) 事象であるのに対し，(ib)が適格なのは，赤ちゃんが「歩く」のは，やがて普通に歩ける段階に至る完結的 (telic) 事象であるためだと説明している。(ia)の不適格性，(1b)の適格性の「完結性」に基づいたこの説明には，問題があるように思われる。Tsujimura and Iida は，ある事象がまだ始まっておらず，これからまさに始まろうとしているような状況があれば，どのような動詞でも開始前読みが生じる，と述べている。したがって，どうして(ib)の適格性をその「開始前読み」に起因させられないのかの説明がない。もし「歩きかけの赤ちゃん」の「歩く」が完結的動詞という説明が成り立つなら，「動きかけの車」の「動く」も完結的動詞ということになってしまうのではないか，と思われる。さらに，Tsujimura and Iida には，どうして(ia)が「まさに歩きだそうとしている人」という開始前読みの解釈ができないかについての説明がない。

11．「*降りかけの雨」（=22c）が不適格なのも，(54a-c)の不適格性と同様に説明される。すなわち，雨が降るという事象は，少しでも雨が降れば，たちどころにその事象が成立するため，それ以前の段階が存在せず，不適格となる。ここで，雨が降る場合には，その前に空が次第に雲に覆われ，辺りが暗くなるというような「前兆」があり，私たち人間はその前兆に注目するため，「降りかけの雨」と言えてもよいのではないかと思われるかもしれない。しかし，これは，空や辺りの様子の変化であって，雨自身の変化ではないことに注意しなければならない。したがって，これは，「雨が降る」こと自身の前兆とは見なされない。これに対して，「やみかけの雨」（=24e）では，雨が完全にやむ前の前兆として，（空が少し晴れてきてはいるが）まだ小雨がパラパラと降っているというような，雨がやむこと自身の前兆があるため，この前兆の部分を「～かけの」が指し示して適格となる。

12． 状態動詞が用いられて不適格となる次のような例も，(36)の制約により説明される。
 （i） a．*居間にありかけの花瓶 (cf. 22d)

　　　　　b．?*信じかけの噂　（＝8a）（Kishimoto 1996：260）
花瓶が居間にあるという状態は，その花瓶が居間に置かれた瞬間に始まる状態であって，その状態成立を導く前兆が観察されない。また，噂を信じる場合も，通例，その噂を聞いてそれを信じ，その状態が継続するため，信じる状態に至る過程や前兆が存在しない。よって，(ia, b)は(36a)の制約を満たさず，不適格となる。ただ，例えば，学問上の仮説の妥当性を信じるというような場合であれば，検討や検証を重ね，次第にその仮説が正しいものであると信じるようになるため，信じるまでにその前兆や過程が観察され得る。そして私たちは，そのような過程に注目する社会習慣がある。そのため，「その仮説を，まだ100％信じているわけではない」とか，「その仮説を完全に信じるまでには，まだ時間がかかる」というように言える。そして，このような場合は，次のように「信じる」が「〜かけの」を伴うことができる。
　（ii）［信じかけの新しい仮説］が，間違いだと証明されて驚いた。
（ii）では，新しい仮説を信じることが途中でサスペンドされているという意味合いが明らかである。したがって，（ii）は(36a-c)のいずれも満たして，適格となる。

13．(36)の制約は，註5で指摘した例，つまり，「Vかけの N」構文の主要部名詞が間接目的語や付加詞などの例も説明できる。例えば，次の例を見てみよう。
　（i）　a．銀行が閉まりかけの3時（註5の(ij)）
　　　　　b．ドアが壊れかけの家（註5の(id)）
(ia)は，「銀行が閉まるという出来事の成立に向かっての前兆，過程がすでに始まっていて，その過程が容易に観察できるが，まだ3時になっていないという理由で，閉店がサスペンドされている3時直前」という意味である。よって，(ia)は(36)の制約を満たしており，適格となる。同様に(ib)は，「ドアが壊れるという出来事の成立に向かっての過程，前兆がすでに始まっていて，その過程，前兆が容易に観察できるが，物理的な理由で，その出来事の成立がサスペンドされている（ような）家」という意味である。よって，(ib)も(36)の制約を満たしており，適格となる。註5で指摘した他の例も同様に説明される。

【第4章】

1．第3章で触れたように，Kishimoto (1996)は「泣く」を非対格動詞と考えているのに対し，Hirakawa (2003)は，Perlmutter (1978)，Perlmutter and Postal (1984)等に従い，「泣く」を非能格動詞と考えており，両者で分類が異なっている（第3章の註2，および序章を参照）。

2． Hirakawa (2003:294) は，(4d)の「パンが焼けています」は，結果継続の解釈（つまり，パンが焼けた状態にあるという解釈）のみ可能であるとしている。しかし，私たちにとっては，この文は，結果継続の解釈が優勢であるものの，パンが現在（徐々に）焼けつつあるという進行，つまり動作継続の解釈もあり，曖昧であると判断される。その理由については，5節で述べる。

3． Hirakawa (2003:69) は，非対格動詞「落ちる」の次の例を提示し，この文は，(4a-e)と同様に，結果継続の解釈のみ可能であると述べている。
　（ⅰ）　葉っぱが落ちている。
しかし，この文は，結果継続だけでなく，葉っぱが木から地面に現在落ちつつあるという，動作継続の解釈も可能であり，曖昧である。そして，この動作継続の解釈は，(12a)のように「ひらひらと」のような副詞を入れると義務的になる。

4． Hirakawa (2003:186-187, 293) は，次の他動詞の「～ている」構文を提示し，他動詞の「～ている」構文は，非能格動詞の「～ている」構文と同様に，動作継続のみを表わすと考えているように思われる。
　（ⅰ）　ａ．万里子が手紙を書いています。（動作継続）
　　　　ｂ．正夫さんが夕食を食べています。（動作継続）
　　　　ｃ．佳子さんがＴシャツを洗っています。（動作継続）
　　　　ｄ．鈴木さんが新聞を読んでいます。（動作継続）
　　　　ｅ．正夫さんがペンキを塗っています。（動作継続）
しかし，他動詞の「～ている」構文でも，次のように結果継続を表わす場合がある。
　（ⅱ）　ａ．子供が千円札を握っている。（結果継続）（＝2a）
　　　　ｂ．太郎が手にバットとグローブを持っている。（結果継続）
　　　　ｃ．お母さんが赤ちゃんを抱いている。（結果継続）
　　　　ｄ．おじいさんが背中に大きなかごをしょっている。（結果継続）
　　　　ｅ．花子が今日はＴシャツを着ている。（結果継続）
したがって，他動詞の場合でも，非能格動詞の場合と同様に，一律に動作継続の解釈になるとは言えないことが分かる。

5． 竹沢 (1991) も次の（ⅰ）と（ⅱ）の対比を示して，Hirakawa (2003) と同様に，非能格動詞に「～ている」がつくと動作継続（進行相）の解釈となり，非対格動詞に「～ている」がつくと結果継続（結果相）の解釈になると述べている。そして，非対格動詞の主語は，基底で目的語位置に生成され，表層で主語位置に移動するという生成文法での仮定をもとに，（ⅲ）のような統語的一般

化を提出している（さらなる詳細については，竹沢（1991）を参照）。
(i) 　a．　山田さんが電話している。（動作継続）
　　　b．　山田さんが踊っている。（動作継続）
(ii) 　a．　おもちゃが壊れている。（結果継続）
　　　b．　ポスターがはがれている。（結果継続）
(iii) 　「〜ている」の結果相（結果継続）解釈は，NPが目的語の位置から主語の位置に移動した場合に得られる。

しかし，このような観察や主張は，（5）の制約と同様に，本節で提示したような例を捉えることができない。

6.　(15b)に示したように，金田一（1950）は，「(雨が)降る」を継続動詞に分類している。そのため，「雨／雪が降っている」は動作継続を表わすことになるが，(9a)で見たように，この文は動作継続だけでなく，結果継続の解釈も可能である。金田一（1950）の分析には，このような文，および2節で観察した(8a-c)，(9b-e)のような文の曖昧性を説明できないという問題もある。

7.　工藤（1995：82）は，主体動作・客体変化動詞でも，主体が人間ではなく，無生物で意志がない場合（次の(ia)を参照）や，客体が主体である人間の「手」や「足」のように，他人に譲渡できず，主体の一部を成すような場合（次の(ib)を参照）は，次に示すように，「〜ている」構文が結果継続を表わすと述べている。
(i) 　a．　夕日が街を赤く染めている。（結果継続）
　　　b．　花子さんが口を開けている。（結果継続）

8.　工藤（1995：79）は，(21)の一般化に加え，次の2点を指摘している。
(i) 　「転がる」，「したたる」，「登る」，「増える」，「減る」のような動詞は，主体の動作とともに変化を表わすので，「〜ている」を伴うと，動作継続にも結果継続にもなり，動詞の語彙的意味だけでは決められず，構文的条件（副詞など文中の他の要素）によって決まる（工藤はこのような動詞を「二側面動詞」と呼んでいる）。
　　　a．　崖の上に登っている（結果継続）／崖を登っている（動作継続）
　　　b．　1万人に増えている（結果継続）／徐々に増えている（動作継続）
(ii) 　「着る」，「脱ぐ」，「履く」のような動詞は，主体の観点から動作と変化の両方を捉えているが，これらの動詞が「〜ている」を伴うと，普通は結果継続を表わし，動作継続となる場合は，構文的条件（副詞句など）が必要である（同様の例が鈴木（1957），高橋（1969），奥田（1978）等でも指摘されている）。

a．お母さんが浴衣を着ている。（結果継続）
　　　b．お母さんが鏡の前で浴衣を着ている。（動作継続）
ただ，工藤は(iia)を結果継続としているが，この文は，動作継続の解釈も可能である。この点については5節で述べる。

9．工藤の(19a, b), (20b, c)の自動詞の分類から気づかれるように，(19a), (20b)の「人の意志的な変化動詞」と「人の意志的動作動詞」が非能格動詞であり，(19b), (20c)の「ものの無意志的な変化動詞」と「ものの非意志的な動き動詞」が非対格動詞である。つまり，非能格動詞でも，主体動作動詞であるものもあれば，主体変化動詞であるものもあり，同様に，非対格動詞でも，主体変化動詞であるものもあれば，主体動作動詞であるものもある。この点は，1節で観察したHirakawa (2003)の議論，つまり，非能格動詞は，（典型的に）「活動動詞」で，状態変化を表わすものではなく，非対格動詞は，（典型的に）「到達動詞」であり，状態変化を表わす動詞であるとする議論，およびその議論から生じる(5)の仮説（つまり，非能格動詞の「〜ている」構文は動作継続のみを表わし，非対格動詞の「〜ている」構文は結果継続のみを表わす）が，限られた例に基づく一般化であることを示している。

10．「単なる状態」（状態持続）を金田一（1955）は「単純状態態」と呼び，藤井（1966）は「単純状態」と呼んでいる。また，「反復性」を金田一（1955）は「反復進行態」，藤井（1966）は「反復」，高橋（1969）は「くりかえしの進行」，吉川（1973）は「くりかえし」と呼び，「パーフェクト性」（効力持続）を藤井（1966）と吉川（1973）は「経験」，高橋（1969）は「経験・記録」と呼んでいるが，いずれも同じものである。

11．(36a, b)は，「〜ている」を伴う「面している」，「通じている」だけでなく，「〜ている」を伴わない「面する」，「通じる」でも，次のように適格であり，一定不変の状態を表わす。
　（i）a．広島県は瀬戸内海に面する。（書き言葉）
　　　b．この道は神戸に通じる。（書き言葉）
通例，一定不変の状態を表わす動詞は，次に示すように「〜ている」を伴うと不適格になる（金田一の「状態動詞」(15a)を参照）。
　（ii）a．お金が要る／＊要っている。
　　　b．太郎は英語が話せる／＊話せている。
　　　c．太郎は英語ができる／＊できている。
それにもかかわらず，(36a, b)と(ia, b)では，「面する／面している」，「通じる／通じている」がともに適格である。これはなぜだろうか。

それは,「面する」や「通じる」には,(iia-c)の「要る」,「話せる」,「できる」等とは異なり,一定不変の状態を表わす用法(書き言葉)((ia, b)参照)と,動作を表わす用法があるためである。動作を表わす用法は,次のような例に見られる。
  (iii) a． 山田は,試合相手に面して,直立不動の姿勢で立った。
      b． ここから四国への道が通じるのも,間近になった。
(iiia)の「面する」は,「向かい合う」という意味であり,(iiib)の「通じる」は,「開通する」という意味であり,ともに動作を表わす。

12．(36c)「山田は鼻がとがっている」の動詞「とがる」は,通例,「～ている」形を必要とし(「*山田は鼻がとがる」),その点で,金田一(1950)の指摘する第4種動詞((15d)参照)に相当する。ただ,このような動詞は,次に示すように,関係節の中では完了形で現われる。
  (i) a． あそこに鼻がとがった人がいる。
      b． 空高くそびえ立った山が見える。
      c． わが社は優れた製品を作っている。
なお,この用法は,単なる状態を表わす動詞((15a)の「第1種状態動詞」を参照)には適用せず,次のような関係節は,ナイフが現在も切れ,候補者が現在,英語ができるという意味では不適格である。
  (ii) a． *ここによく切れたナイフがある。
           (cf. ここによく切れるナイフがある。)
      b． *英語ができた候補者を採用する。
           (cf. 英語ができる候補者を採用する。)

13．「とがる」は,註12で指摘したように,「*山田は鼻がとがる」とは言えないので,金田一(1950)の第4種動詞に相当する。しかし,「～ている」形を伴わない次の例は適格である。
  (i) そんなにいつも鼻の先をつまんでいると,鼻がとがってしまうよ。
金田一(1950)では,第4種動詞が,いつも「～ている」形で用いられ,「ある状態を帯びることを表わす動詞」であると定義づけられている。しかし,(i)の適格性は,「とがる」が非状態性の強い動詞であることを示すとともに,このような定義づけが必ずしも妥当でないことを示唆している。

同様のことが,金田一(1950)で第4種動詞としてあげられている「富む」,「優れる」,「ずば抜ける」,「にやける」等についてもあてはまり,「～ている」形を伴わない次の文はいずれも適格である。
  (ii) a． 国が富むのは嬉しいことだが,その弊害もある。
      b． 多芸に優れようとしないで,一芸に優れる努力をするべきだ。

　　　　c．このクラスでずば抜けるのは，容易なことではない。
　　　　d．そんなににやけないで，はっきりと言って下さい。
そのため，これらの文の適格性は，第4種動詞の金田一の性格づけに対して疑問を投げかけることになる。

14． 英語の die は，一般に「到達動詞」(achievement verb) に分類され，生き物が「死ぬ」という，瞬間に生じる事象を表わすとされている。しかし，die は，(A)瞬間的に起きる作用，出来事を表わす用法（「死ぬ」）と，(B)その瞬間的に起きる到達点と，その到達点に至るまでの過程（兆候）を表わす用法（「死にかけている」）の2つがある（久野・高見（2005：第1章）参照）。次の(ia)は(A)の用法であり，(ib, c)は(B)の用法で用いられている。
　（i）a．He *died* at midnight on December 25, 2004.
　　　　b．The old man is *dying*.
　　　　c．In many different ways, I was allowed to help care for him in our home as he gradually *died*.（実例）
　　　　　「私は彼が徐々に死に至る過程で，私たちの家でいろいろな方法で彼の看病の手伝いをすることを許された。」
一方，日本語の「死ぬ」は，英語の die とは異なり，(A)の用法しかなく，(B)の用法はない。そのため，(59a, b)の「死んでいる」には，「死にかけている」という，死に至る過程を表わす解釈は存在しないことに留意されたい。

【第5章】

1．「たくさん」と「いっぱい」は，もちろん同義ではない。両者の違いとして次のような点があげられる。
　(A)「いっぱい」は，「たくさん」に比べ，より口語的でくだけた会話体で用いられるため，次に示すように，形式ばった表現にはそぐわない。
　（i）a．日本全国から著名な先生方が，わが校にたくさんおいでになった。
　　　　b．??日本全国から著名な先生方が，わが校にいっぱいおいでになった。
　(B)「いっぱい」は，本来，ある限られたスペースが何かで「いっぱい」になるという意味であるのに対し，「たくさん」は，（そのような意味合いがなく）あるものの数や量が単に多いという意味である。そのため，次の例では興味深い意味の違いがある。
　（ii）a．風呂おけに水をいっぱい入れた。
　　　　b．風呂おけに水をたくさん入れた。

(iia)では，風呂おけが水でいっぱいになっているという意味合いがあるが，(iib)では，風呂おけは水で必ずしもいっぱいになっている必要はなく，例えば水を6割方入れたとしても，(iib)を用いることができる。しかし，そのような状況で(iia)を用いると不自然になる。

「たくさん／いっぱい」に関してさらに留意すべき点として，これらの表現は，一般に，(人の数が多い場合にも用いられるが) 物の数や量が多い場合により用いられる傾向があるという点である。人の数が多い場合は，これらの表現に対し，「大勢」が用いられることが多い。

2． 非能格動詞は，意図的に事象に関わる行為者を主語にとる自動詞（例えば「踊る」,「走る」,「話す」）で，非対格動詞は，(ⅰ)意図を持たずに受動的に事象に関わる対象（または被動作主）を主語にとる自動詞（例えば，「落ちる」,「凍る」,「燃える」），(ⅱ)存在や出現を表わす自動詞（例えば，「ある」,「現われる」,「起こる」），(ⅲ)「始まる」,「終わる」,「続く」などのアスペクト動詞などである。なお，Perlmutter (1978), Perlmutter and Postal (1984) 等で，非意図的な生理現象を表わす自動詞は非能格動詞に分類されているのに対して，影山 (1993, 1996), Kishimoto (1996), 岸本 (2000, 2003, 2005) は，非能格動詞と非対格動詞の区別として，その動詞が意図的行為を表わすかどうかを分類基準としているため，「眠る」,「泣く」,「吐く」のような自動詞を非対格動詞に分類している（第3章の註2も参照）。

3． (9c)の動詞「苦しむ」は，意図的行為を必ずしも表わすとは考えられない。ただ，Perlmutter (1978), Perlmutter and Postal (1984) では，主語指示物の非意図的な生理現象を表わし，主語指示物が「経験者」として解釈される自動詞も非能格動詞に分類されるため，この点から「苦しむ」が非能格動詞とされているのかもしれない。しかし，そうすると，註2での記述と矛盾するため，なぜ「苦しむ」が非能格動詞となっているのか明らかではない。そのため，ここでは影山 (1993) の説明を概観するに留める。

4． (10b)は，岸本 (2003：43) の判断とは異なり，私たちにとっては，「いっぱい」が走った量を修飾するだけでなく，主語の「子供」の数を修飾する解釈も存在する。この曖昧性は，(10b)の文を途中でポーズを置かずに一息で言うと，特に感じられる。一方，この文を主語の「子供が」の後でポーズを置いて言うと（つまり，「いっぱい走った」のみを一息で言うと），「いっぱい」は，走った量を修飾する解釈が優勢になり，逆に，「子供がいっぱい」を一息で言うと，「いっぱい」は，子供の数を修飾する解釈が優勢になると感じられる。この点に関しては，さらに4節で考察する。

5． 岸本（2003）はさらに，自他対応のある動詞として次の例をあげ，(13)の制約のさらなる証拠としている．
　　（i）　a．子供がコップをいっぱい割った．
　　　　　b．コップがいっぱい割れた．
(ia)の動詞「割る」は他動詞のため，(13)の制約に従い，「いっぱい」は直接目的語の「コップ」の数を修飾し，主語の「子供」の数は修飾しない．一方，(ib)の動詞「割れる」は非対格動詞のため，(13)の予測通り，「いっぱい」は主語（基底では直接目的語）の「コップ」を修飾している．

6． いろんな店でりんごを次々と買い，それらの行為の全体に2時間を費やしたような状況なら，(22b)のように言うことが可能である．しかし，その場合でも，それぞれの買う行為は一瞬で終わっているため，正確には次のように表現される．そして，そこでは，買う行為だけでなく，店と店の間を歩いたり，りんごを選んだりする行為のすべてで2時間かかったということが意味される．よって，そのような行為の全体は，一定の時間を必要とするため，「2時間」と共起する．
　　（i）　私たちは，2時間りんごを買って回った／買い歩いた．

7． 註4で指摘した事柄と同様に，(33b)でも，主語の「犬が」の後でポーズを置き，「いっぱい吠えた」を一息で言うと，「いっぱい」は，吠えた量を修飾する解釈が優勢になり，逆に，「犬がいっぱい」を一息で言うと，「いっぱい」は，犬の数を修飾する解釈が優勢になると感じられる．同様のことが，(33c)についても言える．

8． 本章では，「たくさん／いっぱい」が動詞直前にある場合を考察し，(31)の仮説を提出しているが，「たくさん／いっぱい」が次のように主語の直後に置かれ，主語と「たくさん／いっぱい」が一息で発話されると，「たくさん／いっぱい」は主語を修飾し，動詞を修飾する解釈は極めて弱くなる．
　　（i）　a．［子供がいっぱい］遊園地で遊んだ．
　　　　　　　　　　　　　　　　弱い／なし
　　　　　b．青空の元，［村の人々がいっぱい］運動会で走った．
　　　　　　　　　　　　　　　　　　　　　　　弱い／なし
　　　　　c．［学生がいっぱい］私の授業中に笑った．
　　　　　　　　　　　　　　　　　　弱い／なし
(ia-c)では，「たくさん／いっぱい」が，主語の「子供が」，「村の人々が」，「学生が」と隣接し，それらが単一体を成すために，「たくさん／いっぱい」は主語を修飾する数量詞的用法が極めて優勢となる．

しかし，興味深いことに，(ia-c)で「たくさん／いっぱい」が主語の直後に置かれても，主語の直後でポーズを置き，次のように，「たくさん／いっぱい」を後ろの要素にかけて発話すると，「たくさん／いっぱい」は，動詞を修飾する解釈が優勢となり，主語を修飾する解釈は極めて弱くなる。
（ii） a．子供が，[いっぱい遊園地で遊んだ]。
   └(弱)┘   └(強)┘
b．青空の元，村の人々が，[いっぱい運動会で走った]。
        └(弱)┘ └(強)┘
c．学生が，[たくさん／いっぱい私の授業中に笑った]。
  └(弱)┘   └(強)┘

9．「2時間」が「走っていった」全体にかかるのではなく，「走って」のみにかかり，「行く」が本動詞として機能する場合は，次のように適格となる。
（i） 遊園地へ（2時間走って）行った。
したがって，(36)では，「いった」が補助動詞のときにのみ不適格性が生じることに注意されたい。

10．2節で観察した岸本（2003）の次の例も同様である。
（i） a．谷垣先生は小学生に漢字をいっぱい教えた。（＝6a）(cf. 43a)
         └────×────┘
b．ジョンは，壁に青いペンキをいっぱい塗った。（＝7b）(cf. 43a)
       └────×────┘
c．ジョンは，青いペンキで壁をいっぱい塗った。（＝7a）(cf. 43c)
       └────×────┘
(ia-c)で「いっぱい」は，いずれも直接目的語を修飾するのみで，間接目的語や手段を表わす付加詞内の名詞句は修飾できない。

11．私たちは，高見・久野（2002：424-426）で，主題化される名詞句は数量詞遊離を許し，逆に，主題化されない名詞句は数量詞遊離を許さない点を観察したが，両者の間になぜ並行関係があるのかは，今後の課題とした。しかし，本文の以下の説明は，この並行関係を説明する上でも有効であると考えられる。

12．そのため，例えば(ia, b)の下線部を(iia, b)のように主題化した場合，適格性に差が生じる。
（i） a．青森のりんごがおいしい。
b．青森の姉が独身だ。
（ii） a．青森は，りんごがおいしい。

b．*青森は，姉が独身だ。
(iia)では，りんごがおいしいという記述が，青森について述べ，青森についての叙述になっているため適格となる。一方(iib)では，姉が独身であるという記述が，青森とは直接の関係がなく，青森について何ら述べていない（叙述していない）ため不適格となる（Takami and Kamio(1996) 参照）。

13． 1つの文に主語や直接目的語，項としての場所句など，「たくさん／いっぱい」によって修飾され得る名詞句が共起する場合，修飾関係に関してどのような解釈が生じるか，今後さらに考察しなければならない。ここでは，そのような解釈をする上で，どのような要因が関与するかを簡単に見るだけに留める。次の文を見てみよう。
　（i）a．子供たちがりんごをいっぱい買った。
　　　 b．りんごを子供たちがいっぱい買った。
　　　 c．修学旅行のシーズンになると，京都のお寺を子供たちがいっぱい訪れる。
(ia)では，「いっぱい」が，主語の「子供たち」ではなく，目的語の「りんご」を修飾していると解釈される。ここで，「いっぱい」は，「りんご」と隣接関係にあるが，「子供たち」とは離れているため，「たくさん／いっぱい」は，より隣接関係にあるものを修飾しやすいと考えられる。次に(ib)では，「りんごを」がかき混ぜ（スクランブリング）により，「いっぱい」とは隣接関係にないものの，「いっぱい」は「りんご」を修飾していると解釈される。これはなぜだろうか。それは，註1でも指摘したように，一般的に言って，「たくさん／いっぱい」が人間よりは物（無生物）を修飾しやすいという要因が関与しているためだと考えられる。さらに，子供たちがたくさんのりんごを買うという状況と，大勢の子供たちがりんごを買うという状況を考えてみると，前者の状況は普通に考えられるが，後者の状況は，前者よりは稀だという，我々の社会習慣や語用論的知識にも原因があると考えられる。この点は，さらに(ic)で一層明らかである。(ic)の文パターンは，(ib)と同じであるが，ここでは，「いっぱい」が「京都のお寺」と「子供たち」の両方を修飾する解釈が可能で，曖昧である。その理由は，我々の社会習慣や語用論的知識からして，修学旅行で多くの子供たちが京都のお寺を訪ねるという状況も，修学旅行で子供たちが多くの京都のお寺を訪ねるという状況も，容易に想像され得るためであろう。
　以上の事実から，「たくさん／いっぱい」に修飾され得る名詞句が共起する場合，その解釈には少なくとも次の3つの要因が関与していると考えられる。
　（ii）a．隣接関係
　　　 b．人間か物（無生物）か
　　　 c．語用論的知識

【第6章】

1． 統率（government）は，次のように規定されている。
　（ⅰ）　次の条件を満たすとき，α は β を統率する。
　　　　（a）　α が β を m 統御（m-command）し，
　　　　（b）　β を支配するすべての最大投射範疇が α をも支配する。

また，統率できる要素，つまり統率子（governor）は，語彙範疇の名詞（N），動詞（V），形容詞（A），前置詞（P）と，一致要素（AGR（Agreement））をもつ屈折要素(INFL（Inflection））であると想定されている。そうすると，(2a)では，to が PRO を統率できる位置にあるが，to は一致要素を含まないので，統率子とはならない。また，wants と PRO の間に介在する CP 節点（最大投射範疇）は，PRO を支配するが，wants を支配しないので，want が PRO を統率するのを阻止する。よって，(2a)の PRO は統率されない。また(2b)でも，PRO を統率するものが何もない。他方，(3a)では，屈折要素 INFL が一致要素の AGR を持ち，これが PRO を統率する。また(3b)では動詞 likes が，(3c)では前置詞 to が，PRO を統率する。

2． (5b)，(6b)は，次のように，特定の購入物や特定の育てられるものが先行文脈で話題になっており，それが目的語として省略されているという解釈では適格である（省略要素の位置を＿で示し，それが指す要素に下線を付す）。
　（ⅰ）　a．最近はスーパーやコンビニでも<u>タバコ</u>を売っているが，子供が＿買うことは禁じられている。
　　　　b．<u>子供の社会性</u>は，地域の中で育つもので，親が＿育てるのは難しい。

しかし，本章で意図しているのは，このような先行文脈を想定した上での特定の指示物を指す解釈ではなく，総称の解釈であることに注意されたい（このような特定の指示物を指す要素が省略されている場合は，生成文法では，PRO ではなく，「ゼロ代名詞」の pro が仮定されている。この点に関しては，4 節，および註 9 を参照）。

3． この点をより詳しく述べるために，(5a)の関連する部分の構造をここで見てみよう。

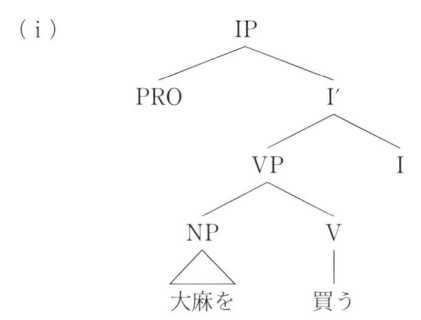

(ⅰ)
```
         IP
        /  \
      PRO   I'
           /  \
          VP   I
         /  \
        NP   V
        |    |
       大麻を 買う
```

屈折要素のI（Inflection）は，PROを統率できる位置にある（註1の統率の規定を参照）。しかし，本文で述べたように，日本語では主語と動詞の間で「一致」が起こらないため，Iは一致要素（AGR（Agreement））を含まないので，統率子とはならない（註1を参照）。よって（ⅰ）のPROは，統率されないということになる。

4． (7b)，(8a, b)-(10a, b)では，PROが副詞句のあとに生じているが，PROは主語なので，例えば，(7b)では「原子炉から」の前，(8a, b)では「50歳代で」の前に生じるべきものと考えられる。ただ，ここではこの点に立ち入らず，影山（1993：58）に示されているままの形を記しておく。

5．「死ぬ」を一律に非能格動詞として扱うことには問題があると考えられる。「死ぬ」には，森田（1989：112），竹林（1998）が指摘しているように，「自殺する」という意味の意図的行為を表わす場合（例えば，「死ぬ決意をする」）と，「命がなくなる」という意味の無意志作用を表わす場合（例えば，「病気で死ぬ」）の2つの用法がある。前者の場合は，「死ぬ」が非能格動詞として用いられているが，後者の場合は非対格動詞であると考えられる。そうすると，(8a)の「死ぬ」は，「命がなくなる」という意味なので，むしろ非対格動詞ということになる（高見・久野（2002：243-244）を参照）。

6． 本文で述べたように，影山（1993）は，(9a)の「騒ぐ」を典型的な非能格動詞と考えている。しかし，「学生が騒ぐ」という場合，話し手が観察者として学生の行動を客観的に描写しているのであって，学生が意図的に「騒ぐ」という行為を行なったわけではない。その証拠に，「騒げ！」というような命令文は不適格であるし，「今から騒ぎましょう」というような表現も不適格である。（影山（1993, 1996）は，本文で述べたように，動詞が命令形になるかどうかを非能格動詞と非対格動詞を区別するテストとして用いているが，それに従うなら，影山の想定とは異なり，「騒ぐ」が非対格動詞に分類されることになる。）

よって,「騒ぐ」を非能格動詞であるとみなすことには問題があると考えられるが,本章ではこの点に関して,これ以上立ち入らないことにする。

7. 非対格動詞の主語は,英語では,D構造(基底構造)で目的語位置に生じた後,S構造(表層構造)で主語位置に移動すると考えられている(序章,および Burzio 1986 等を参照)。Miyagawa (1989) は,日本語でも同様に,非対格動詞の主語はS構造で主語位置に移動すると考えている。しかし影山は,(7)-(10)の(b)のように,非対格動詞の主語が PRO にならないことから,非対格動詞の主語は,S構造でも移動を受けず,目的語位置に留まると考えている。つまり,日本語の非対格動詞の主語は,動詞に統率された位置のままで格を与えられ,日本語ではS構造でも非対格構造が成り立つと影山は考えている(影山(1993:58-59)参照)。

8. Sano, Endo and Yamakoshi (2001) は,影山 (1993) とは異なり,Miyagawa (1989) に従って,非対格動詞の主語は,S構造で目的語位置から主語位置へ移動すると考えている。そのため彼らは,非対格動詞の主語も,他動詞の主語と同様に統率されず,PRO になれると主張し,1例のみであるが,次例を提示している。
　(i)　[PRO うまく捕まる]のは難しい。(非対格)
しかし,Sano et al. のこの分析は,それではなぜ影山(1993)の提示する(7)-(10)の(b)が不適格なのかを説明することができない。

9. 日本語生成文法では,この点がさらに拡張され,主語以外のゼロ代名詞でも,次のように pro が用いられている。
　(i)　関東人は納豆を食べるが,関西人は pro 食べない。(影山 1993:262)
したがって,註2で指摘した例(以下に再録)でも,明示されていない目的語は PRO ではなく,pro ということになる。
　(i)　a．最近はスーパーやコンビニでもタバコを売っているが,子供が pro 買うことは禁じられている。
　　　b．子供の社会性は,地域の中で育つもので,親が pro 育てるのは難しい。

10. Kuroda (1983),影山 (1993) 等は,定形節で特定の指示対象を持つ空範疇には pro を仮定するものと考えられる(註9を参照)。そのため,例えば (15b)(以下に再録)では,補文が定形節であっても,AGR がないので主語は統率されないことになるが,補文の主語は主節の主語の「太郎」という特定の指示対象を持つので,PRO ではなく,pro を仮定するものと考えられる。

(15)　b．太郎は，［pro その本を読んだ］と言った。

11． Kuroda (1983)，影山 (1993) 等は，「こと」節や「の」節の補文の主語（と目的語）のみを考え，主文の主語に関しては議論していない。しかし，日本語に AGR がないため，定形節でも主語が統率されず，総称の PRO が主語位置に生じると仮定するなら，次の(b)文を間違って適格と予測してしまい，問題が生じることになる。
　　(ⅰ)　a．人は遅かれ早かれ死ぬ。
　　　　　b．*PRO 遅かれ早かれ死ぬ。
　　(ⅱ)　a．人は生きるために食べる。
　　　　　b．*PRO 生きるために食べる。

12． (19b)，(19g)，(19k) では，「の」節，「こと」節の中に節 (clause) が2つ以上あり，それらの節の主語がいずれも明示されていない。この場合，主節の主語が PRO で，従属節の主語は，その PRO と同一指標を持つ pro であると考えられる。よって，これらの例ではそのように表記する。ただ，このような場合の pro は，人間一般を意味するため，総称の PRO と意味的には変わらない。

13． (19h)（以下に再録）の PRO は，他の例の PRO と異なり，人間一般ではなく，車一般を指している。従来，総称の PRO は人間一般を指すものと想定されてきたが，(19h) の例は，そのような想定が成立しないことを示している。
　　(19)　h．［この坂では PRO スリップする／エンストする］ことがあるので，運転には注意が必要だ。

14． (18) の非能格性制約は，総称の PRO が他動詞の目的語位置にも生じないと規定している。しかし，次の例を見てみよう（(ⅱa-h) では，目的語の省略を PRO_{obj} として示し，主語も省略されている場合が多いが，その点は PRO 等としては示さない)。
　　(ⅰ)　a．*［子供が PRO 買う］ことは，禁じられている。(＝5b)
　　　　　b．［子供が無断で，親のカードを使って PRO 買う］ことは，禁じられている。
　　(ⅱ)　a．PRO_{obj} だますぐらいなら，だまされる方がいいですよ。
　　　　　b．人生で大切なことは，人から PRO_{obj} 教えてもらうことではなく，自分から PRO_{obj} 学ぶことです。
　　　　　c．PRO_{obj} 言うは易く，PRO_{obj} 行なうは難し。
　　　　　d．PRO_{obj} 聞くは一時の恥，PRO_{obj} 聞かぬは一生の恥。

　　　　e．PRO_obj 習うより，PRO_obj 慣れろ。
　　　　f．研究者として大切なことは，PRO_obj 読むことではなく，PRO_obj 書くことです。
　　　　g．働かざる者，PRO_obj 食うべからず。
　　　　h．[PRO_obj 食べても PRO_obj 食べてもお腹がすく]のが，若者の特徴です。

(ia)(=5b)は，すでに見たように，「子供が品物を買う」という総称の意味にとることができず，不適格であるが，(ib)は，「子供が無断で，親のカードを使って品物を買う」という総称の意味にとることができ，適格である。さらに(iia-h)でも，下線を引いた動詞はすべて他動詞であり，明示されていない目的語は総称の解釈を受ける。例えば(iia)では，「人をだます」，(iib-e)では，「物事を教えてもらう／学ぶ」，「物事を言うのは易しいが，行なうのは難しい」，「物事(分からないこと)を聞く／聞かない」，「物事を習う／物事に慣れる」という総称の意味にとることができる。また(iif)では，「本／論文を読む／書く」，(iig, h)では，「食べ物を食う／食べる」という総称の意味にとることができる。

　(ib)の明示されていない目的語は，Kuroda (1983)，影山 (1993) 等の分析に従えば，(ia)の明示されていない目的語と同様に，PRO であると考えられる。それでは，(iia-h)の明示されていない目的語はどうだろうか。Rizzi (1986) は，イタリア語において，目的語位置に動詞 (V) によって認可される総称を表わす pro が生じると主張しているため，日本語でも(iia-h)の目的語は PRO ではなく，pro であると想定することが可能である。しかし，Kuroda (1983)，影山 (1993) 等は，目的語位置に生じる pro は，特定の対象を持つゼロ代名詞であり，総称を表わす場合は PRO であると想定しているため，彼らの分析に従えば，(iia-h)の明示されていない目的語は，(ia, b)と同様，総称の PRO になるものと思われる。したがって，(ib)，(iia-h)の適格性は，非能格性制約(18)に対して別の問題を投げかけるものと考えられる。

15．ただ，この点はすべての文にあてはまるわけではなく，次のように，主題のない文もあることに留意されたい（久野 (1973：第2章) 参照）。
　　(i)　a．おや，雨が降っている。
　　　　b．バスが来た。

16．不適格な(24b)（以下に再録）とは異なり，次の(ib)は，「私に」が省略されているが適格である。
　　(i)　a．??私が銀座の交差点を歩いていたら，交通整理員が φ どなりつけた。(=24b)
　　　　b．私が銀座の交差点を歩いていたら，短刀を振りかざした男が φ

襲いかかってきた。

(ib)が適格なのは,「かかる」が話し手に向けられた動作を表わすために,話し手の「私に」が省略されていることが明らかになるからである。同様に,(ia)の「どなりつけた」を「どなりつけてきた」にすると,「…てきた」が話し手に向けられた動作を表わすので,次のように適格となる。

(ii) 私が銀座の交差点を歩いていたら,交通整理員が φ どなりつけてきた。

17. (9b)((ia)として以下に再録)は,PRO を総称を表わす明示的主語「人が」に置き換えても,次に示すように不適格である。

(i) a．*[夜中に PRO 現われる]ことがよくある。(＝9b：影山)
  b．*[夜中に人が現われる]ことがよくある。

したがって,影山(1993：58)の提示する(ia)(＝9b)が不適格なのは,「現われる」が,もともと総称の主語「人が」と共起しにくいことにも原因がある。

18. (8b)の不適格性は,「死亡する」という表現が文語表現であるのに対し,(8b)全体がくだけた会話調の表現であり,両者のスタイル上の不一致にも原因があると考えられる。

19. 日本語ほど一般的ではないものの,英語でも,(ia)のように,動詞(kills)が焦点となったり,(ib)のように,副詞句(at night)が焦点要素となったり,(ic-g)のように,動詞が対比的に用いられたり,連続的に用いられたりして,目的語の脱焦点化が起きると,他動詞でも目的語が省略され得る(菅山(2003),Goldberg(2005)参照)。

(i) a．Smoking *kills*.
  b．Tigers only *kill* at night. (菅山 2003：53)
  c．Some people *build* while others *destroy*. (ibid.)
  d．He'll lie, *steal*, *murder*—anything to further his ambitions. (Kilby 1984)
  e．The chef-in-training *chopped* and *diced* all afternoon. (Goldberg 2005：222)
  f．Pat *gave* and *gave*, but Chris just *took* and *took*. (ibid.)
  g．To *see* is to *believe*.

【第7章】

1. 本章では,主語をマークする「ハ・ガ」の有無に関して,便宜上,「省略」

という用語を用いるだけで,「ハ・ガ」を伴わない形式が,「ハ・ガ」を伴う形式から「省略」という操作を経て派生されると想定しているわけではない．

2. 一般的に言って,「ガ」の省略は,「ヲ」の省略より難しい．(3)の適格性が低いのは,省略することが難しい「ガ」を省略して,省略することが容易な「ヲ」を省略しないという文体の不均衡にも一因があるように思われる．「ガ」,「ヲ」両方を省略した次の文は,(3)に比べ適格性がそれほど低いとは思われない．
　　(i)　✓/?[子供達__,本__読む]の見たことない．

3. 第6章の註6で指摘したように,「子供達が騒ぐ」という場合,話し手が観察者として子供達の行動を客観的に描写しているのであって,子供達が意図的に「騒ぐ」という行為を行なったわけではない．そのため,「騒げ！」というような命令文は不適格であるし,「今から騒ぎましょう」というような表現も不適格である．よって,「騒ぐ」を非能格動詞と考えることには問題があると思われるが,本章ではこの点に関して,これ以上立ち入らないことにする．

4. 影山(1993)は,格助詞「ガ」を伴わない形式は,S構造(表層構造),ないしはそれ以降の表面的なレベルで,「ガ」を伴う形式から「省略」という操作によって派生すると考えていることに注意されたい．

5. 影山(1993：62)はこの点から,「日本語の非対格動詞は目的語位置に直接,ガ格を付与することができ,したがって,[英語などと異なり]目的語位置から主語位置への移動は不必要になる」と述べている(第6章の註7も参照)．

6. 本節の以下の例では,従属節の主語が,文章全体の主題として解釈されることがないよう(つまり,省略されている助詞が,「ガ」ではなく,「ハ」であるという解釈を排除するため),従属節の主語の前に従属節要素としか解釈できない副詞等を入れておく．すなわち,(6a, b)で,「今年いっぱいで」のような副詞がなければ,次の(ib)の助詞の省略は,(ia)の「ガ」の省略ではなく,(ic)の「ハ」の省略であるという解釈が生じるためである．
　　(i)　a．[山田さんが会社を辞める]って本当ですか？
　　　　b．山田さん__会社を辞めるって本当ですか？
　　　　c．山田さんは,[PRO/pro 会社を辞める]って本当ですか？

7. (8a, c, d)の動詞「騒ぐ」,「仕事する」,「デモする」は,「〜ている」形(話し言葉では,しばしば「〜てる」形に縮約される)を伴い,「騒いで(い)

る」,「仕事して（い）る」,「デモして（い）る」となっている。ここで，非能格動詞が「〜ている」形を伴うと，非対格動詞になると主張されるかもしれない（第5章の2節を参照）。しかし，このような仮定は，第5章の4節（具体的には，その節の(37a-c)とそこでの説明を参照）で示したように，妥当ではない。また，仮にそのように想定したとしても，(8b, e)の動詞は「〜ている」形を伴っておらず，これらの例が依然として説明できない。

8．影山（1993, 1996）は，(4d)で見たように,「亡くなる」を非対格動詞と考えているが，(12a)の「死ぬ」は，「早く死ね！」のように命令形が可能であり，意図的行為を表わすので，非能格動詞であると考えている（第6章の註5を参照）。しかし，仮に「死ぬ」を非能格動詞であると考えると，次の(ib)の「死ぬ」を用いた文で，(4d)の「亡くなる」を用いた文（以下に再録）と同様に，「ガ」が省略されるという事実が説明できなくなる。
　（i）ａ．田中さん＿亡くなったの知らなかった。（=4d）（影山1993：56）
　　　　ｂ．君の愛犬＿死んだの知らなくてごめんね。淋しかったろうね。

9．「ガ」にはさらに，目的格を表わす用法（「私は花子が好きだ」）もある（久野（1973：第4章）参照）。

【第8章】

1．(2c), (3c)の使役受身文では，使役主の「太郎」が省略されているが，これを明示しても，次のように適格性に違いはない。
　（i）ａ．子供が太郎にジャンプさせられた。
　　　　ｂ．*水が太郎に蒸発させられた。

2．ただ，影山（1993：61）は，(11e)の「車が止まる」の「止まる」も非能格動詞であるとしているが，しかし，これには問題があると思われる。例えばKishimoto（1996）は，「車が止まる」の場合は，車が無生物であり，車の非意図的事象を表わすため，「止まる」は非対格動詞であると述べている。他方，「太郎が止まる」のような場合は，太郎の意図的動作を表わすので，「止まる」が非能格動詞であると主張している（Kishimoto（1996）によるこの両者の区別は，第3章（特に7.1節の(33a, b)および註8）を参照）。ただ，この点に関しては，これ以上言及しないことにする。

3．この主張の問題点に関しては，第6章の註5，および竹林（1998），高

見・久野 (2002：243-244) を参照されたい。

4．「走る」，「留学する」は，主語指示物の意図的行為を表わす非能格動詞である。それにもかかわらず，これらの動詞が用いられた(24b)，(26b)の使役受身文が，(23b)，(25b)とは異なり不適格であるという事実は，使役受身文の適格性が，(14)の非能格性制約が主張するような，動詞のみに依存する現象ではないことを示している。

5．よく知られているように，形式上，対応する能動文を持つ受身文は，「直接受身文」と呼ばれ，対応する能動文を持たない受身文は，「間接受身文」と呼ばれる。
　（i）　a．太郎が花子に助けられた。［直接受身文］
　　　　b．花子が太郎を助けた。［対応する能動文］
　（ii）　a．太郎が秘書に書類を捨てられた。［間接受身文］
　　　　b．*秘書が太郎を／に書類を捨てた。
そして意味上，間接受身文は，主語（(iia)の「太郎」）が被害・迷惑を被っているという意味合いが強く現われるため，「被害（迷惑）受身文」と呼ばれ，直接受身文は，そのような意味合いがないため，「中立受身文」と呼ばれる。

6．(27b)の例が適格なのは，(27a)の能動文の主語「コーチ」が，選手たちを褒めるという事象に直接的に関与し，自らがその事象を引き起こしていることに加え，(27a)の能動文の目的語「選手たち」が，コーチが褒めるという事象の直接的対象（direct target）であるためでもある。言い換えれば，コーチは選手たちに何かをしており，選手たちは，コーチが褒めるという行為に直接的に関与（involve）している（久野 1983 参照）。受身文が適格となるためには，このような条件が満たされなければならないので，例えば，次の(ib)は不適格である。
　（i）　a．山田はハワイ大学を 1960 年に卒業した。
　　　　b．*ハワイ大学は 1960 年に山田に卒業された。
(ib)の受身文では，(ia)の能動文の目的語「ハワイ大学」が，山田が卒業するという事象の直接的対象ではなく，山田はハワイ大学に対して何も行なっていない。つまり，ハワイ大学は，山田が卒業するという事象に直接的に関与していない。よって，(ib)は不適格となる。

7．次の(ia)，(iia)の使役文に対応する使役受身文(ib)，(iib)は，主語指示物と使役主がともに無生物であり，使役主が当該の事象を引き起こす直接的要因になっているが，どちらも不適格である。そのため，これらの文の不適格性は，仮説(37)にとって問題になると思われるかもしれない。

(i) a. 梅雨がカビを生えさせた。
　　b. *カビが梅雨で／に生えさせられた。
(ii) a. この凝固剤がプラスチックを固まらせた。
　　 b. *プラスチックがこの凝固剤で／に固まらせられた。

しかし，ここで「(カビが) 生える」，「(プラスチックが) 固まる」という自動詞は，(38a-c)の「(花粉が) 飛び散る」，「(野菜が) 凍てつく」，「(雨が) 降る」という自動詞とは異なり，対応する他動詞を持っていることに注意しなければならない。

(iii)
	自動詞	他動詞	「さす」使役	「させる」使役
a.	生える	生やす	生えさす	生えさせる
b.	固まる	固める	固まらす	固まらせる
c.	飛び散る	—	飛び散らす	飛び散らせる
d.	凍てつく	—	凍てつかす	凍てつかせる
e.	降る	—	降らす	降らせる

自動詞に対応する他動詞がある場合，被使役主が，自らVする力を持っている場合は，自動詞使役形が用いられ，そうでない場合は，他動詞が用いられる。そのため，カビは自ら生える力を持っており，プラスチックは放っておいても自然に固まる性質があるため，(ia)，(iia)のように，自動詞使役形が用いられる。一方，例えば「(皿が棚から) 落ちる」，「(皿が) 割れる」などは，皿自身にはそうする力がないため，次のように，自動詞使役形は用いられず，他動詞が用いられる。

(iv) a. *地震がたくさんの皿を棚から落ちさせた。(使役形)
　　 b. 地震がたくさんの皿を棚から落とした。(他動詞)
(v) a. *地震がたくさんの皿を割れさした。(使役形)
　　b. 地震がたくさんの皿を割った。(他動詞)

したがって，(ia)の使役文では，「梅雨」はカビが生えることの直接的要因（強制）ではなく，カビが自ら生えることをいわば手助けした（許容・放任）という役割を果たす。同様に(iia)の使役文でも，「凝固剤」は，プラスチックが固まることの直接的要因（強制）ではなく，プラスチックが固まることを手助けした（許容・放任）という役割を果たす。そのため，(ib)，(iib)の使役文は，(37)の制約に実は違反しており，不適格となっている。これに対し，自動詞に対応する他動詞がない(iiic-e)のような場合は，使役形が他動詞の代用もしている。そのため，(38a-c)で，杉の花粉は自ら飛び散ったり，野菜は自ら凍てついたりする力はないので，「風」や「初霜」が直接的要因となって，飛び散ったり，凍てついたりしている。(ただ，「飛び散る」や「凍てつく」は他動詞がないため，「飛び散らす」，「凍てつかす」の使役形が，他動詞の代用として用いら

8．（43c），（44c），（45c）の不適格性は，さらに，使役主と被使役主がともに「ニ」格でマークされ，両者が連続していて，意味解釈が困難であるという点にも原因があると考えられる。

9． Marantz（1981：137-138）は，Farmer（1980：105）から次の文を引用し，（43b, c），（44b, c），（45b, c）と同様の(ib, c)の適格性と不適格性を使役形態素「〜させ」の目的語が何であるかという点から説明している。
 （i） a ． 太郎は，花子にさしみを食べさせた。
　　　 b ． 花子は，太郎にさしみを食べさせられた。
　　　 c ．*さしみは，太郎に花子に食べさせられた。
Marantzは，(ia)で使役形態素「〜させ」の目的語は，「花子」であって，「さしみ」ではないと主張している（「さしみ」は動詞「食べ（る）」の目的語）。そのため，「〜させ」に受身形態素「〜られ」がついて使役受身文になると，受身文の主語になるのは対応する能動文の目的語なので，「〜させ」の目的語「花子」が主語になった(ib)は適格であるが，「〜させ」の目的語ではない要素「さしみ」が主語になった(ic)は不適格である，と説明している。しかし，本章で提出した(37)の意味的・機能的制約を仮定すれば，Marantzのこのような統語的分析を用いなくても，（43b, c），（44b, c），（45b, c），(ib, c)のような適格性の違いを捉えることができる。

引用文献

Baker, Mark (1988) *Incorporation : A Theory of Grammatical Function Changing*. Chicago : University of Chicago Press.

Burzio, Luigi (1986) *Italian Syntax : A Government-Binding Approach*. Dordrecht : Foris.

Chafe, Wallace (1994) *Discourse, Consciousness and Time : The Flow and Displacement of Conscious Experience in Speaking and Writing*. Chicago : University of Chicago Press.

Chomsky, Noam (1981) *Lectures on Government and Binding*. Dordrecht : Foris.

Chomsky, Noam (1995) *The Minimalist Program*. Cambridge, MA : MIT Press.

Dowty, David (1979) *Word Meaning and Montague Grammar*. Dordrecht : Reidel.

Farmer, Ann (1980) *On the Interaction of Morphology and Syntax*. Ph. D. dissertation, MIT.

Fiengo, Robert (1977) "On Trace Theory," *Linguistic Inquiry* 8, 35-81.

Fodor, Janet D. (1978) "Parsing Strategies and Constraints on Transformations," *Linguistic Inquiry* 9, 427-473.

藤井正（1966）「『動詞＋ている』の意味」『国語研究室』（東京大）5．金田一春彦（編）に再録。

Goldberg, Adele (2005) "Constructions, Lexical Semantics, and the Correspondence Principle : Accounting for Generalizations and Subregularities in the Realization of Arguments," in N. Erteschik-Shir and T. Rapoport (eds.) *The Syntax of Aspect*, 215-236. Oxford : Oxford University Press.

Hamano, Shoko (1997) "On Japanese Quantifier Floating," in A. Kamio (ed.) *Directions in Functional Linguistics*, 173-197. Amsterdam : John Benjamins.

Hasegawa, Nobuko (1990) "On the VP-internal Subject Hypothesis," T. Sakamoto and Y. Abe (eds.)『南山大学日本語学科創立記念日本語教育国際シンポジウム論集』南山大学，名古屋。

Hirakawa, Makiko (2003) *Unaccusativity in Second Language Japanese and English*. Hituzi Syobo.

Hoji, Hajime, Shigeru Miyagawa, and Hiroaki Tada (1989) "NP-movement in Japanese," Manuscript, University of Southern California, The Ohio State University and MIT.
池上嘉彦 (1981)『「する」と「なる」の言語学』大修館書店。
井上和子 (1976)『変形文法と日本語 (上・下)』大修館書店。
庵功雄・高梨信乃・中西久実子・山田敏弘 (2001)『中上級を教える人のための日本語文法ハンドブック』スリーエーネットワーク。
Ito, Masuyo (2003) "The Japanese Unaccusative Construction,"『言語学からの眺望』2003, 5-19。福岡言語学会編, 九州大学出版会。
Ito, Masuyo and Ken Wexler (2002) "The Acquisition of Japanese Unaccusatives," Manuscript, MIT.
影山太郎 (1993)『文法と語形成』ひつじ書房。
影山太郎 (1996)『動詞意味論』くろしお出版。
Kato, Yasuhiko (1979) "*Sika nai* Construction and a Theory of Binding," *Sophia Linguistica* V, 92-104.
Kato, Yasuhiko (1985) *Negative Sentences in Japanese*. Sophia Linguistica Monograph 19. Sophia University.
Kilby, David (1984) *Descriptive Syntax and the English Verb*. London: Croom Helm.
金田一春彦 (1950)「国語動詞の一分類」『言語研究』15, 48-63。金田一春彦 (編)に再録。
金田一春彦 (1955)「日本語動詞のテンスとアスペクト」『名古屋大学文学部研究論集』X (文学4)。金田一春彦(編)に再録。
金田一春彦(編) (1976)『日本語動詞のアスペクト』むぎ書房。
Kishimoto, Hideki (1996) "Split Intransitivity in Japanese and the Unaccusative Hypothesis," *Language* 72, 248-286.
岸本秀樹 (2000)「非対格性再考」丸田忠雄・須賀一好(編)『日英語の自他の交替』71-110。ひつじ書房。
Kishimoto, Hideki (2001) "Binding of Indeterminate Pronouns and Clause Structure in Japanese," *Linguistic Inquiry* 32, 597-633.
岸本秀樹 (2003)「生成文法の視点から見た日本語」『日本語学』22:10, 40-50。
岸本秀樹 (2005)『統語構造と文法関係』くろしお出版。
Kornfilt, Jaklin, Susumu Kuno and Engin Sezer (1979) "A Note on Crisscrossing Double Dislocation," *Harvard Studies in Syntax and Semantics* 3, 185-242.
工藤真由美 (1991)「アスペクトとヴォイス」『現代日本語のテンス・アスペクト・ヴォイスについての総合的研究』(1988-1990 年度科学研究費報告書), 5-40。

工藤真由美 (1995)『アスペクト・テンス体系とテクスト —— 現代日本語の時間の表現』ひつじ書房。
Kuno, Susumu (1972) "Functional Sentence Perspective: A Case Study from Japanese and English," *Linguistic Inquiry* 3, 270-320.
Kuno, Susumu (1973) *The Structure of the Japanese Language*. Cambridge, MA: MIT Press.
久野暲 (1973)『日本文法研究』大修館書店。
Kuno, Susumu (1976) "Subject, Theme, and the Speaker's Empathy: A Reexamination of Relativization Phenomena," in C. N. Li (ed.) *Subject and Topic*, 419-444. New York: Academic Press.
久野暲 (1978)『談話の文法』大修館書店。
Kuno, Susumu (1983) "Principles of Discourse Deletion," *Proceedings of the XIII International Congress of Linguistics*, 30-41.
久野暲 (1983)『新日本文法研究』大修館書店。
Kuno, Susumu (1995) "Negative Polarity Items in Japanese and English," *Harvard Working Papers in Linguistics* 5, 165-197.
Kuno, Susumu and Ken-ichi Takami (1992) "Negation and Extraction," *CLS* 28-I, 297-317.
Kuno, Susumu and Ken-ichi Takami (1997) "Remarks on Negative Islands," *Linguistic Inquiry* 28, 553-576.
Kuno, Susumu and Ken-ichi Takami (2003) "Remarks on Unaccusativity and Unergativity in Japanese and Korean," *Japanese/Korean Linguistics* 12, 280-294.
Kuno, Susumu and Ken-ichi Takami (2004) *Functional Constraints in Grammar: On the Unergative-Unaccusative Distinction*. Amsterdam: John Benjamins.
久野暲・高見健一 (2005)『謎解きの英文法 —— 文の意味』くろしお出版。
Kuroda, Shige-Yuki (1965) *Generative Grammatical Studies in the Japanese Language*. Ph. D. dissertation, MIT.
Kuroda, Shige-Yuki (1983) "What Can Japanese Say about Government and Binding?" *Proceedings of the West Coast Conference on Formal Linguistics* 2, 153-164.
Lee, Kiri (2002) "Nominative Case-marker Deletion in Spoken Japanese: An Analysis from the Perspective of Information Structure," *Journal of Pragmatics* 34, 683-709.
Levin, Beth and Malka Rappaport Hovav (1995) *Unaccusativity: At the Syntax-Lexical Semantics Interface*. Cambridge, MA: MIT Press.
Marantz, Alec (1981) "Grammatical Relations, Lexical Rules, and Japanese Syntax," in A. Farmer and C. Kitagawa (eds.) *Coyote Papers: Working*

Papers in Linguistics from A → Z, Proceedings of the Arizona Conference on Japanese Linguistics : The Formal Grammar Sessions, 123-144. University of Arizona, Tucson, Arizona.

松本曜 (1998)「日本語の語彙的複合動詞における動詞の組み合わせ」『言語研究』114, 37-83。

三原健一 (1994)『日本語の統語構造――生成文法理論とその応用』松柏社。

三原健一 (1997)「動詞のアスペクト構造」鷲尾龍一・三原健一『ヴォイスとアスペクト』研究社。

Miyagawa, Shigeru (1989) *Structure and Case Marking in Japanese*. New York : Academic Press.

森田良行 (1989)『基礎日本語辞典』角川書店。

西垣内泰介 (1993)「日本語の格付与の文法と言語獲得理論」『上智大学言語学会会報 第8号』(*Proceedings of SLS* 8), 160-172。

奥田靖雄 (1978)「アスペクトの研究をめぐって」『教育国語』53, 33-44：54, 14-27。

Perlmutter, David (1978) "Impersonal Passives and the Unaccusative Hypothesis," *BLS* 4, 157-189.

Perlmutter, David and Paul Postal (1984) "The 1-Advancement Exclusiveness Law," in D. Perlmutter and C. Rosen (eds.) *Studies in Relational Grammar* 2, 81-125. Chicago : University of Chicago Press.

Quirk, Randolph, Sidney Greenbaum, Geoffrey Leech and Jan Svartvik (1972) *A Grammar of the Contemporary English*. London : Longman.

Radford, Andrew (1997) *Syntactic Theory and the Structure of English : A Minimalist Approach*. Cambridge : Cambridge University Press.

Reinhart, Tanya (1976) *The Syntactic Domain of Anaphora*. Ph. D. dissertation, MIT.

Rizzi, Luigi (1986) "Null Objects in Italian and the Theory of *pro*," *Linguistic Inquiry* 17, 501-557.

Saito, Mamoru (1985) *Some Asymmetries in Japanese and Their Theoretical Implications*. Ph. D. dissertation, MIT.

Saito, Mamoru (1989) "Scrambling as Semantically Vacuous A′-Movement," in M. Baltin and A. Kroch (eds.) *Alternative Conceptions of Phrase Structures*, 182-200. Chicago : University of Chicago Press.

Sano, Tetsuya, Mika Endo and Kyoko Yamakoshi (2001) "Developmental Issues in the Acquisition of Japanese Unaccusatives and Passives," *BUCLD* 25, 668-673.

柴谷方良 (1978)『日本語の分析』大修館書店。

須賀一好・早津恵美子(編) (1995)『動詞の自他』ひつじ書房。

菅山謙正 (2003)「状態変化他動詞の目的語は省略できないか――event 構造と

prominence からの考察」『英語青年』149：1，53-55。

鈴木重幸（1957）「日本語の動詞のすがた（アスペクト）について——〜スルの形と〜シテイルの形」言語学研究会報告。金田一春彦（編）に再録。

Takahashi, Daiko (1990) "Negative Polarity, Phrase Structure, and the ECP," *English Linguistics* 7, 129-146.

高橋太郎（1967）「すがたともくろみ」教育科学研究会文法講座テキスト。金田一春彦（編）に再録。

Takami, Ken-ichi (1992) *Preposition Stranding：From Syntactic to Functional Analyses*. Berlin：Mouton de Gruyter.

高見健一（1998）「日本語の数量詞遊離について——機能論的分析」『言語』27：1，86-95，27：2，86-95，27：3，98-107。

Takami, Ken-ichi and Akio Kamio (1996) "Topicalization and Subjectivization in Japanese：Characterizational and Identificational Information," *Lingua* 99, 207-235.

高見健一・久野暲（2002）『日英語の自動詞構文——生成文法分析の批判と機能的解析』研究社。

竹林一志（1998）「日本語の『〜にVしてもらう』構文について——非対格性との関連をめぐって」『言語』27：9，115-120。

竹林一志（2004）『現代日本語における主部の本質と諸相』くろしお出版。

竹沢幸一（1991）「受動文，能格文，分離不可能所有構文と『ている』の解釈」仁田義雄（編）『日本語のヴォイスと他動性』59-81。くろしお出版。

Tenny, Carol (1994) *Aspectual Roles and the Syntax-Semantics Interface*. Dordrecht：Kluwer.

寺村秀夫（1982）『日本語のシンタクスと意味I』くろしお出版。

Toratani, Kimiko (1998) "Lexical Aspect and Split Intransitivity in Japanese," *CLS* 34, 377-391.

Tsujimura, Natsuko (1996) *An Introduction to Japanese Linguistics*. Oxford：Blackwell.

Tsujimura, Natsuko (1999) "Lexical Semantics," in N. Tsujimura (ed.) *The Handbook of Japanese Linguistics*, 349-377. Oxford：Blackwell.

Tsujimura, Natsuko and Masayo Iida (1999) "Deverbal Nominals and Telicity in Japanese," *Journal of East Asian Linguistics* 8, 107-130.

Van Valin, Robert D. Jr. and Randy J. LaPolla (1997) *Syntax：Structure, Meaning and Function*. Cambridge：Cambridge University Press.

Vendler, Zeno (1967) *Linguistics in Philosophy*. Ithaca：Cornell University Press.

吉川武時（1973）「現代日本語動詞のアスペクトの研究」*Linguistic Communications*（Monash 大）9. 金田一春彦（編）に再録。

索　引

【あ】

一致　157, 161
意味上の主語　155
意味的ターゲット　33-36, 38, 243
入れ子型　5-6, 247
受身形態素　215, 280
受身文　17, 28, 30, 44, 110-111, 134
　　間接——　225, 229, 278
　　使役間接——　225
　　直接——　224-225, 278
　　使役直接——　224-225, 230
　　中立——　278
　　被害・迷惑——　278

【か】

かき混ぜ　269
格フィルター　28, 251
「ガ」省略の制約　182
活性情報　195-198
　　半——　195-198
　　非——　195-196, 198
活用
　　上一段——　214-215
　　五段——　214-215
　　下一段——　214-215
壁塗り構文　131
含意　51-58
関係文法　15, 17, 249
完結性　75, 259
間接的要因　231

疑似分裂文　63-64
機能主義　3-4
極小主義　249
経験　109
　　——者　14, 19, 256, 266
形式主義　3-4
結果継続　10, 22, 101-116, 118-119, 121-125, 127, 261-262
項　73-74, 131, 147-149
行為者　14, 18-19, 248, 256, 266
交差型　5-6, 247
構文法的ターゲット　33, 251
効力持続　109, 115, 125, 263
痕跡　25-28, 250

【さ】

サスペンド　85-86, 88, 90-95, 97-98, 100, 260
　　心理的な——　86
　　物理的な——　86
作用域　34-36
　　——外移動の制約　34, 36, 38, 243
使役
　　——形態素　214-215, 220, 280
　　強制——　223-225
　　許容——　223-225
　　「さす」——　220, 279
　　「させる」——　220, 279
使役受身文
　　——に課される非能格性制約　218

――に課される意味的・機能的制約　233,238,245
指示対象
　　――既知　186,188-189,209
　　――未知　186,188-189,209
私的感情　199-202,204-205,211
自動詞化　249
重要な意味合い　180-184
主語・目的語の非対称性　42
主語をマークする「ハ・ガ」の省略条件　204,212,244
主述関係　150
　一次的――　150-151
　二次的――　150-151
主題　6-7,149-151,164-166,185,274,276
　　――化　149-150,268
　　――の「ハ」でマークされる名詞句に課される制約　186
主文主語をマークする「ガ」の機能　188
主文主語をマークする「ガ」の省略条件　202
主文主語をマークする「ハ」の省略条件　200
主要部　4-7,70
焦点　33-36,165-169,171-172,191-192
　脱――化　171,275
情報
　旧――　164,187-189,191,203
　新――　164-165,187-189,197,203-206,210-211
　重要度が高い――　187-188,197,203,205
　重要度が低い――　187-188,203,205
省略順序の制約　191-193
数量詞遊離　147-149
スクランブリング　269
　多重――　250

生成文法　15-17,26,43,155-156,160,249,257
総記　63,185,187,203,205,256
総称の PRO　155-157,159,161-163,165-167,172,273
　　――に課される非能格性制約　162
　　――の生起に課される機能的制約　167,172,244

【た】

対格言語　248
対格性　248-249
　非――の仮説　17,177
対格動詞　248
　非――　12-13,15-18,20-23,27-32,42-44,46,48,71,76,102-107,131-133,135,137,146-147,157-158,162-163,176-177,179-180,207,213,216-218,221,238,248-249,256,260,263,266-267,271-272,277
「大した…ない」構文
　　――に課される意味的・機能的制約　60,66,243
題述　150-151,164
対象　13-14,18,20,248,266
対照　63,185,201,205
代名詞的照応形　155
「たくさん/いっぱい」
　　――が修飾する名詞句に課される機能的制約　151,153
　　――の解釈に関する非対格性制約　133
　　――の基本的機能　138
　　――の数量詞的用法　129,132-134,138-142,144-146,267
　　――の副詞的用法　129,132-134,138-142,144-146
　　――の副詞的/数量詞的用法に課される制約　139,142,152,244

索　引

他動詞化　249
断定　51,53-58,64
単なる状態　115-116,124,127,263
談話法的省略　37
中立叙述　185,187,194,202,205
直接（的）対象　225,230,237,278
直接的要因　232-233,236-237,239,
　　278-279
直接目的語制約　70-71,73-74,131,
　　133,257
定形節　155-157,160-161,272
　　非――　155-157,160-161
「～ている」
　　――形の表わす意味　118,127
　　――構文に課される非能格/非対
　　　格性制約　103
　　――構文の動作継続/結果継続の
　　　解釈に課される意味的・機能的
　　　制約　121,127,244
適正束縛条件　250
動作継続　10,22,101-115,118,120-
　　125,127,261-262
動詞
　　アスペクト――　13,266
　　活動――　77-82,91-93,97,103,
　　　139-141
　　活動達成――　77-79,90,99
　　継続――　13,107-109,262
　　語彙的使役――　220
　　起動――　13
　　主体動作・客体変化――　109-
　　　112,262
　　主体動作――　110-111,113,263
　　主体変化――　109-113,263
　　瞬間――　71,108-109,119-120,
　　　145
　　状態――　71,77-78,80,107-108,
　　　139-140,259
　　状態変化――　146
　　第4種――　108,264-265
　　達成――　76-78,80-81,89,99,
　　　119-120,139-141
　　到達――　77-80,82,84-85,89,
　　　103,116,119,139-141,258,265
　　二側面――　262
動詞句前置　25,27-29,36,251
投射原理　257
統率　156-158,161,270-272
　　語彙――　43,253
　　――・束縛理論　16,43,257
動名詞節　155-156,160

【な】

二重関係節　4-8,247
能格言語　248
能格性　248-249
能格動詞　249
　　非――　12,14-23,27-29,42-45,
　　　48,71,74-76,102-105,107,131-
　　　137,146-147,157-158,176-179,
　　　208,213,216-218,238,248-249,
　　　256,260,263,266,271,277-278

【は】

パーフェクト性　109,115,125,127,
　　263
バイオリンソナタ・パラドックス
　　247
反復性　115-116,127,263
被害・迷惑　228-230
否定対極表現　10,21,41-42,252
被動作主　13-14
表層フィルター　72
付加詞　70,97,147-149,257,260
不定詞節　155-156,160

【ま】

名詞化接辞　69
命令形　158,277
命令文　218
モルフェーム連結　251

【や】

読み
　開始前―― 80-84,88,92,94-95,97-100,259
　終点到達前―― 84,91,97-100
　動作・出来事成立前―― 84,100
　途中―― 80-81,83-84,91,99-100

【ら】

両極化　249
レジスター（使用域）　51
「ろくな」の認可条件　253
「ろくな…ない」構文
　――に課される意味的・機能的制約　56,66,243
　――に課される非対格性制約　43,45

AGR　157,161,270-273
Burzioの一般化　28,251
c統御　34,250
pro　160,272,274
PROの定理　156
Role and Reference Grammar　257
「VかけのN」構文
　――に課される意味的制約　72,86,100,244
　――に課される非対格性制約　71
θ統率　253
θ役付与一様性の仮説　18,20

[著者紹介]

高見　健一（たかみ・けんいち）

　1952年, 兵庫県生まれ。1979年, 大阪教育大学大学院修士課程修了。1990年, 東京都立大学文学博士。1988-89年, 1991-92年, ハーバード大学言語学科客員研究員。2003-04年, ハーバード大学イェンチェン研究所共同研究員。静岡大学, 東京都立大学を経て, 現在, 学習院大学教授。主な著作：*Preposition Stranding* (Mouton de Gruyter, 1992),『機能的構文論による日英語比較』(くろしお出版, 1995),『日英語の機能的構文分析』(鳳書房, 2001),『日英語の自動詞構文』(研究社, 2002, 共著) ほか, 論文多数。

久野　暲（くの・すすむ）

　1933年, 東京都生まれ。1958年, 東京大学大学院修士課程修了。1964年, ハーバード大学言語学科 Ph. D.。1964年, 同大学, 同学科に赴任, 助教授, 准教授, 教授を経て, 2004年に退職。現在, ハーバード大学名誉教授。主な著作：*The Structure of the Japanese Language* (MIT Press, 1973),『日本文法研究』(大修館書店, 1973),『談話の文法』(大修館書店, 1978),『新日本文法研究』(大修館書店, 1983), *Functional Syntax* (Univ. of Chicago Press, 1987), *Grammar and Discourse Principles* (Univ. of Chicago Press, 1993, 共著), *Functional Constraints in Grammar* (John Benjamins, 2004, 共著) ほか, 論文多数。

<ruby>日本語機能的構文研究<rt>にほんごきのうてきこうぶんけんきゅう</rt></ruby>

Ⓒ Ken-ichi Takami & Susumu Kuno, 2006

NDC810　viii, 290p　22cm

初版第1刷──── 2006年9月15日

著　者────高見健一・久野暲
発行者────鈴木一行
発行所────株式会社　大修館書店
　　　　〒101-8466　東京都千代田区神田錦町 3-24
　　　　電話 03-3295-6231 販売部／03-3294-2357 編集部
　　　　振替 00190-7-40504
　　　　[出版情報] http://www.taishukan.co.jp

装丁者────下川雅敏
印刷所────壮光舎印刷
製本所────三水舎

ISBN4-469-21308-X　Printed in Japan
Ⓡ本書の全部または一部を無断で複写複製(コピー)することは, 著作権法上での例外を除き禁じられています。

新版 日本語教育事典

Encyclopedia of Japanese Language Education

日本語教育学会 編

［編集委員］
水谷　修
加藤　清方
佐久間勝彦
佐々木倫子
西原　鈴子
仁田　義雄

●A5判 約1,180頁
定価 9,450円
（本体 9,000円）

多様化する日本語教育の現在を捉えた待望の事典

国内外の400名を超える第一線の専門家の知を結集し日本語教育の現在を捉える約1,000項目を網羅。
日本語教員・日本語教育専攻の学生はもちろん
地域の交際交流を支えるボランティアや自治体担当者
国語科・英語科の教員などの言語教育関係者
そして日本語教育能力検定試験受験者に必携の決定版百科。

4大特色

❶ 学際的な知を結集した総合的内容
日本語教育のみならず、教育学、脳科学など関連諸分野の専門家の知も結集。幅広い視点から総合的に日本語教育を捉えた。

❷ 日本語教育の現在を捉える
急激な変動と拡大を見せる日本語教育の現在を浮き彫りにし、日本語教育能力検定試験の新シラバスに対応した内容も網羅。

❸ 多文化共生の時代に向けて
本格的な多文化共生の時代に入った日本の現状の問題点と、その解決のための方途を、日本語教育との関わりから探った。

❹ 21世紀の言語教育学の構築を目指して
社会の変動・時代の要請に応じた日本語教育のあり方を模索するなかで、新時代の言語教育学を打ち立てることも目指した。

大修館書店　　書店にない場合やお急ぎの方は、直接ご注文ください。☎03-3934-5131

定価＝本体＋税5％（2006年9月現在）